文化力
场景

THE CULTURAL POWER OF SCENES

新芝加哥学派解读城市发展

THE NEW CHICAGO SCHOOL INTERPRETATION OF URBAN DEVELOPMENT

吴军　王桐
〔加〕丹尼尔·亚伦·西尔
（Daniel Aaron Silver）
〔美〕特里·尼科尔斯·克拉克
（Terry Nichols Clark）
著

社会科学文献出版社
SOCIAL SCIENCES ACADEMIC PRESS (CHINA)

本书被列入"中共北京市委党校（北京行政学院）学术文库系列丛书"。

本书是国家哲学社会科学基金一般项目"新发展阶段的场景营城模式与动力机制研究"（21BSH059）阶段性成果。

前　言

社会科学的进步，不仅是通过新知识的不断积累，而且也是通过我们想象力范围的不断扩大。学会以不同的方式看待事物，至少在某些时候，是清楚地认清事物的前提。马克斯·韦伯（Max Weber）《新教伦理与资本主义精神》的成就不仅是他对书中所涉及命题的有效性测量，而且还包括说服读者看到宗教理念和经济行为之间的关联。卡尔·马克思（Karl Marx）教导几代人以新的地点和方式看到阶级的运作；格奥尔格·齐美尔（Georg Simmel）和路易斯·沃斯（Louis Wirth）不仅将社会学的想象力引向城市化的过程，而且还引向了都市人的生活方式与感知模式。

韦伯、马克思、齐美尔和沃斯对现实世界的问题做出了回应。马克思观察了工业革命、贵族的消亡和资产阶级的兴起，发展了理解新工作组织的方法。齐美尔观察到快速城市化和亲密社区的衰落，发展了一些概念，如作为一种生活方式的城市主义和倦怠感，用于理解新的城市生活方式。

扩展社会学想象力

在认识到这些基础理论家的重要性的同时，是时候再次拓展我们的社会学想象力了。当代社会生活不仅仅是工作和居住，还涉及我们消费什么、在哪里消费、如何消费以及与谁一起消费。诺贝尔经济学奖得主罗伯特·福格尔（Robert Fogel）注意到，如今普通人能够享受到一个世纪前只有极少数富人才能负担得起的东西，并且越来越多地将意义和目的的表达性融入工作、消费和居住决策当中。为理解这些更广泛的问题，我们需要为社会科学家、政策制定者和深入思考的观察者（包括市民）提供新的概念。

"场景"概念对于这一理解至关重要。《场景文化力：新芝加哥学派解读城市发展》（以下简称《场景文化力》）有助于对话，用于通过构建场景概念和方法来理解全球的相关变化。现在，"城市发展"的意义已经超越了传统的生产形式，涉及消费和文化，如商店、艺术和娱乐等。成功的城市能够将这些活动组织成场景、增添日常城市生活的意义、支持经济活动、提升社区归属感和市民参与等。

场景分析旨在将对后工业转型的一般性观察转化为精确的、可检验的命题和规划目标。它假定消费是社会性的，发生在物理场所，产生了新兴的文化意义，可以使场所或多或少地对各种活动具有吸引力。一个地方的中心活动和舒适物是表明其意义和价值基础。在一个生活围绕着社区中心、教堂和当地商店的小镇，社群主义的价值观占据主导地位。在生活围绕大公司、时尚艺术场所、大学等的地方，城市主义价值观受到更多重视。这种城乡鸿沟是一个理解社会生活的很好起点，并在19世纪和20世纪初得到加强，但与此同时，这种元结构各自内部和之间出现了更加多样化的组合和意义。

这种意义的多元性可以通过收集社会思想史、文学、艺术、新闻等方面的观点来编纂。一个有很多时装店和夜总会的地方会带来迷人的感觉；一个拥有历史地标和古老剧院来纪念与欣赏过去的地方，弥漫着一种传统的感觉。虽然社会理论传统上强调连贯的价值观，主要体现在"社群性与城市性"的概念中，但场景理论则认为，它们可以独立变化。例如，一些地方既包括面向社区的传统活动，也包括对其他方面活动的新关注，如回收利用废物以保护环境、提供公共艺术以美化环境，并使工作场所更加友好和愉快等。

这些新关注不仅来自社会评论家和精英阶层，也包括对普通市民的回应。全新的活动方式和游戏规则正在挑战传统家庭和其他组织机构，如教堂和社交俱乐部,为我们如何花钱和享受休闲时间提供了更多样的选择。这些根本性的变化,在主要社交媒体的讨论中清晰可见,也体现在由城市管理者明确提出并主动实施新的议题中,如清新的空气和不同性别的角色。更普遍的是,富含意义的概念,如传统性、迷人性等,在一个更加全球化的、媒体和手机使用普及的世界中,具有更深刻的含义,甚至在低收入和以本地为中心的小镇中也是如此。只有通过大规模的比较实证社会科学研究,才能在全球范围内看到这些变化及其幅度。从场景视角来看,这些基本问题是研究核心,还有其他的传统变量,如收入、教育、种族、就业等。

场景分析意味着什么

场景提供了一种方法,让人们围绕产生意义和价值的独特体验聚在一起。场景分析提供了一个框架和方法来衡量这些意义,并测试它们对当地经济增长、居住变化、信任及其他社会结果的影响。这种场景分析意味着什么?

第一,整体论。与当代西方社会研究的标准方法不同,场景分析研究的是人、设施、活动和价值观的组合是如何连接成场景的。重点是组合,而不是孤立的单个设施或个体。

第二,以小见大。对"文化"的研究通常假定国家层面的高度一致性,如"美国文化"或"德国文化"。这忽略了一个事实,即文化意义是高度地方化的,不仅在城市层面,而且往往在社区甚至更小的单位层面。大规模研究许多小单位,能够揭示许多在其他情况下会被遗漏的模式。

第三,互动与交流。在国家、区域和城市之间往往有广泛的重叠、扩散和交流。例如,加拿大多伦多市有许多当代东亚餐厅和食品店,有来自中国大陆、中国台湾、中国香港等不同地区的风格特色;最近,韩国首尔的西式咖啡店数量大幅增长。

第四，多元主义。这些相似的例子表明，必须超越对传统艺术的狭隘关注，去了解各种文化习俗如何以独特的方式结合来创造场景。

场景分析不同于近期城市文化研究中的其他主题。一些研究，灵感来自《创意阶层的崛起》[①]，研究了不同的"创意"，却没有考虑地点或者赋予地点以意义的非艺术活动。将城市"问题"与不平等、犯罪、社会多样性或自私的个人主义等广泛的国家关切联系起来，往往是由意识形态驱动的，而不是通过理论和实证研究提出。相反，大量主题的深入案例研究强调了一些不同的微观问题，但这些研究缺乏比较具体地点或测试特定变量和因果动态差异的能力。

这些科学与文化、地方性与一般性、定量与定性的不同寻常的组合，在主流社会学研究中很难调和。本书通过将它们置于新芝加哥学派城市研究范式中来促使我们理解，并探索新芝加哥学派如何在一个广泛的框架下形成，并发展出包括场景视角在内的具体内容，进而形成一个原创的和动态的研究计划。这个新芝加哥学派框架为更多的场景概念的转化和应用奠定了基础，在追求认识地方情境（Local Context）的同时，又寻求超越其描述性的具体细节。

本书结构安排

《场景文化力》是《场景：空间品质如何塑造社会生活》（以下简称《场景》）（*Scenescapes: How Qualities of Place Shape Social Life*）一书的姊妹篇。后者的英文版于 2016 年由美国芝加哥大学出版社出版，中文版于 2019 年由社会科学文献出版社出版，吴军在推动翻译和出版方面做出了重要贡献。中文版《场景》介绍了场景是什么及其与区域发展的关系，但没有对场景概念的学术脉络、国际场景研究进展以及城市学派之间的学术争鸣等进行介绍，这实属遗憾。我们认为，弄明

[①] Florida, Richard, *The Rise of the Creative Class*, Basic Books, 2002.

白场景是什么及其作为一种影响区域发展的新动力要素的角色很重要，但场景这个概念的学术脉络、国际场景研究进展、最近40余年的国际城市研究动态也一样重要。因此，我们和吴军、王桐一起合作撰写《场景文化力》这本新书，尽力去弥补这个遗憾。相较于《场景》一书，本书具有三个重要贡献：其一是补充了场景概念的学术脉络；其二是梳理了国际场景研究的最新进展，包括美国、加拿大、西班牙、韩国、日本、法国等相关研究；其三是概括了20世纪80年代以来社会科学视角下城市研究学派之间的"争鸣"，这些学术"争鸣"与场景理论的形成有着紧密关联，是对西方发达国家的城市发展现象与规律的观察与思考，尽管英文文献中多有探讨，但中文文献中并不多见。本书将首次向中国读者展示城市研究领域的这些观点与讨论，有助于进一步理解场景研究与城市发展相关议题。除此之外，据我们所知，吴军团队为推动中国场景研究做出了重要贡献，他们聚焦中国发展重要议题，扎根于中国城市创新实践，尤其是对成都场景营城（Scenes City-making）创新实践的观察与分析，在整个场景研究中，具有里程碑式的意义。在我看来，这是一个中国原创性的学术概念，体现了中国在引领全球城市创新实践上的努力与探索，是具有中国特色的城市理论的重要探索。本书最后一章对这一新概念进行了系统论述，并讲述了成都场景营城的故事。这极大地提升了场景研究的实践价值与意义。

简言之，这本新书以场景视角为主线，探索一些关键的历史和概念基础，同时将其扩展到新的方向。本书通过六个紧密相连的章节来实现这一点，每个章节都对推动和阐明场景研究的重要性做出了重要贡献。

1. 渊源：城市与社区研究的传承。现代社会学中最早开展系统的城市与社区研究的当数美国芝加哥大学社会学系，这也是世界上第一个社会学系，被称为社会学的芝加哥学派。芝加哥学派是什么？场景研究如何在修改一些核心原则的同时进行继承发展？这一传统与其他主要社会科学传统，如自由主义或马克思主义，以及洛杉矶和纽约的城市研究学派有何不同？虽然这些问题的答案可以在其他地方的零散观察中找到，但本书第1章和第2章首次将它们汇集到一个连贯的和综述性的比较分析之中。

2. 争鸣：城市学派之间的学术辩论。芝加哥学派城市理论的"过时"及其产生的学术真空激发了洛杉矶学派的崛起，而洛杉矶学派城市研究的"不完整性"以及一定程度上的谬误也为纽约学派和后续的新芝加哥学派城市研究铺平了道路。简言之，各城市学派的兴起与争鸣帮助我们认识到被忽视但至关重要的城市现象，这的确有效推动了学术对话和城市理论发展进程。

3. 发展：场景理论的形成与演进。长期以来，人文学科和社会科学互相影响。"人文主义社会科学"通常是指解释性研究模式下的社会研究，其特点是对互动或文本的微妙细节进行丰富、开放式的详细阐释。尽管这是一个有价值的传统，但场景研究以另一种互补的方式将人文思想注入社会科学，受到了比如夏尔·波德莱尔（Charles Baudelaire）的闲逛者（flaneur）或理查德·瓦格纳（Richard Wagner）的主导动机（Leitmotif）的启发。第3章首次对这一人文背景进行了主题化的论述，力图准确阐述场景理论所代表的人文社会科学的具体形式。

4. 要义：场景理论的科学方法准则。关于场景的方法论要点、关键概念和技术的具体内容分散在许多文章和书籍中。迄今为止，还没有一份明确的指南能指导研究者去做场景研究。现有的相关知识大多是通过师生和同事关系传授的。因此，第4章代表了一个重要声明，因为它明确阐述了通常隐含或暗示的内容，并为学生和研究人员提供了一张路线图，供他们考虑采用基于场景的研究计划。

5. 比较：场景研究的国际进展。场景研究是一项国际性的工作，研究正在全球范围内持续进行和传播。然而，目前还没有人试图对如此多不同背景下产生的新知识进行提炼和编纂。第5章是对国际场景研究的首次系统回顾。除了实现这一重要目标，这一章还为比较这些研究提供了一个有价值的框架，将其分为静态分析和动态分析，并突出了理论、方法和实证方面的进展。该章突出了国际场景研究的活力以及它对自我批判和集体学习的开放承诺。同时，也恰如其分地总结了当前国际场景研究的特点和局限性，并指出了新的方向。

6. 场景营城：中国特色城市理论探索。这一章是本书的"高潮"，聚焦中国场景研究及其城市创新实践，尤其是"场景营城"概念的提出，是来自对新时代中国城市创新发展的观察与思考，是对以人为核心的新型城镇化的实践经验梳理，以场景营造城市，一个个场景叠加与串联，不断增强城市的宜居舒适性品质，并把这种城市品质转化为市民与游客可感可及的美好生活体验，进而构筑城市发展的持久优势和竞争力。

这个简要概况应该清楚地表明了《场景文化力》的雄心。它综合了许多潜在和不同的思想线索，这些思想线索之前还没有被如此连贯地汇聚在一起，并将这种综合作为新反思和新研究方向的"跳板"。我们鼓励读者仔细研究这些章节，以及中文版《场景》中的相关段落和附录中的其他国际研究。

在前言的剩余部分中，我们将阐明本书更广泛的意义，并强调我们提到的观点在书的后文中会如何进一步得到阐述。首先，我们反思"新芝加哥学派"中的"新"，将其与其他"新"范式进行比较，并概述其增添和综合的部分。

新芝加哥学派"新"在何处

《场景文化力》概述了新芝加哥学派或新芝加哥社会学的基本原则。在科学史上，有将"新"一词附加到旧范式的思想流派前的传统，比如"新古典经济学"或"新达尔文主义"。要理解定义新芝加哥学派的努力，回顾这些"新颖化"的努力是有帮助的。虽然在科学史上关于这一主题的研究文献不多，但我们可以初步确定在创建一个"新"

学派时涉及的三个关键过程。

第一，旧理论的复兴和拓展。"新"一词通常表示对已有理论的复兴，以适应新的证据或情境（Context）。将一种理论标记为"新"，代表明确承认其与旧范式共享的部分基础，同时添加新的元素。例如，新达尔文主义将种群遗传学与达尔文最初的自然选择理论相结合；新古典经济学整合了边际效用和理性行为等原则。

第二，与先前理论的错误或误解相区分。如果先前的理论被批评或发现有缺陷，使用"新"一词可以将其与过去的批评拉开距离。"新"强调了修正或改进，正如在经济学中的劳动价值理论或生物学中确定清晰的遗传机制所看到的那样。

第三，对技术或社会变革的回应。新的发现或社会规范可以促进现有理论的更新。例如，分子生物学的进步启发了遗传学与进化论的结合。经济学中的"边际革命"促使人们努力融合各种观点，例如，用经典的关于供给、需求和价格的概念来测试边际效用。

新芝加哥学派集中体现了这三个方面。考虑了对旧理论的复兴和拓展。新芝加哥学派中的"新"既包括新元素的添加，也包括与其他框架的综合。《场景文化力》确定了两个关键的拓展领域：文化和发展的具体细节。当然，不能说早期芝加哥学者们忽视了文化。一些旧的芝加哥城市研究集中在媒体、特定的机构如舞厅等方面，认识到日益增长的集体代表形式，如邻里身份，并在社区区域研究（Community Area Studies）中关注了民族文化。

但是，有许多芝加哥城市研究与其参与者之间并没有相互整合。他们发现，将当地文化与众所周知的中央商务区竞争的生态分析联系起来具有挑战性。在他们的人类生态学研究中，参与者通常被视为经济主体，竞相争夺黄金地段的房地产，从而形成了核心与边缘的区域模式。然而，在对单个社区区域（Community Area）的研究中，参与者被描绘为忠于本地社区者，通常避开经济上的理性决策，以维护集体认同以及与朋友、家人、同胞和信仰同一宗教的人的亲近。这就导致了相对非结构化的社区区域模式，没有明确的组织原则将一个区域与其他区域连接起来。

这些基本取向的显著差异从视觉上体现在它们生成的两种不同类型的地图中。

试着将图1中标志性的同心圆区域图和图2中的社区区域地图看作一组美学对象。同心圆区域图让人联想到法国古典绘画（请参见图3休贝尔的画作《哲学家的晚餐》中的狄德罗）。在这里，所有元素都倾向一个奇点，创造了一个从这个核心发出并返回到这个核心的流。在弥漫在场景中的统一能量的引导下，观察者的目光不可避免地被吸引到这个方向。这反映了狄德罗的古典理想，也是法国绘画史上的一个反复出现的主题：一种因果连贯、自成体系的秩序，其中每个瞬间都密切相关，在不断的韵律运动中发展。美国华盛顿地区正是由法国建筑师根据类似的模型设计的，其中明确使用了环形街道，这与大多数美国城市中常见的由方格组成的网状结构不同。

社区区域地图偏离了法国古典主义的这些原则，提出了多个区域来单独考虑，而不是一个统一的图像（请参见图4门采尔的画作《房屋后面和后院》）。观察者考察其中一个区域，欣赏它独特的特点，闻到它的气味，品鉴它的风味，然后继续看向下一个区域。这些图像培养了一种强调透视主义和多元主义的整体美学，将城市描绘为没有中心治理原则的地方马赛克。不难发现，即使是科学表达也依赖于视觉和美学原则，新芝加哥学派视角的一个显著特点就是对这一现象的高度敏感性，而该视角在场景研究中得以延续：芝加哥学派本身正是旨在提供探索观察城市的新方法，而该学派的吸引力在一定程度上源于鼓励人们从各种角度对一座城市进行更丰富的审美感知。

这两幅图像，一幅是不同地区不和谐的动态混合（见图2），另一幅则是紧密的整体（见图1），并不能详尽代表芝加哥学派的城市美学，但它们确实表明了不同的倾向。更进一步说，它们表明了早期芝加哥学派场景视角的萌芽，因为这些看似简单的图表，如果仔细探究的话，它

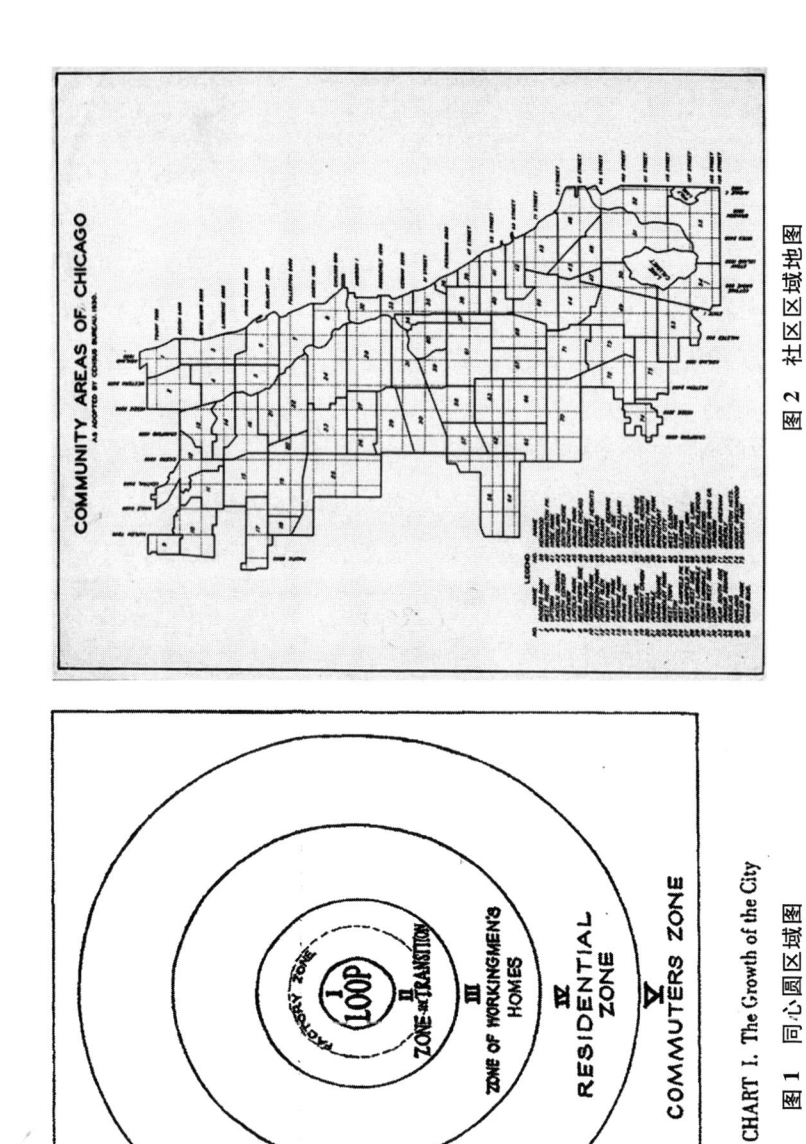

010　场景文化力：新芝加哥学派解读城市发展

图 1　同心圆区域图

图 2　社区区域地图

图片来源：https://www.lib.uchicago.edu/collex/exhibits/mapping-young-metropolis/local-community/

图 3 《哲学家的晚餐》(*Un dîner de philosophes*)，让·休贝尔（Jean Huber）绘于 1772 年，丹尼·狄德罗是坐在最右边的第二个人

图 4 《房屋后面和后院》(*Rear of House and Backyard*)，阿道夫·冯·门采尔（Adolph von Menzel）绘于 1846 年

们包含着丰富的美学整体，在线条和圆圈的背后，隐藏着城市生活的活力与情感，被压缩在图像和表格之中。这种将美学和情感浓缩为社会科学符号的努力，是场景视角的标志。

通过将文化置于研究议程中心，新芝加哥学派认为，文化在所有决策中都可能发挥作用，这些决策跨越了人类生态学和社区区域分析之间的分界线（第三章第二节详细描述了新芝加哥学派如何将文化置于新的城市研究议程的核心）。因此，在决定是否将企业设在市中心时，人们往往会考虑文化环境或企业经营的场景，因为这些会影响到其成功的机会或前景。当场景变得更加"自主"（Autonomous）时，这些考虑的重要性就变得更加突出。例如，当出现致力于维持与场景相关的生活方式的群体时，就会产生相对的自主性，这些群体包括艺术家、企业和场地所有者及运营商、参与者、社区团体以及政府主体（如城市管理者）。中国城市已经成为这方面的领导者，而成都的场景营城案例提供了鲜活的例证（第六章第二节详细阐述了成都案例的细节）。随着这些以场景为导向的城市创新实践活动的加强和凝聚，场景本身成为政策制定中更重要的因素。《场景文化力》更详细地阐明了这些机制。

同样，一个特定社区的价值观将通过与他人的互动显现出来，因此"相同"的场景会因其附近的事物不同而有不同的含义。金融区附近的波希米亚场景与夜总会时尚区附近的波希米亚场景，有着不同的意义。虽然佐博（Zorbaugh）在《黄金海岸与贫民窟》（1929）这一经典著作中表明了这个方向，但这种生态学和社区研究的更充分融合在早期芝加哥学派作品中并没有得到明确的发展。场景概念是促进这种发展的关键工具。

新芝加哥学派在另一种意义上增加了文化要素，以更广泛的文化活动为特色。艺术在全球范围内日益受到重视是这一扩展的主要动机。

但在新芝加哥学派语境下，关键是考虑特定艺术活动与一系列不断扩大的生活方式和消费活动的互动，这些活动加在一起可以扩展社区区

图 5　芝加哥社会学家"波希米亚狂想曲"活动的海报，由 NEWCITY 制作

域版图，并超越早期芝加哥学派的构想。

举个简单的例子，在多伦多等城市，同性恋"骄傲游行"现在是城市最大的集体庆祝活动，隆重程度远高于任何民族社区的节日（尽管这类节日有很多）。

同样，芝加哥虽然仍然拥有许多与民族社区紧密联系的民族节日和餐馆，但也拥有以更广泛的生活方式感知为特征的社区，如体育酒吧和体育场周围的餐馆，涉及"雅痞"或年轻的都市专业人士，还包括特定类型的艺术场景和波希米亚场景。洛拉帕卢萨（Lollapalooza）是一个重要的流行音乐节，每年在市中心举行，吸引来自四面八方的游客。由此可见，（1）旧理论的扩展和复兴显然与（2）对技术或社会变革的回应相互作用,因为(3)艺术的崛起和生活方式以及消费的扩大,需要我们不断努力思考旧的概念。对特定类型食物和音乐的明确关注,说明了场景理论的关键进展。

然而,新芝加哥学派的场景理论也体现了某种更激进的复兴和扩展,因为它设想了早期芝加哥学派核心原则与抽象理论维度的综合运用。这种抽象性区别于早期芝加哥学派的主要竞争对手——帕森斯学派①(Parsonian School)。早期芝加哥学派学者们对抽象维度抱有极大的怀疑,认为它们代表了对观察具体事物的逃避。众所周知,罗伯特·E. 帕克(Robert E. Park)曾经敦促他的学生们亲自观察城市的各个角落,在这个过程中"把鞋底磨平",对于坐在舒适椅子上进行思考的诱惑要表示警惕。这种对抽象理论的"警惕"为早期芝加哥学派赢得了"无神论"或"纯粹描述"的声誉。

毫无疑问,在塔尔科特·帕森斯的笔下,抽象的理论维度似乎可以自由浮动,往往只是简单地为类型或框架提供标签。相比之下,场景景观(Scenescapes)强调了作曲家瓦格纳的主导动机概念:作品中反复出现的具有音乐意义的线索或元素,最终融合成一个独特的具体的整体(第三章第二节详细介绍了瓦格纳带来的启发)。抽象的维度也是如此,如传统性、睦邻性、平等性、地方性、理性或迷人性。这些结合起来,使活动具有特定的意义(第四章第四节详细介绍了场景的 15 个维度)。此外,虽然每个地方都以一种独特而具体的方式融合了这些场景维度,但抽象(如平等性)让我们能够进行比早期芝加哥学派更广泛的比较。比较得越多、越广泛,看到独特和具体的东西就越多,共享的、跨越位置的一般性和场景就会进入视野。

因此,对竞争学派的综合并没有偏离原则,而是使每个学派能够在更高层次上实现其原则。芝加哥学派对具体地方情境(Local

---

① 塔尔科特·帕森斯(Talcott Parsons)是美国哈佛大学社会学学者,是 20 世纪中期颇负盛名的结构功能论的代表人物,主要理论倾向是建构宏大的社会理论。

Context）的强调通过允许抽象性比较得到了加强，而帕森斯学派对抽象的强调通过将其建立在具体活动和舒适性设施中得到加强。正如新达尔文主义综合结合遗传学以允许对遗传进行深入研究一样，新芝加哥学派专注于场景，将具体活动与抽象意义结合起来，以便更深入地分析当地环境及其变化机制。由此可见，（1）旧理论的扩展和复兴与（2）对以前的错误或误解的辨析相结合。不同于早期芝加哥学派看似"无理论"的立场，新芝加哥学派场景概念接受了更多抽象理论，即使场景学者有时将抽象理论转化为具体观察，并会在此过程中"把鞋底磨平"。我们引用汉斯·约阿斯（Hans Joas）的话，明确地将这种加入帕森斯和欧洲抽象理论传统的努力，与芝加哥学派过去的经验研究（Empirical Footwork）联系起来。爱德华·希尔斯（Edward Shils）、哥伦比亚大学的社会学家、尤尔根·哈贝马斯（Jürgen Habermas）等学者在20世纪末也在尝试类似的联系。

简而言之，场景思维提出了一套概念，用于理解更广泛的社会变化以及有关这些变化性质的一些一般性的命题。戏剧性、真实性和合法性等概念以及它们的各种子维度，使我们能够跟踪场景类型和分布的趋势。场景理论认为，随着时间的推移，这些因素会变得越来越显著，与此同时，它们与收入等传统因素相结合，越来越显著地影响着经济、居住和政治决策。

结　语

新芝加哥学派范式为城市文化研究开辟了新的视野，在延续芝加哥学派的地方性（Locality）和情境性（Context）的学术遗产的基础上，扩展了对文化和抽象理论的关注。场景的概念提供了一个关键的框架，阐明了在不断扩大的生活方式多样性中，共享文化消费对意义领域的创造。这将芝加哥学派关于竞争性的生态学研究与关于身份和价值观的亲密社区研究结合起来。通过使用传统性或迷人性等主题将场景理论化，并进行了系统化比较。

同样重要的是政策部分。绘制场景地图为社区提供了评估美学意义和相互比较的工具,从而实现了本地化和更广泛的理解。

研究城市生活的美学意义,需要严肃的美学思考。人文主义思维启发了场景研究,而这类研究会涉及越来越多的定义城市体验的艺术风格。研究艺术中的专注性和戏剧性,有助于审视社会生活中的真实性和表达方式。场景还对文化演变进行了概念化,追踪成功的场景和政策理念的传播。但是,传统场景可能会随着经济成功而改变,这也显示出文化选择的多维性。

场景思维将多元思想整合为超越当前社会学局限的文化科学。它促进了系统性比较,但拒绝了僵化的普世主义。每个场景都有独特的结构,但又是由反复出现的主题所构成的。

快速的社会变革需要概念的更新。全球的场景研究展示了这一视角的潜力。《场景文化力》也探讨了具有高度自主性的中国场景研究。西方和中国研究人员之间在理论方面的进一步合作具有很大潜力。场景的形成、演变和传播的比较研究,可以丰富我们对城市生活的深刻理解。分析社交媒体上影像、传统邻里发展和政策理念传播可能会揭示共鸣和不同的模式。

最重要的是,我们的概念不仅源自我们的背景,还超越了我们的背景。国际对话扩展了社会学想象力,通过扎根于当地现实的合作理论发展出了新的理论和美学。《场景文化力》是一次先行的尝试,并为想象力的增长提供了方向。

场景,定义城市美好生活。

目 录

1　渊源：城市与社区研究的传承　　001
2　争鸣：城市学派之间的学术辩论　　043
3　发展：场景理论的形成与演进　　078
4　要义：场景理论的科学方法准则　　129
5　比较：场景研究的国际进展　　171
6　场景营城：中国特色城市理论探索　　220

附录1　一次对话　　257

附录2　扩展阅读　　272

参考文献　　299

名词索引　　321

后　记　　325

1 渊源： 城市与社区研究的传承

本章首先追溯新芝加哥学派城市研究起源的三个关键性背景，即人类社会经济基础条件的巨变、全球范围内新政治文化的兴起和作为消费和娱乐机器的城市及其对应城市研究范式的转变。其次，本章梳理了新芝加哥学派与经典芝加哥学派（后文统称"芝加哥学派"）城市与社区研究的关联关系，尤其新芝加哥学派城市研究提出的"场景理论"（The Theory of Scenes）是对芝加哥学派重要的学术传统与遗产的继承，突出体现在对于城市尤其是社区的强烈关注、强调个体与群体的互动以及本地情境的重要性、对于社区与城市的文化敏感性等。最后，本章会论述新芝加哥学派场景理论对于城市研究与城市发展的重要意义，主要表现为四个方面：其一是探寻更为一般化的城市分析工具；其二是把"文化"的适宜性变成可测量的政策工具；其三是寻找一种分析城市发展的内生驱动力；其四是探寻文化支撑下的城市发展模式和路径。

一 新芝加哥学派的提出

1925年，一批来自芝加哥大学的社会学家出版了《城市：有关城市环境中人类行为研究的建议》[1]，为一代又一代的学者开展城市与社区

---

[1] Park, Robert, Ernest W. Burgess, Roderick D. McKenzie, *The City: Suggestions for the Study of Human Nature in the Urban Environment*, University of Chicago Press, 1925.

研究奠定了基础。在书中，罗伯特·E. 帕克、E. W. 伯吉斯、R. 麦肯齐等学者提出了"优雅"且"全面"的人类生态学（Human Ecology），来解释城市空间和社会结构的动态演变。这也成就了芝加哥学派（The Chicago School）的雏形。这批社会学家也被誉为现代城市社会学的先驱。

70余年后，丹尼斯·R. 贾德（Dennis R. Judd）、迪克·辛普森（Dick Simpson）、安德鲁·阿伯特（Andrew Abbott）、萨斯基娅·萨森（Saskia Sassen）、罗伯特·桑普森（Robert Sampson）、丹尼尔·西尔（Daniel Silver）等约20位来自芝加哥的社会学家与城市学者们相聚在特里·N. 克拉克（Terry N. Clark）位于美国芝加哥南部布朗兹维尔的公寓中展开城市研究讨论①。在接下来的数十年间，他们定期在这里相互介绍彼此的研究，有时会有一些激烈的辩论，比如，什么才是定义当代城市与社区研究领域的理论和方法，以及社会学的芝加哥学派还能否继续引领城市和社区研究的大潮等。

随着一部部著作的出版，从《城市，回顾：来自芝加哥、洛杉矶和纽约的城市理论》（*The City, Revisited: Urban Theory from Chicago, Los Angeles, and New York*, 2011），到《作为娱乐机器的城市》（*The City as an Entertainment Machine*, 2003）；从《托克维尔能否卡拉OK？公民参与、艺术与发展的全球比较》（*Can Tocqueville Karaoke? Global Contrasts of Citizen Participation, the Arts and Development*, 2014）再到《场景：空间品质如何塑造社会生活》（*Scenescapes: How Quality of Place Shape Social Life*, 2016），这些学者以新政治文化（New Political Culture）和社会情境（Social Context）为导向，逐渐形成了一个被称为"新芝加哥学派"（New Chicago School）的有共同取向的城市研究学术共同体。

事实上，"新芝加哥学派"的标签是由芝加哥大学社会学系特里·N. 克拉克教授率先提出的。2008年，克拉克教授在国际期刊《城市地

---

① Judd, Dennis R., Dick W. Simpson, *The City, Revisited: Urban Theory from Chicago, Los Angeles, and New York*, University of Minnesota Press, 2011, p. 11.

理》（*Urban Geography*）上发表了一篇题为《新芝加哥学派的研究计划》（Program for a New Chicago School）的雄心勃勃的论文[1]（见图1-1）。在文章中，他首先回应了来自以迈克尔·迪尔（Michael Dear）为首的洛杉矶学派城市研究者们对芝加哥学派城市研究理论与方法的挑战[2]，并通过梳理立足于芝加哥城市发展转型与城市研究的理论提炼，尤其是芝加哥学者们在城市发展新阶段（后工业时期）采取的新视角和新方法，提出了一个"新芝加哥学派"的雏形，以及八个重要观点（Axial Points），涉及将亚文化进行概念化（Conceptualize）、城市多样化、关注消费、交叉使用多元研究方法以及深刻理解全球化影响等许多面相的前瞻性理论观点。随着新芝加哥学派城市研究的不断深入，以克拉克为首的国际研究团队依据这些重要观点，逐渐形成了更加系统性、更加全面性、更具有竞争性的"场景理论"（The Theory of Scenes）。

PROGRAM FOR A NEW CHICAGO SCHOOL

Terry Nichols Clark[1]
Department of Sociology
University of Chicago

Abstract: Michael Dear's (2001) L.A. School builds on a critique of the old Chicago School. This essay extends the discussion by incorporating broader theories about how cities work, stressing culture and politics. New Yorkers lean toward class analysis, production, inequality, dual labor markets, and related themes—deriving for some from a secular Marxism. L.A. writers are more often individualist, subjectivist, consumption-oriented; some are also postmodernist. Chicago is the largest American city with a heavily Catholic population, which heightens attention to personal relations, extended families, neighborhoods, and ethnic traditions. These in turn lead observers to stress culture and politics in Chicago, as these vary so heavily by subculture. Seven axial points for a New Chicago School are proposed. [Key words: culture, neighborhood, politics, Catholic, Chicago.]

图 1-1 *Urban Geography* 期刊上发表的题为
"Program for a New Chicago School" 的文章

---

[1] Clark T. N., "Program for a New Chicago School", *Urban geography*, 29 (2), 2008.
[2] Michael Dear, "Los Angeles and the Chicago School: Invitation to a Debate", *City and Community*, 1 (1), 2002.

专栏 1-1　芝加哥：树和真正的小提琴

近五十余年来，芝加哥一直是全球被研究最多的城市之一。来到芝加哥大学后，我阅读了大量关于芝加哥政治的书籍。但当哈罗德·华盛顿（Harold Washington）在 1983 年赢得民主党初选时，我意识到这对于芝加哥政治的重大意义，因此立刻给他的竞选经理比尔·格里姆肖（Bill Grimshaw）打电话。我说道："华盛顿的竞选将摧毁这座城市独特的政治'游戏规则'，我们应该设法记录这个关键的时期。"格里姆肖回答说"我太忙了"，就挂断了电话。一个月后我致电追问："你是芝加哥黑人权利领域所有主要专著的作者，没有理由不做这个项目！"他回答说，只有一个条件，那就是我们两人必须合作。于是我们启动了一项口述历史研究，对几十年来的芝加哥政坛的关键人物和选举参与者进行采访，调查了他们的目的如何、是如何做的、哪些做法起了作用以及为什么。受访人的观点往往高度多样化，这使我们得以捕捉芝加哥政治的关键转型时期背后的重要原因和动态。该项目还在进行，迄今为止产生了超过 1000 页的口述录音和转录文本，存放在芝加哥大学图书馆特藏部。我们根据研究成果撰写了《树和真正的小提琴：后工业芝加哥的政治》(*Trees and Real Violins: The Politics of Post-Industrial Chicago*)。基于这个口述历史项目，我们在芝加哥会见了大约 20 位城市学家和社会学家，他们来自芝加哥的大学、基金会和公民团体。在我和丹尼斯·贾德（Dennis Judd）的提议下，我们在接下来的 20 年间每年会面一次，这也就是"新芝加哥学派"的雏形。我们起初在彼此家中举行讲座，而后共同教授了三门课程，并出版了数本著作。在其中一本由迪克·辛普森（Dick Simpson）和丹尼斯·贾德主编的书中，我发表了《新芝加哥学派的研究计划》一文。

——特里·N. 克拉克

在概述本书内容之前，我们认为有必要详细地了解新芝加哥学派的起源和发展脉络，这也是理解场景理论原则与基本框架的重要前提。

20世纪下半叶,发达国家的城市发展出现了一个重要的转折点,由"生产-投资"驱动的增长模式向"创新-消费"的增长模式转变。其间,新芝加哥学派场景理论的诞生伴随着以下三方面的主要变化。

第一,整个人类社会经济基础发生了巨变。传统城市发展模型的关键因素往往集中在土地、劳动力、资本和管理技术等元素上,这种以工业生产和制造业为核心的城市增长方式取得了巨大的经济成就。然而,城市发展到一定阶段,开始出现传统工业或制造业用工量的锐减、城市人口流失与空心化,以及逐渐加剧的环境污染、拥堵以及公共资源短缺等一系列城市问题,城市也开始逐渐步入后工业时代。进入20世纪70年代后,欧美发达国家纷纷进行产业结构调整和经济转型,发展出了包括科技创新、创意产业、现代服务、文化消费等多方面新兴产业群体与就业方向。

专栏1-2 后工业社会

"后工业社会"是美国社会学家丹尼尔·贝尔(Daniel Bell)在20世纪50年代首次提出的概念,是他对当时西方发达国家社会发展趋势的一种研判。丹尼尔·贝尔《后工业社会的来临》一书英文版于1973年出版,当时正值石油危机爆发之时,在西方发达工业社会中盛行的管理资本主义盛极而衰。贝尔认为,一种与工业化社会不尽相同的社会形态正在露出端倪。他以超乎寻常的系统分析能力对未来社会趋势及其巨变进行了呈现,并把自己对所谓"后工业社会"的预测看作与马克思的一场"理论对话",是对《资本论》的社会分析的承续、发展与完善。他以系统思考、趋势分析以及社会结构之中轴原理作为工具,明确提出,当时美国刚刚萌芽的"服务业即将取代制造业""对知识的汇编整理正在消解资本所有权的社会影响"两大趋势是后工业社会即将到来的前兆。

贝尔概括了后工业社会的以下主要特征。

首先是对经济结构的分析，从制造业到服务业。贝尔认为，对服务业的理解不能只停留在古典经济学家那里，因为他们认为服务业是"非生产性的"（Unproductive），只有制造业才能通过劳动产生价值。贝尔认为这种观点不仅存在片面性，更是一种谬误。当代社会中服务业的主要扩展是"对人的服务"（Human Services），尤其是医疗和教育领域，而这两者正是当今社会提高生产力的主要手段：教育促进技能的提升，特别是读写和数学能力的提高，医疗保障可以减少疾病，使人们更适于工作。

其次是对职业变化的分析。贝尔认为，以知识为主的职业岗位大幅增加。同时，伴随着专业性和技术要求高工作增多，企业家同样要求有较好的教育背景，教育已经成为社会流动的最为重要渠道之一。除此之外，金融资本与人力资本变得越来越重要，智能技术的发展成了社会发展的一大新特点。

再次是关于基础设施的分析。贝尔认为，工业社会的基础设施经常指交通运输，涉及港口、铁路、公路、机场和建筑等，用来运送货物与物资。后工业社会的基础设施是通信工具，涉及电缆、宽带、数字电视、光纤网络、传真、电子邮件等。

最后，他提出了知识的价值理论（A Knowledge Theory of Value）。工业社会以劳动价值论为基础，工业的发展依靠节约劳动的设备，以资本取代劳动；后工业社会以知识价值论为基础，知识是创新和发明的来源，知识能够产生附加价值和规模递增收益。贝尔指出，知识是公共产品，特别是在基础研究领域，不会因他人占有而衰减，是多赢的和相互增益的。在未来某个时间段内，占有知识在某种程度上比占有资本更为重要。

——根据丹尼尔·贝尔《技术轴心时代》1999年版前言整理

在这一时代背景下，国际著名社会学家、城市学家萨斯基娅·萨森（Saskia Sassen）首次提出了后工业时代以创新和消费为导向的"全球城市"（Global City）概念。她指出，在全球化和全球经济下，虽然消费市场和某些类型的生产在地理上是分散的，但是，第三产业和大型全球企业核心行政职能却愈加集中在密集的城市地区。相较于传统的"生产场地"（Production Sites）城市，全球城市是"后工业生产场地"（Post-industrial Production Sites），生产的目标是创新。从金融到技术再到文化，城市创新的加速生产通常发生在主导全球经济的大型企业，以及与其有联系但不正式附属的小企业中①。其中就包括提供专业金融或法律服务的公司，以及时装、媒体、广告和营销领域的专业服务的提供商，而这些高度专业化的产业与主体会从都市圈和城市群中获益。

从这些论述中，我们不难发现，欧美发达国家的城市发展模式已经开始从以生产因素为核心的"增长机器"（Growth Machine），转向以人力资本为核心，以创新、消费和文化为动能的新范式上来②。城市发展越来越依赖高新科技、创新产业、现代服务和文化消费等要素。

专栏 1-3 一种新的社会审美

生产性服务业增长是后工业经济中全球城市的转型特征。新的高收入工人是消费能力和消费选择的载体，这有别于 20 世纪 50 年代和 60 年代传统中产阶级。虽然他们的工资收入不足以作为投资资本，但对于本质上节俭、以储蓄为导向的中产阶层来说，他们的收入却是过剩的。这些新的高收入者成为新型中间投资（艺术品、古董和奢侈品消费）的主要受众。多余的收入与新的国际化工作文化相结合，为新的生活方式和新型经济活动创造了极具吸引力的空间。在这种背景下，我们需要审视艺术市场和奢侈品消费的扩张，这一背景使其与 15 年前作为精英阶层特权的情况有着质的

---

① Sassen, Saskia, *The Global City: New York, London, Tokyo*, Princeton University Press, 2001, p. 6.
② Molotch, H., "The City as a Growth Machine: Toward a Political Economy of Place", *American Journal of Sociology*, 82 (2), 1976, pp. 309-332.

区别。这些高收入工人的增加不仅带来了全球城市不断物理性扩张的升级，也促进了消费结构的重组。但仅凭高收入并不能完全解释这种转变。一些不太明显的因素同样重要，比如一种新的国际化工作文化，由于工作的客观条件面向全球，其中融入了这些城市经济不断国际化的背景。年轻职业女性人数的增加进一步促成了专业阶层的城市化，而不是早期典型的郊区化。

与此同时，我们可以看到，在日常生活中出现了一种新的社会审美观，取代了之前中产阶层强调的功能性标准。对这种转变的考察揭示了一个动态过程，即经济潜力（高可支配收入所代表的消费能力）通过对美好生活的新愿景而发挥出来。因此，不仅食物很重要，美食（Cuisine）也很重要；不仅衣服很重要，设计师的品牌也很重要；不仅装饰很重要，真正的艺术品（Objets d'art）也很重要。这种转变体现在越来越多的精品店和艺术画廊的兴起中。同样，理想的住所不再是郊区的"家"，而是位于市中心的改造成漂亮公寓的仓库。

当然，伴随这种新的社会审美，还包括一系列盈利的可能性，从"新生代"（Nouveaux）餐厅到蓬勃发展的艺术市场。值得注意的是，小规模的高收入工人阶级给这些超大城市的战略区域带来了一种商业和消费本质的明显转变。

——摘自萨斯基娅·萨森《全球城市：纽约、伦敦、东京》

第二，全球性的新政治文化兴起。在《新政治文化》（The New Political Culture）中，克拉克与霍夫曼·马提诺（Hoffmann Martinot）展示了35个国家、15000多个城市中出现的"新政治文化"（NPC）现象[1]。随着全球化、收入和教育程度的提升，以及消费选择的个性化和多样化，一种被部分学者称为的市场个人主义（Market Individualism）和社

---

[1] Clark, T. N., Hoffmann-Martinot, V. (Eds), *The New Political Culture*, Westview Press, 1998, p. 11.

会个人主义（Social Individualism）的理念出现。这代表了一种更加个体化、平等化、多样化的经济、社会和生活方式，是一种跨越金融、传播、政治和消费领域的"新政治文化"。

在金融领域，正如萨森等学者所指出的那样，全球化的市场经济导致贸易和金融逐渐脱离了本国政府和企业的束缚，日渐重要的是自由市场、中小企业、跨国集团以及流动性更强的劳动力[1]。在媒体和传播领域，互联网、私人通信设备（电脑、iPod、智能设备等）以及多样化的媒体，促进了更加个性化、多样化的信息的国际流通，以及主流媒体与自媒体影响的不断扩大。随着后工业社会中知识和信息密集型生产开始逐渐代替劳动密集型生产，个体拥有更多的时间享受生活，并通过参与消费来表达自我价值与呈现自我[2]，包括个性化的生活方式、穿着、娱乐、充满自发性和灵活多变的选择，与之相伴的还有流行文化、休闲文化与旅游业的快速发展等。

在政治领域，人们对于生活品质的追求或需求更加凸显。因此，相比于传统的基于贫富差距、财政和地方庇护关系的党派政治（Party Politics）体系，一种以解决社会问题为导向的城市政治逐渐出现，政策制定者聚焦市民日益多样化的价值观和文化生活需求主题，如堕胎、环保、艺术等。为了满足市民的文化生活需求，政府部门的角色也随之发生了重大转变：从推行传统形式的政策转向打造标志性建筑、商圈、公共空间和文化艺术场所等消费政策或措施[3]。克拉克与霍夫曼·马提诺还发现，世界范围内，越来越多的城市市长和市政当局，逐渐将生活品质和消费视作城市政策的核心议程之一，相关主题就包括环保、消费、多样人口的接受程度、社区生活美学等。与过去更加森严的等级制度和

---

[1] Sassen, Saskia, *The Global City: New York, London, Tokyo*, Princeton University Press, 2001.

[2] Fogel, Robert William, *The Fourth Great Awakening and the Future of Egalitarianism*, University of Chicago Press, 2000.

[3] Clark, T. N., Hoffmann-Martinot, V. (Eds), *The New Political Culture*, Westview Press, 1998, pp. 297-298.

传统、政府与企业的互惠互利相比，他们更多地看到一种以个人主义和平等主义为代表的新政治文化与城市文化的出现，随之产生了以满足广大市民城市生活品质需求为导向的新的发展模式，这种新的政治文化现象在世界各地的城市中逐渐兴起。

专栏 1-4　新政治文化

克拉克与其合作者将相关研究推进到更广泛的领域，比如富有创新力的领导者如何回应并引导公民的选择。1978 年，愤怒的加州选民组织起来，抗议大幅增加的财产税以及州政府不断增长的收入盈余，最终通过投票修改了法律，将财产税削减了将近一半，并限制了其未来增长的比例。同时，新的政治家开始逐渐抛弃传统的党派政治，通过积极回应选民的诉求巩固自己的权力。随后，被各大报纸称为"纳税人起义"的滔滔浪潮席卷了美国，导致全国范围税收的减免。因此，"纳税人起义"改写了美国财产税甚至地方政治的历史，预示着美国的政治格局转向以公民和社会问题为导向的"新政治文化"。以比尔·克林顿（Bill Clinton）和托尼·布莱尔（Tony Blair）为代表的领导人明确强调公民密切关注的新社会问题，包括消费、生活方式、文化多样性、环境绿化等，并因此得到了广泛的公民支持。同时，他们通过许多活动吸引多样的公民群体，如崭新的网站以及与艺术和文化相关的娱乐活动。比如，克林顿曾经与爵士音乐家同台表演，他和布莱尔都在媒体上通过清晰、深思熟虑的演讲向全国观众解释复杂的政策。《新政治文化》（*The New Political Culture*）一书通过阐述一系列背景和命题，将这种新的领导模式确定为一种文化的子类型[1]。相关政策的结果在《城市作为娱乐机器》（*The City as an Entertainment Machine*）中被称为更广泛的消费模式[2]。

---

[1]　Clark T. N., Hoffmann-Martinot, V. (Eds), *The New Political Culture*, Westview Press, 1998.
[2]　Clark T. N., *The City as an Entertainment Machine*, Lexington Books, 2003.

第三，城市成为消费和娱乐机器，对应的城市研究范式也发生转变。随着城市发展模式的转变和新政治文化的兴起，消费和舒适性设施在私人、公共领域中的重要性日益突出。当然，这并不是说工作和生产力不再重要或将消失，而是工作和休闲变得相辅相成、相互支撑，娱乐、消费、休闲等因素更多地渗透到工作场所之中[1]。人们关于住所和工作的选择，越来越受到附近的消费机会、舒适性设施以及该地点的整体美学特征或文化风格的影响；一种新的创造力、娱乐性和企业家精神已经融入对理想工作环境的标准定义。以舒适物（Amenities）为载体的休闲娱乐、消费与创新活动已不再是个体行为，而是作为深刻影响并推动城市发展和政策设计的核心机制性因素而存在。

专栏1-5 作为娱乐机器的城市

继哈维·莫洛奇（Harvey Molotch）于1976年在《美国社会学》（*American Journal of Sociology*，AJS）期刊上发表的重要论文《作为增长机器的城市》，克拉克于2003首次提出了"作为娱乐机器的城市"的概念。这一新的概念揭示了城市发展模式逐渐从以土地、资本等生产要素为核心的"增长机器"（Growth Machine），转向以人为核心，以创新、消费和文化为动能的"娱乐机器"（Entertainment Machine）。随后，美国社会学学会社区和城市社会学分会（Community and Urban Sociology Section）授予《作为娱乐机器的城市》2005年度的罗伯特·E. 帕克最佳图书奖（Robert E. Park Prize for the Best Book of the Year）。获得该殊荣的主要原因，是该书比较早地在社会科学领域整合分析消费、娱乐和艺术的崛起，以及这些元素对区域发展的重要意义，并且该书还进行了较为系统和深入的理论思考与构建。

该书分析了娱乐、消费和舒适物如何推动城市政策发展。人们既居住生

---

[1] Clark, Terry Nichols, "Making Culture INTO Magic: How Can It Bring Tourists and Residents?", *International Review of Public Administration*, 12 (1), 2007, p.15.

活又工作于城市，而择居决定会改变他们工作的地点和方式。书中收录的12项最新研究明确展示了消费和娱乐如何驱使人们迁徙至不同的城市、如何吸引高质量的创新人才并促进经济增长和城市发展。特别地，该书收录了特里·克拉克的《关于消费的政治理论》（A Political Theory of Consumption），《城市舒适物：湖泊、歌剧院和果汁吧如何推动发展》（Urban Amenities: Lakes, Opera, and Juice Bars: Do They Drive Development?）和《舒适物推动城市增长：新的范式和政策联系》（Amenities Drive Urban Growth: a New Paradigm and Policy Linkages），理查德·佛罗里达（Richard Florida）的《技术与宽容：多样性对高技术增长的重要性》（Technology And Tolerance: The Importance of Diversity to High-Technology Growth），以及爱德华·格莱泽（Edward Glaeser）的《消费者与城市》（Consumers and Cities）。值得注意的是，该书第11章《星巴克、自行车道和城市增长机器：美国社会学协会城市和社区分会成员之间的电子邮件》（Starbucks, Bicycle Paths, and Urban Growth Machines: Emails Among Members of Urban and Community Section of American Sociological Association）。这说明美国社会学协会社区和城市分会成员曾经创新性地讨论过"娱乐机器"概念。最初，许多成员对星巴克、歌剧院和果汁吧等舒适物持不同态度，认为它们只是城市发展中的边缘因素，但随着几位参与者对这些问题进行了深入分析，他们的态度或观点就发生了迅速改变。

为什么使用"娱乐机器"这个概念？因为娱乐不仅仅是个体或私人部门的决定，而且涉及政府和集体决策。关于文化政策的公共决策会影响夜生活场所、餐厅、剧院、音乐厅、学校和博物馆等的布局。尽管个体之间对娱乐的选择有很大的差异，但这些选择并不是随机的，而是受到文化和政治决策的影响。娱乐机器的概念还强调了一个重要的转变，即城市政策不仅仅包括生产和增长，还越来越多地包括消费和娱乐。它表明，为了在全球范围内实现增长并与其他城市竞争，城市决策者和管理者必须将娱乐纳入他们的方案中。这对于分析师和决策者来说，是一种理念的转变，对于理论工作者来说，是一种范式的转变，重新定义了政府和城市的目标，提醒关注应制定与遵循哪些规则，以及哪些政策能够成功或失败。

——根据《作为娱乐机器的城市》2003年版序整理而成

如何更好地理解、适应并指导源自这些巨大变革的挑战性和突发性变化？哈佛大学经济学家爱德华·格莱泽（Edward Glaeser）提出了"消费城市"（Consumer City）概念。格莱泽指出，随着企业与人口的流动性加剧，城市竞争的制胜关键越来越取决于城市舒适物密度及其消费中心的功能[①]。一方面，城市中舒适物数量和密度能够显著提升城市发展的速度；另一方面，城市租金的上涨速度超过了城市工资的上涨速度，这表明城市生活质量需求的增长不仅来自劳动力成本上涨，更来自城市生活的文化和社会环境的改善。简言之，城市人口的增长越来越多地受到其提供的消费机会的驱动，而生产和工作因素的驱动作用开始减弱。

专栏1-6　消费城市

城市对生产有利，同样对消费也有利。正由于消费舒适性设施的存在，城市才有可能成为人们的理想居住地。但是，很少有人关注城市作为消费中心的作用。我们认为，在21世纪，随着人们变得越来越富有，生活质量在决定一个地区的吸引力方面将变得越来越重要。因为随着收入增加，人们愿意为选择一个宜居舒适的地方而花费更多越来越变得再自然不过。

研究也表明，1950~1990年，美国人在交通和住房上的花费占个人收入

[①] GLAESER, E. L., Kolko, J., Saiz, A., "Consumer City", *Journal of Economic Geography*, 2001, 1 (1), pp. 27-50.

的比例从24%上升到35%。这种增加可以被视为花钱以获得理想的居住地。如果这种趋势持续下去，那么我们有理由相信，城市的未来取决于特定城市地区能否为日益富裕的工人提供吸引人的地方，让这些工人越来越少地受到就业地点的限制。

关于城市的消费优势，有四类特别重要的城市舒适物发挥着作用。

第一，城市提供的各式各样的服务和消费品，比如各种美食餐馆、剧院以及有吸引力的社交场所及其组合；不同于社会零售品，这些产品具有很强的体验性与在地不可移动性。在美国和法国，人均拥有更多餐厅和现场表演剧院的城市在过去20年里经济增长速度更快。

第二，美学设施和物理环境。一些城市的消费价值可能是它们拥有有价值的建筑，这些建筑被认为具有美感。比如，巴黎作为消费城市的吸引力部分来自它的服务业（餐馆）和依靠规模经济运作的场所（卢浮宫）的优势，但也来自它大量的被许多人（包括作者）认为很美的建筑及其关联设施。当然，美学上的优势显然可以来自大量建筑，但更普遍的是，一些人可能出于美学上的原因而更喜欢城市生活本身。

第三，良好公共服务，尤其是教育与医疗卫生服务等。

第四，出行方便程度，大都市地区提供的服务（和工作）的范围取决于个人出行的难易程度。

我们还深信，收入增加意味着人们越来越渴望有吸引力的居住场所。有吸引力的城市将蓬勃发展，而令人不愉快的城市将会萎缩。

——根据哈佛大学经济学教授、芝加哥大学博士爱德华·格莱泽2000年发表的论文整理而成

加拿大多伦多大学的理查德·佛罗里达（Richard Florida）教授提出了"创意阶层"（Creative Class）概念，更是促进了学术界对于这种消费驱动力的共识。佛罗里达认为，知识经济时代城市竞争的关键要素是创意阶层，即创造新产品、新服务、新理念与知识的人群。他认为，

城市政府可以通过引导当地经济发展转向教育和研发、提供适当的舒适性设施和人文环境来有效地吸引创意阶级聚集、积累高素质人力资本①。他尤其强调"波希米亚文化"（Bohemian Culture）的重要性，对应艺术家和亚文化社会群体等，也是一种重要的城市舒适物，对创意阶层具有很强的吸引力。克拉克的《城市作为娱乐机器》更加明确地揭示了舒适物如何驱动城市移民，并提出了一套以舒适物为导向的城市发展模型②。该研究聚焦美国3000多个县市的舒适物数据，并明确地指出，在人造和自然舒适物较多的城市中，人口增长明显更快。

专栏1-7　创意阶层

人类创意是根本的经济社会资源。如果说蓝领阶层兴起于19世纪、白领阶层诞生于20世纪，那么进入21世纪之后，创意阶层就开始迅速崛起。正是基于这样的一种观察，加拿大多伦多大学理查德·佛罗里达教授提出了"创意阶层"概念，并以美国为例系统分析了这种阶层的兴起、特征、生活方式、价值观，以及要吸引和留住这些高素质人力资本，城市政策与规划在建设、营造社区时应该注意的要点。

他把创意阶层分为两类：核心创意阶层（Super-Creative Core）和专业创意阶层（Creative Professionals）。前者是指从事科学与工程学、建筑与设计、教育、艺术、音乐和娱乐等行业的人们，以及现代社会的思想领袖（Thought Leadership），如非虚构作家、编辑、文化人物、智库研究员、分析师以及其他意见领袖，他们工作的特点是创造新观念、新技术和新的创意内容。后者是指高科技、商业、金融、法律、医疗以及相关领域的人才，偏重创意产品的销售、运用和管理等。另外，他们能够从复杂的知识体系中汲取灵感，以创造性地解决问题。他把美国社会划分为四个主要职业群

---

① Florida, R. *The Rise of the Creative Class*, Basic Books, 2002.
② Clark, T. N., *The City as an Entertainment Machine*, Lexington Books, 2003.

体：创意阶层、服务业阶层、工业阶层和农业阶层，其中，创意阶层和服务业阶层形成了第三产业人口，占美国就业人口比重的 80% 以上。城市发展的关键在于创意阶层的规模和品质。

创意阶层集聚会带来技术、投资、就业机会等经济增长，要想吸引留住创意人才是城市政策与规划的关键所在。在理查德·佛罗里达看来，创意阶层比较青睐包容性、多样性、开放性以及自我表达感等文化特质显著的地区或社区；因此，城市政策与规划应该引导和培育这种区域特质；相较于传统城市硬件设施投资来说，在人文环境的打造以及教育与医疗卫生等公共服务方面的持续投资，有时候效果会更加明显。

佛罗里达指出，地点（Place）是我们这个时代最重要的经济和社会组织单元，是地点而非其他因素为城市发展领域中"先有鸡还是先有蛋"的争论提供了答案。这个俗语形象地说明了最近国际城市研究领域的重要争论，即到底是"人才跟随工作走"还是"工作（企业）跟随人才走"？以前，哪里能够提供工作机会哪里就可以吸引人才；今天，企业的选址，尤其是高新技术企业的选址往往会选择人力资本和创意资本比较密集的地区。

现实中也出现了许多类似的例子，比如，为数众多的创业型互联网公司，往往在市中心而不是郊区更容易生存，因为市中心人力资本和知识资本密集，还有比较成熟的公共服务配套（企业不用专门提供这些配套或服务，极大地节省了成本），员工通过市场化供给就可以满足个人发展需求，这是郊区无法比拟的优势。市中心由于人力资本和知识资本的密集，能够创造更多的人与人、人与企业、企业与企业的接近性，比如面对面交流的机会或机遇，这对于激发创新创意和拓展关系网络尤为重要。

他还强调，是地点将人才与工作或工作与人才进行匹配，是地点提供了密集和流动的劳动力市场，帮助人们找到适合自己的工作；是地点造就了一个择偶市场，帮助人们找到自己的生活伴侣；是地点提供了能够驾驭人类创意并将这种创意转化为经济社会价值的生态体系。因此，城市作为地点的意义极其重要，通信技术不但没有削弱物理空间的棱角，反而加剧了城市作为地点在吸引和留住高素质人力资本上的意义。

——根据佛罗里达《创意阶层的崛起》整理

从城市增长的整体理论框架来看（见图1-2），对消费和舒适物的关注有效弥补了城市发展范式转型下，传统增长模型和人力资本模型在解释城市发展及其动态上的不足与局限性。舒适物理论强调个体具有高度流动性，舒适物组合形成的空间品质，影响着高素质人力资本在哪里定居、消费、创新，从而驱动城市发展。正如美国当代社会思想家、《全球城市史》的作者乔尔·科特金（Joel Kotkin）指出的那样，知识人群在哪里聚集，财富就在哪里聚集[1]。这意味着城市提供的软硬件环境综合品质对于知识人群集聚的重要性。

尽管格莱泽的"消费城市"、佛罗里达的"创意阶层"和克拉克的"作为娱乐机器的城市"等概念或论述，在认识艺术活动、消费、舒适物与经济、社会的相关性方面卓有建树，但这些都没有明确地衡量舒适物组合、品质或消费体验，以及这种品质如何影响企业主体、参与者与周围市民的社会行为。一个城市的社会生活（尤其是文化生活）绝不是单单由其中的艺术组织或舒适物的"总数"来决定的，而是由这些舒适物聚集、组合和叠加的不同形式及其文化意义来决定[2]。过往的研究并没有将这些舒适物放在其所处的"社会情境"（Social Context）以及更普遍的共同文化和价值观中来考察，也没有系统性地衡量舒适物在区域间不同的分化程度和密度。

简言之，过去对于舒适物的研究过于原子化（Atomistic），忽视了

---

[1] Kotkin, J., *The City: A global history*, Modern Library, 2006.
[2] Clark, T. N., "Making Culture into Magic: How Can It Bring Tourists and Residents?", *International Review of Public Administration*, 12 (1), 2007, p.18.

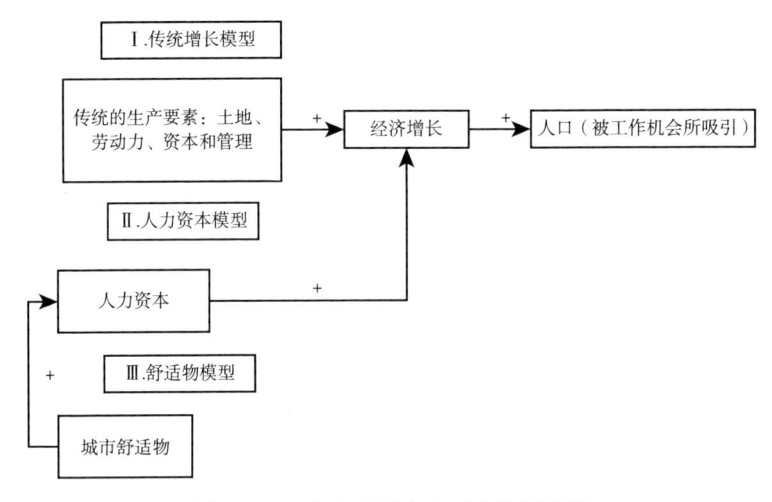

018 场景文化力：新芝加哥学派解读城市发展

```
Ⅰ.传统增长模型
传统的生产要素：土地、劳动力、资本和管理 ──+──→ 经济增长 ──+──→ 人口（被工作机会所吸引）

Ⅱ.人力资本模型
人力资本 ──+──→

Ⅲ.舒适物模型
城市舒适物 ──+──→
```

图1-2 三个连续嵌套的城市发展模型

资料来源：作者根据《作为娱乐机器的城市》绘制。

舒适物组合，舒适物与市民、与各种主体之间的互动关系以及社会情境。

放眼当前整个国际社会科学界，我们很少发现有对于艺术和文化在社会生活中的作用的系统性研究，或是关注更广泛的文化——包括非营利和营利艺术，以及体育和娱乐——如何促进城市发展。过去的研究针对区域或社区个案进行分析[1]，或聚焦某些特殊的舒适物[2]。在进行舒适物对城市发展影响的跨城市比较时，学者们往往采用较为零碎或是容易获取的数据[3]。这些研究的局限性也是场景研究的关切。

---

[1] Lloyd, R. D., *Neo-Bohemia: Art and Commerce in the Postindustrial City*, Routledge, 2010.

[2] Scott A. J., "The Cultural Economy of Citie", *International Journal of Urban & Regional Research*, 21 (2), 2010, pp. 323-339.

[3] Carlino G. A., Saiz A., "Beautiful city: Leisure Amenities and Urban Growth", *Journal of Regional Science*, 59 (3), 2019, pp. 369-408; Kuang, C., "Does Quality Matter in Local Consumption Amenities? An Empirical Investigation with Yelp", *Journal of Urban Economics*, 2017, 100, pp. 1-18.

二 新芝加哥学派与场景理论

基于后工业城市发展特点与趋势的变化，新芝加哥学派的社会学家们提出了"场景理论"，强调后工业化进程中城市空间的文化特质，尤其是多元文化以及消费的重要性，并提倡跨区域、跨国别的城市比较视角。场景理论构建起一套针对不同城市空间单元的一般性理论与分析框架，以城市中的舒适物集合为主要研究对象，明确地分析并衡量新城市文化在社会空间中的具象特征及其与城市发展核心变量的关联关系，并系统性地比较其在街区、城市和国家间的差异。

场景是一个地方（Place）的美学特征或文化风格，是一个地方能够提供给居民或游客的体验、呈现表征以及各种有意义的整体性组合方式。[1] 具体到城市来说，场景是生活方式的容器，是不同生活方式与文化旨趣的熔炉；同时，场景也是生活方式的孵化器，因为场景本身也会催生新的生活方式。在某种程度上，在城市中，一个个场景不仅仅是物理空间或设施，还包括社区、设施、人群与空间的"互动"及其产生的组合象征与文化意义。城市场景的典型案例包括纽约艺术场景、硅谷创业场景、巴黎时尚场景等。这些城市场景以舒适物为载体，能把包容性文化、创新、技术、人才、消费等整合到一起，并赋予它们关于一个地方的生活方式意义。这类场景已经变成了一种宝贵的城市资源，在吸引新开办企业和新人口迁入方面发挥着重要作用。

---

[1] Cary Wu, Rima Wilkes, Daniel Silver, Terry Nichols Clark, "Current Debates in Urban Theory from a Scale Perspective: Introducing a Scenes Approach", *Urban Studies*, 1 (4), 2018, pp.1-9.

专栏 1-8 硅谷创业场景

硅谷创业场景是指在美国加利福尼亚州的硅谷地区形成的企业生态系统和文化。自 20 世纪 70 年代起，硅谷迅速成为全球的创新中心和科技创业摇篮，孕育了许多科技巨头，包括苹果、谷歌、Facebook 等公司。

多种基础因素促成了硅谷创业场景，其中包括雄厚的创业资金、有利的监管环境、支持性的商业环境、毗邻斯坦福大学和加州大学伯克利分校等知名大学、年轻高素质人才的聚集。还有一个重要因素就是独特的创新文化、自由的思想交流以及鼓励冒险并容忍失败的工作氛围。此外，合作和互动是硅谷创业场景的重要特点，创业者、投资者、研究人员和专业人士定期交流和分享想法，不论是在正式的共享办公空间和孵化器，还是在非正式的咖啡厅和餐馆中，形成的强大的专业和个人网络促进了思想的碰撞和创意的火花。

硅谷创业场景不仅带动了加州地区的经济发展，更对全球科技产业产生了深远影响，推动创新并塑造了数字化格局。时至今日，它持续吸引着来自世界各地的企业家、投资者和创新人才，他们渴望成为这一地区充满活力的创业场景的一部分。

——根据 *The Silicon Valley Edge：A Habitat for Innovation and Entrepreneurship* 整理而成

观察一个场景，可以从五方面入手：其一是从社区小尺度入手而非诸如州或国家这样的大尺度，因为太大的尺度有可能会导致本地情景差异性的消融；其二是物理结构（Physical Structure），如各种各样的舒适物与活动载体，包括自然形成和人工建构的物理结构；其三是不同职业、受教育水平、宗教信仰等的多样性人群；其四是前三者的特定组合和活动；其五是由前四者结合而产生的文化价值与象征意义。这五个方面代表了一个地方提供体验的特征和品质。

场景分析鼓励人们去了解城市，不仅仅停留在公园、广场、自行道、剧院、咖啡厅、博物馆等物理空间或设施的物理存在层面，也不仅仅是音乐节、体育赛事、民俗庆典等社会活动，而是从整体上看，所有这些元素的特定组合所创造的独特体验和意义。

专栏1-9 场景：空间品质如何塑造社会生活

美国芝加哥大学特里·克拉克教授领衔的新芝加哥学派城市研究团队于2016年由芝加哥大学出版社推出新书《场景：空间品质如何塑造社会生活》(*Scenescapes: How Qualities of Place Shape the Social Life*，见图1-3)，在国际城市研究领域率先系统地阐述了"场景驱动区域发展"理论观点，并以北美城市大规模舒适物数据进行系统性的比较分析。场景理论作为一种新锐的城市理论，在学术界产生了重要的影响。该书中译本由社会科学文献出版社2019年在中国出版，受到普遍关注，获得社会科学文献出版社"十大好书"荣誉。

场景揭示了一个地方的美学特征或文化风格，及其对于社会生活与城市发展的意义。当一个社区变成一个场景时，它可以成为培养各类精神的地方。场景正在重新定义城市经济、居住生活、政治活动和公共政策等。场景理论的学术价值在于从消费角度来解释后工业城市发展的经济社会现象，这一点区别于以生产为导向的工业理论。

在识别场景时，无论是理论工作者还是城市政策制定者，应该从一个完整实体出发去进行认知和理解。尽管单个舒适物可以营造场景，但场景绝不是由单一舒适物组成，它是由舒适物系统集合而成，包括设施、活动与服务等。这些舒适性元素以某种总体的形式出现在人们面前，就像绘画时每一笔都要恰到好处，才能共同构成一幅具有美学意境的绘画作品；更像导演一样，把服装、道具、演员、音乐、光影等巧夺天工地集成，才会出现一个整体的意境，才能传达给观众某种认知和印象，从而影响人的心理和行为。再如，同样是举手这个动作，在不同的情景下，它所代表的含义不同。在某种情景下，举手代表友好的问候，在另一种情景下，则代表着一种侵略行为或质疑。因此,我们要培养识别场景整体意义的能力及掌握分析嵌入场景中的美学意蕴的方法。

——根据《场景》中英文版整理而成

图1-3 《场景:空间品质如何塑造社会生活》中英文版封面,英文版由芝加哥大学出版社2016年出版;中文版由社会科学文献出版社2019年出版

除此之外,分析一个地方的多个场景可以从三大维度[1]和十五个小维度入手。

大维度包括:第一,戏剧性,"相互的自我展示";第二,真实性,"发现真实的东西";第三,合法性,"基于道德基础行事"。

---

[1] Silver D. A., Clark, T. N., *Scenescapes*: *How Qualities of Place Shape Social Life*, The University of Chicago Press, 2016, p.40.

在这些维度下有十五个小维度,用于进一步编码和区分不同场景的美学特征。这些场景作为一种潜在"生产要素",影响甚至决定着一个地方的经济繁荣和定居模式,以及选民组成、社会运动等方面的政治前景。

场景建构于场所之上。例如,场所可以是人们居住的地方(作为住宅区的地方)、工作的地方(作为产业集群的地方)、抗议的地方(作为政治舞台的地方)等。更为重要的是,它们也是人们表达、交流和分享价值观、感受、经历和情绪的地方。因此,将场所视为场景,我们可以更深刻地理解这些场所背后的文化特征、生活方式和意义。① 当一个住宅区、一个产业集群或政治舞台等地方变成一个场景的时候,可以培育各类精神价值、激发情感共鸣和认同。因此,从场景角度来看,研究城市就是研究一个特定的城市或社区在特定的时刻,由人与舒适物的互动所创造的不同场景。换句话说,研究城市就是"捕捉根植于商业、人群、设施等的持续公共生活中的体验吸引力在具体时间的特殊组合"。②因此,场景分析方法考虑了城市的特征、城市提供的体验以及城市传递的意义。这是一种多维度的方法,超越了传统的城市分析,强调地点的相关情感和意义。

场景分析的优势还在于将舒适物与其所嵌入的新政治文化情境结合,研究艺术、文化和消费设施所处的环境,以及它们品质、差异性和密度如何把一个社区或区域塑造成一个繁荣、吸引人的场景。场景的概念有效补充了舒适物模型和人力资本模型之间缺失的链接,即哪些舒适物的组合在什么社会情境下能吸引人力资本、促进经济增长。与传统土地、资本、劳动力、管理等生产要素相比,场景正是文化型城市发展的

---

① Silver, D., Clark, N.T.,"Buzz as An Urban Resource", *Canadian Journal of Sociology*, 38, 2013, pp.1-32.
② Silver, D., Clark, N.T.,"The Power of Scenes: Quantities of Amenities and Qualities of Places", *Cultural Studies*, 29, pp.425-449.

新生产要素。越来越多的研究正在表明①，场景正是新发展阶段的城市发展的内生驱动力和创新动力。

这种新的理论分析工具让我们对城市分析的整体特征与意义的定性，能够得到从定量的角度的更清晰的表达和理解。城市中的场景是通过具体的物理结构、不同特征的人、当地的活动、治理结构以及区域性、全球性的风尚的组合而形成的，研究城市就是研究城市中的场景并研究这些场景如何塑造个人的价值取向和行为，以及如何塑造宏观的经济、政治、文化和社会等各项指标。②

三 城市与社区研究的学术传承

清晰地梳理新芝加哥学派与芝加哥学派之间的关系是至关重要的，这有助于我们理解芝加哥学派城市研究的准则是如何"一脉相传"的。更重要的是，我们可以看到新芝加哥学派场景研究如何对芝加哥学派城市研究范式进行创新，以适应全新的城市经济社会发展趋势、继续推动城市研究范式的发展与前沿探索。

尽管很难精确地界定"芝加哥学派"的著作、时间和人物，但学术界普遍认为，芝加哥学派诞生于第一次与第二次世界大战之间（1915~1935年），其代表性人物有R. E. 帕克、E. W. 伯吉斯、W. I. 托

---

① Silver, D. A., Clark, T. N., *Scenescapes: How Qualities of Place Shape Social Life*, The University of Chicago Press, 2016, pp. 26-375. Terry Nichols Clark et al., "Can Tocqueville Karaoke? Global Contrasts of Citizen Participation, the Arts, and Development", *Research in Urban Policy*, Emerald Annual Reviews, Volume 11, Bingley, Emerald, 2014. Navarro, C. J., Guerrero, G., Mateos C., Muñoz, L., *Escenas Culturales, Desingualdades y Gentrifi Cación en Grandes Ciudades Españolas, Los casos de Barcelona, Bilbao, Madrid y Sevilla*, in J. Cucó (ed.), *Metamorfosis Urbanas*, Icaria, pp. 109-132.

② Cary Wu, Rima Wilkes, Daniel Silver, Terry Nichols Clark, "Current Debates in Urban Theory from a Scale Perspective: Introducing a Scenes Approach", *Urban Studies*, 4, 2018, pp. 6-7.

马斯、H. 布鲁默、L. 沃斯等学者①。这些芝加哥大学城市研究学者共同致力于实证研究，并从当代世界各地的研究结果中提炼出更广泛和普遍的理论观点。

他们在 20 世纪创立的城市研究"芝加哥学派"，曾席卷社会科学界，并在社会学、地理学、经济学以及城市规划学等多领域中产生了不同程度的影响，尤其是在社会学领域，其形成的社区研究范式曾形成"统治"地位，时间长达 80 余年，被美国社会学家幽默地形容为"始终摆脱不了的'幽灵'"。作为芝加哥学派早期的奠基性作品，《身处欧美的波兰农民》一书标志着芝加哥大学社会学研究上升到美国国内和国际领先地位②。但是，从整体上来看，芝加哥学派著作繁多，不同著作涵盖的领域和概念同样有着很大的差异，因此，我们很难用一个简单的标签或范式来概括。

根据当代芝加哥学派学者的描述③，我们提炼概括出新芝加哥学派与早期芝加哥学派城市研究的共同点：第一，对城市尤其是对社区的强烈关注；第二，强调个体和群体的联系与互动，以及地方情境（Local Context）的重要性；第三，对社区和城市文化的高度敏感性。

接下来，我们将简要梳理芝加哥学派的重要人物和思想，尤其是人类生态学和符号互动论，并着重讨论新芝加哥学派如何继承并发展了芝加哥学派的研究传统。

首先，提起芝加哥学派，人们最先想到的一定是 R. E. 帕克和 E. W. 伯吉斯所创立的人类生态学（Human Ecology）。帕克和伯吉斯二人被普遍认为是芝加哥学派城市社会学的奠基人。他们合著的《社会

---

① Abbott, Andrew, *Department and Discipline: Chicago Sociology at One Hundred*, University of Chicago Press, 1999, p.6.
② Bulmer, Martin, *The Chicago School of Sociology: Institutionalization, Diversity, and the Rise of Sociological Research*, University of Chicago Press, 1984, p.3.
③ Terry Nichols Clark, Daniel A. Silver, Stephen W. Sawyer, "City, School, and Image: The Chicago School of Sociology and the Image of Chicago", in *Imagining Chicago*.

学科学导论》(*Introduction to the Science of Sociology*) 更是被称为 "绿色圣经" (The Green Bible),成为一代代社会学与城市研究者的试金石。人类生态学理论的思想来自达尔文,也被称为社会达尔文主义。其中,芝加哥学派将社区作为城市研究的核心分析单位。他们认为,城市中人类社区的发展与植物、动物种群繁衍的原则相似。随着土地的竞争和继替,城市自然会将其最重要的经济活动集中在核心地带,其他区域的经济、社会和文化发展均从属于这一"起到发起和起控制作用"的城市中心[1]。因此,城市中会形成许多功能性的"自然区域"(Natural Areas),这些区域以及其中的社区具有鲜明的物理和文化特征[2],这也就是著名的"同心圆区域图"(Concentric Zone Maps)的理论基础。

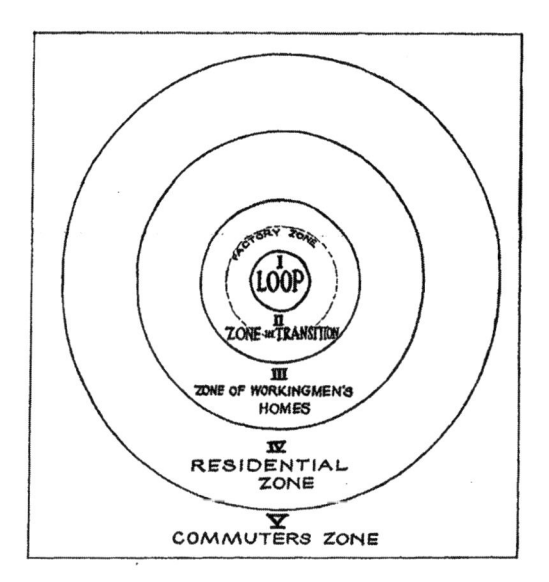

CHART I. The Growth of the City

图 1-4　伯吉斯提出的城市增长的"同心圆"模型

---

[1] Louis Wirth, "Urbanism as a Way of Life," *American Journal of Sociology*, 44, 1938, pp. 3-24.
[2] 〔美〕罗伯特·J. 桑普森:《伟大的美国城市:芝加哥和持久的邻里效应》,陈广渝、梁玉成译,社会科学文献出版社,2018,第 30 页。

专栏 1-10　人类生态学

城市不仅仅是许多个体和社会便利设施的聚集地——如街道、建筑物、电灯、电车和电话等；也不仅仅是一系列机构和行政设施的组合——如法院、医院、学校、警察以及各种民事职能人员。相反，城市是一种心理状态（State of Mind），是一系列礼俗和传统构成的整体，是在这些礼俗中沉淀并随传统而流传的那些统一思想和感情所构成的整体。换句话说，城市不仅仅是一个物理机制和人工建构物。它与构成它的人们的生活过程密切相关；它是自然的产物，特别是人性的产物。

……从生态学角度对城市进行研究，在城市社区，或是任何人类居住的自然区域的范围内，都存在一些力量，逐渐把人口与社会机构组合成为一种特定秩序。试图剖析这些因素并描述这些因素相互作用产生的人员和机构的特定组合的科学，我们称之为人类生态学，以区别于植物和动物的生态学研究。

……大都市对于人口的吸引力，可以部分归因于此。从长远来看，每个人在城市生活的多样表达（Varied Manifestations）中都能找到一种舒适和适合自己成长的环境；简言之，每个人都能找到使其天性得以充分、自由表达的道德气候（Moral Climate）。我猜想，正是这种动机使许多年轻男女离开乡村的安稳生活，投入大城市生活的繁荣混乱（Booming Confusion）和兴奋之中，而这种动机的基础并不在于利益，甚至不在于情感，而是在于更为基本和原始的东西。

——摘自《城市：关于城市环境中人类行为研究的建议》（*The City: Suggestions for the Investigation of Human Behavior in the Urban Environment*）

社区和自然区域都承载着芝加哥学派对于"地方"或"地点"（Locality）的自始至终的关注。帕克在定义"自然区域"时，提出"将一个纯粹的地理概念转变为一个社区，一个有自己的情感、传统和历史的地点……每个地点的生活都以自己的某种势头（Momentum）向前发展，或多或少地独立于更大的生活圈和兴趣"[1]。从实证研究的角

---

[1] Park, R. E., Burgess, E. N., McKenzie, R. D., *The City: Suggestions for the Study of Human Nature in the Urban Environment*, University of Chicago Press, 1925, p.6.

度出发，人类生态学认为，城市研究应该始于社区研究，因为社区是社会发展的框架，而相较于更为抽象的社会，社区是更为可见、可测量的研究对象。总的来说，人类生态学理论框架侧重于研究城市中的社会行为与地理"边界"之间的相互作用，并且尤其重视本地社区的生物和文化特征以及社区之间的差异。毫无疑问，人类生态学在解释社区间差异的形成机制上做出了卓越贡献。

扩展芝加哥学派社区研究，意味着转移到新芝加哥学派的场景研究。新芝加哥学派提出由"社区"向"场景"的扩展，贯穿两者的是对于"地方性"的关注，也就是本地空间与个体行为的相互作用。这种从"社区"到"场景"的扩展不是一个主观或者抽象的决定，而是源于对城市变化的实证研究与观察。

面对当今城市中更加多元、相互交叉、具有深刻影响的文化因素，城市研究需要深入社区规模以下，关注更加多样化、碎片化的舒适物、活动、生活方式等组合，以及它们所孕育的本地"场景"。这种变化正是来源于上文讨论的新政治文化以及休闲消费在城市中的兴起。

丹尼尔·西尔和特里·克拉克用芝加哥20世纪70年代的一个更为生动的案例描述了这一现象："这些新人更可能去喝葡萄酒而不是啤酒；他们参与奇特的新活动，如慢跑和爵士健美操；他们去瑜伽工作室或者医疗中心就和去教堂一样频繁。因此，芝加哥人将这些人称为新都市专业人员——雅痞（Yuppies）。"①

专栏 1-11　都市"雅痞"

雅痞（Yuppie）是"年轻城市专业人士"（Young Urban Professional）的缩写，是在20世纪80年代初创造的术语，用于描述在城市工作的年轻专

---

① Silver D. A., Clark, T. N., *Scenescapes: How Qualities of Place Shape Social Life*, The University of Chicago Press, 2016, p.170.

业人士。该词首次出现在 1980 年 5 月丹·罗滕伯格（Dan Rottenberg）在《芝加哥》杂志上的一篇文章中。罗滕伯格描述了迅速占领芝加哥市中心的雅痞："雅痞追求的不是舒适和安全，而是新奇与刺激，他们只能在城市最密集的地区找到这种新奇与刺激。"

"雅痞"的出现，标志着 80 年代美国社会在工作、娱乐、居住、阶级和文化等方面的重要转变。雅痞往往受过高等教育，拥有高薪工作，并居住在大城市。他们从事的典型行业包括新兴的金融、科技和艺术行业。他们往往穿着时尚高级的服装，住在翻新后的阁楼公寓，出入于健身中心，参加马拉松训练，喜欢享用生鱼片、巴黎水和苣荬菜。根据媒体报道，他们正迅速"占领"美国的劳动力市场、房地产市场、健身俱乐部和精品店。《新闻周刊》称 1984 年为"属于雅痞的一年"（The Year of the Yuppie），并宣称他们正在成为美国社会中占主导地位的政治和文化力量。

——根据 *Yuppies*：*Young Urban Professionals and the Making of Postindustrial New York* 整理而成

这个芝加哥都市新现象也同时出现在全世界的其他城市，在不同社区之间，人们做出的生活选择的差异更加微妙和多样。这些新的活动和舒适物孕育了一个个新的场景，塑造出新的地方性表达。因此，芝加哥学派强调的社区，或者围绕社区形成的教堂、舞厅或者小酒馆已经无法准确和敏锐地捕捉地点的差异，或是帕克笔下的每个地点的"情感、传统"（Sentiments，Traditions）和"势头"（Momentum）[1]。

从这个角度来看，场景研究继承了芝加哥学派对于本地的敏感性的强调，只是将对社区的关注扩展到了更为微观和具体的舒适物，从教堂和酒吧扩展到充斥着夜店、农贸市场、舞蹈俱乐部、瑜伽工作室和柔道

---

[1] Park, R. E., Burgess, E. N., McKenzie, R. D., *The City*: *Suggestions for the Study of Human Nature in the Urban Environment*, University of Chicago Press, 1925, p.6.

馆的世界。但是，这并不意味着我们抛弃了社区的概念。相反，社区仍然是场景分析的基本地理单元，并且是场景的基本组成部分之一，但是我们加入了社会群体、活动、舒适物、象征及其文化意义，也就是场景的五个组成部分。这允许我们足够细化、精确地衡量一座城市的本地性差异，以及这种差异在其他城市和地区的普遍性。

芝加哥学派的另一个重要传统更为微观，即关注自我与社会之间的互动关系（Interaction）。W. I. 托马斯提出，在社会客观与个体行为反应之间存在着"情景定义"（Definition of Situation）的过程[1]。具体而言，个人往往不是对客观现实或事实做出反应，而是依据对这些事实的自我感知或个人"定义"来反映。从这个角度来看，人们主观的态度或情境定义会产生客观真实的社会影响和后果。这一微观社会学概念为符号互动理论提供了理论基础，并影响了诸多后继的芝加哥学者，包括杜威（John Dewey）和米德（G. H. Mead）开创的实用主义，米德、库利（Charles Cooley）和布鲁默（Herbert Blumer）发展的符号互动论和社会心理学。总之，芝加哥学派把个体的行为与经验置于整体的社会情境之中，关注"社会自我"（Social Self）是如何在互动中发展和维系的[2]。

芝加哥学派所强调的微观社会情境正是新芝加哥场景研究的核心支柱。场景研究关注的核心问题就是场景如何影响人们的行为。伴随着城市中形形色色的场景出现的，是不同社会情境中的互动，以及它们对个体产生的真实影响。比如，迪斯科舞厅鼓励人们在舞池里展示真我，庄严肃穆的历史纪念碑让参观者油然起敬，社区饭馆的老板和熟客之间的交谈给人带来像在家中一般的温暖。各种各样的地点的活动和舒适物鼓励着其中的参与者进行不同的社会行为：或是展现个性，或是追随集体；或是打破常规，或是遵守传

---

[1] Thomas, W. I., Thomas, D. S., *The Child in America*, 1928, p. 572.
[2] Abbott, Andrew, *Department and Discipline: Chicago Sociology at One Hundred*, University of Chicago Press, 1999, p. 12.

统；或是努力工作，或是放松娱乐。可见，"场景能够培育技能、创造氛围、培育对于某些工作来说非常有价值的品质"，这一重要的论断与芝加哥学派强调的社会互动密不可分。

结合帕克等学者提出的人类生态学的过程性视角和托马斯的社会互动理论，我们不难发现，芝加哥学派强调以动态的视角研究社会组织和现象，尤其关注个体与地理环境以及社会群体之间的互动联系。他们并不认为社会组织是静态的结构和机器，而是一个群体和过程，不断经历成长、僵化、停滞，在冲突中适应并相互合作①。这同样在新芝加哥学派的研究中体现得淋漓尽致。帕克曾经指出，社区不只是功能性的结构，也是人类组织的一种"过程"，群体在这个过程中竞争、继替和演化②。

站在新芝加哥学派视角，我们不难发现，场景也是一种动态的过程：新的居民、价值观和生活方式孕育了新的场景，而场景中的社会互动又鼓励了新的行为方式、吸引了新的居民，这又会刺激新的场景产生，不论是更加形式各异场景，还是同类且更加专业化的场景③。

最后，芝加哥学派关注城市文化和价值观。这个传统始于帕克的人类生态学理论，后来由劳埃德·华纳等学者继承，使用更加系统的研究方法观察城市、社区以及政治文化。文化是人类生态学理论的重要部分。帕克提出的"社会综合体"（Social Complex）概念有四个组成部分：人口、人工制品、习俗与信仰、栖息地的自然资源④⑤。其中，人工制品（Artifact or Technological Culture）对应由专业化产生的技术文

---

① Terry Nichols Clark, Daniel A. Silver, Stephen W. Sawyer, "City, School, and Image: The Chicago School of Sociology and the Image of Chicago", in *Imagining Chicago*, p. 22.
② 〔美〕皮特·桑德斯：《社会理论与城市问题》，郭秋来译，江苏凤凰教育出版社，2015，第46页。
③ 丹尼尔·西尔："场景的演进：四种变化范式"，2021场景峰会，2021.12.12。
④ Park, R.E., *Human Communities: The City and Human Ecology*, Free Press, 1952.
⑤ Warner, W.L., *The Living and the Dead: A Study of the Symbolic Life of Americans*, Yale University Press, 1959, p. 158.

化，而"习俗与信仰"对应非物质的文化。帕克尤其关注社会和文化生活的本地性，城市不仅在经济上是有组织的，而且是"道德区域"（Moral Regions），即有着共同气质和品位的人们聚集在一起，无论原因是"赛马还是一场大型歌剧"①。

在帕克等学者的研究基础上，劳埃德·华纳（Lloyd Warner）首次将文化要素和敏感性带入象征性价值观维度，并且将文化导向尤其是文化人类学的研究视角，系统性地引入社会科学。其实，芝加哥学派民族志和情境研究的典范在很大程度上要归功于华纳②。他的人类学的背景和经验使他对文化更加敏感。他试图从国家层面来研究美国的文化，并创办了洋基城（Yanky City）研究项目——美国历史上最雄心勃勃、最持久的社区研究，产出了五部著作③。其中，最后一部《生者与死者：美国象征生活的研究》（*The Living and the Dead: A Study in the Symbolic Life of Americans*，1959），剖析了美国文化以及"象征系统"（Symbol System），对社会科学界产生了深远影响。为了调和单个因素无法解释的、复杂的、多元文化的美国社会，他补充了主要亚文化的案例作为支撑④。他刻意选择了差异较大的地方个案进行研究（如芝加哥的黑人社区、美国南海岸、中西部小镇、新英格兰），以此建立一套全国范围的文化研究框架。

新芝加哥学派继承了帕克和华纳等人对于文化的关注，并且更加明确地强调了艺术和美学的文化意义。场景理论通过将地方性文化分解为更多的"象征维度"（如自我表达性、迷人性等），使文化

---

① Park, R. E., Burgess, E. N., McKenzie, R. D., *The City: Suggestions for the Study of Human Nature in the Urban Environment*, University of Chicago Press, 1925, p. 43.
② Abbott, Andrew, *Department and Discipline: Chicago Sociology at One Hundred*, University of Chicago Press, 1999, p. 26.
③ 特里·N·克拉克，吴军：新芝加哥学派领军人物克拉克访谈录，多伦多.2018.7.8。
④ Clark, Terry Nichols, "Program for a New Chicago School", *Urban Geography*, 29 (2), 2008, pp. 161.

分析迈向更高的抽象层次。这些维度可以追溯到经典的文学和社会理论概念（如社区、城市化和都市化等），它们在无数个场景中结合与交融。

一方面，场景理论为我们提供了一种更精确的方法去研究城市的文化差异及其对社会生活的影响。它将文化植根于定义我们日常环境的设施和组织（舒适物）中。另一方面，它通过识别从音乐厅到奶茶店中的一切活动所表达的含义，将文化升华。这种抽象性和理论化使我们能够研究不同时间和空间的异同。比如，我们可以寻找并衡量伦敦、纽约、东京、北京、上海、首尔、多伦多和芝加哥等城市场景所激发的传统合法性和迷人戏剧性的程度。

我们可以清楚地看到，芝加哥学派社会学视角下的城市与社区研究学者从始至终都致力于研究一个开放的可能性世界。在这个世界中，每一个社会事实都与其所处的情境密不可分，并且受过去情境的影响，不断演进。在评价芝加哥学派的贡献时，著名的美国历史社会学家安德鲁·阿伯特（Andrew Abbott）指出："在芝加哥学派的研究中，情境是如此重要，以至于人们不能再专注于一个单一的过程；相反，我们必须研究一整套相互交织的过程。"[1]新芝加哥学派场景研究正是继承了这种多层次、多变量的社会研究模式，以场景为单位，以地方的文化特质与价值为导向，将个人置于社区之中、社区之间、社区周围的城市，以及更广阔的世界中。

四 场景将多样文化元素连接起来

许多传统社会理论轻视了文化。这些理论包括古代朴素唯物主义、种族和民族社区分析［从龙勃罗梭（Cesare Lombroso）到芝加哥学派的种族社

---

[1] Abbott, Andrew, *Department and Discipline: Chicago Sociology at One Hundred*, University of Chicago Press, 1999, p.199.

区地图］、支配［从达尔文到亨特（Floyd Hunter）的《社区权力结构》（*Community Power Structure*），再到布迪厄的《区隔》（*Distinction*）］、原子论的过度概括［经济学中的"最大化效用函数"（Maximize Utility Function）］，以及寻求"幸福"或"学习理论"（Learning Theory）[①]。早期芝加哥学派研究往往基于更简单的描述性实证工作以及达尔文式的邻里动态过程（如竞争、入侵、更迭），这在《城市》（*The City*）一书中体现得最明显。赫伯特·斯宾塞（Herbert Spencer）的社会进化理论包含一系列过程，如人口密度引发专业化、竞争、融合与合作的需要，以及社会和技术创新。

诚然，这些理论学派都试图将某种文化概念纳入他们的框架中——无论是马克思主义的"上层建筑"（Superstructure），还是有助于提高社会复杂性的"信仰和价值观"（Beliefs and Values），抑或能在城市或场域的黄金空间竞争中带来优势的"惯习"（Habits）和"文化资本"（Cultural Capital）。然而，这些文化概念大多属于经济、心理和政治因素。其他传统思想则更加强调"文化"，将其看作一个独立维度，如黑格尔的哲学唯心主义学派（Philosophical Idealism）。特别地，马克斯·韦伯（Max Weber）的《新教伦理与资本主义精神》（*The Protestant Ethic and the Spirit of Capitalism*）是一次试图脱离单因素或还原论视角的重要尝试。他将文化比作历史的"扳道工"（Switchmen），研究了文化与经济和政治过程的相互作用，并结合了印度、中国等地的比较研究。在这一视角的引导下，W. L. 华纳（W. L. Warner）和爱德华·希尔斯（Edward Shils）在20世纪30年代的芝加哥大学正式引入了"文化"的概念，并且与哈佛大学的塔尔科特·帕森斯（Talcott Parsons）和哥伦比亚大学的罗伯特·默顿（Robert Merton）建立了联系。希尔斯

[①] Hunter, Floyd, *Community Power Structure: A Study of Decision Makers*, University of North Carolina Press, 1953. Bourdieu, Pierre, *Distinction: a Social Critique of the Judgement of Taste*, Routledge, 1989.

等人定义了"政治文化"的概念,并将其应用于"新国家"(*New Nations*)①、区域文化②、城市③、大学和学生政治④⑤、政党⑥等议题。

场景视角延续了这一方向,将文化与物理和社会模式相互关联。场景的概念超越了将文化视为封闭的符号和意义系统的传统观念;"场景"比"文化"更开放、适应性更强;场景将多样的文化元素连接成相互关联的动态过程和开放的情境。这种视角在其他科学领域中都有体现,从化学的元素周期表到物理学中的"能量"(从牛顿学说到核物理),到生物学中的细胞动力学,再到市场经济中的公司。芝加哥学派通过研究城市来更好地理解世界。但就像化学元素一样,多个组成部分将公民与城市动态联系起来。

在这一传统中,公民和城市最初是被分开研究的,直到彼得·罗西(Peter Rossi)、R. 克兰(R. Crain)和特里·克拉克(Terry Clark)在美国国家民意研究中心(National Opinion Research Center)创建了"永久社区样本"(NORC Permanent Community Sample)——跨越51个城市的公民调查。这是关于社区权力和城市政治文化的首次全国问卷调查,并通过美国综合社会调查(General Social Survey)将城市领导人与公民联系起来。此前,对超过四个城市进行系统的比较研究几乎是不可能

---

① Almond, Gabriel A., James Smoot Coleman, *The Politics of the Developing Areas*, Oxford University Press, 1960. Geertz, Clifford, Old Societies and New States, in *Quest for Modernity in Asia and Africa*, Collier-Macmillan, 1963.
② Elazar, D. J., "The American Cultural Matrix", in D. J. Elazar and J. Zikmund, eds., *The Ecology of American Political Culture*, Cromwell, 1975.
③ Banfield, Edward C. and James, Q. Wilson, *City Politics*, Harvard University Press and MIT Press, 1963.
④ 希尔斯是世界权威期刊 *Minerva* 的创始人和编辑,该期刊广泛关注科学和学术社会、行政、政治和经济问题。
⑤ Lipset, Seymour Martin, *Student Politics*, Basic Books, 1967. Habermas, J., Jeremy J. Shapiro, *Toward a Rational Society Student Protest*, *Science, and Politics*, Beacon Press, 1971.
⑥ Lipset, Seymour M., Stein Rokkan, *Party Systems and Voter Alignments: Cross-National Perspectives*, Free Press, 1967.

的；广泛的比较带来了新的见解。

通过美国社会学协会（American Sociological Association）和国际社会学协会（International Sociological Association，由特里·克拉克创建）各自的社区分会，这一系列工作吸引了数十名国际合作者。随后，他们共同发起了"财政紧缩和城市创新"（FAUI）项目，该项目出版了关于35个国家的60余部著作。约90名来自中国的访问学者作为FAUI项目的成员来到了芝加哥。该项目的一个创新是调查不同城市并开展国际比较；各国团队分别筹集资金，但统一采用可比较的数据收集方法以进行精确的比较分析。例如，研究发现，与世界大多数地区相比，美国的市长在地方政策方面更加积极地响应市民的需求。许多美国的市长是"隐形的政治家"，因为他们的决策体现的是市民的特点和要求（如当地的贫困水平），而不是市政府或党派的计划。瑞士市镇公社（Communes）的政治文化比美国更独特，包括频繁的公投（Referendum）。伊拉扎尔与FAUI项目成员合作撰写了一本著作，比较瑞士市镇公社和美国政治文化的差异。

这种全球比较研究鼓励通过历史细节来解释区域差异。例如，伊拉扎尔强调了盟约（Covenant）和边疆（Frontier）的概念。一个经典案例就是摩西带领犹太人逃离埃及的奴役，随后在西奈山与上帝立约。伊拉扎尔认为，边疆的环境强化了平等主义，因为所有人都平等地面对挑战。不过，对不同边疆地区的比较研究仍然展现出不同的等级制度。美国边疆地区的等级制度较弱，以特立独行的西部牛仔为代表。加拿大的边疆则不然，那里的皇家骑警（Mounties）身穿红色的英式制服，骑马引领定居者前往西部开疆扩土，那里没有独行的牛仔！皇家骑警代表对传统国王的尊重。

芝加哥的社区通常由不同的种族群体建立，并且延续了他们不同的文化背景。这长期以来在芝加哥被视为常态。考虑以下两种风格的地图，它们展示了如何通过细致的本地数据揭示截然不同的社区动态。

图1-5是典型的早期芝加哥学派风格的芝加哥邻里犯罪率地图。

该图将每个社区都视为内部同质化并且界限分明的区域。这种表现形式与传统的观念一致，即文化内部是同质化且界限分明的，这也代表着我们所说的"老故事"：媒体讲述的故事是，贫穷的黑人社区犯罪率更高，健康状况更差，肥胖和危险生活方式更普遍；而社会科学家讲述的故事则是种族、阶级、性别和国籍等因素解释了上述的变量的差异。

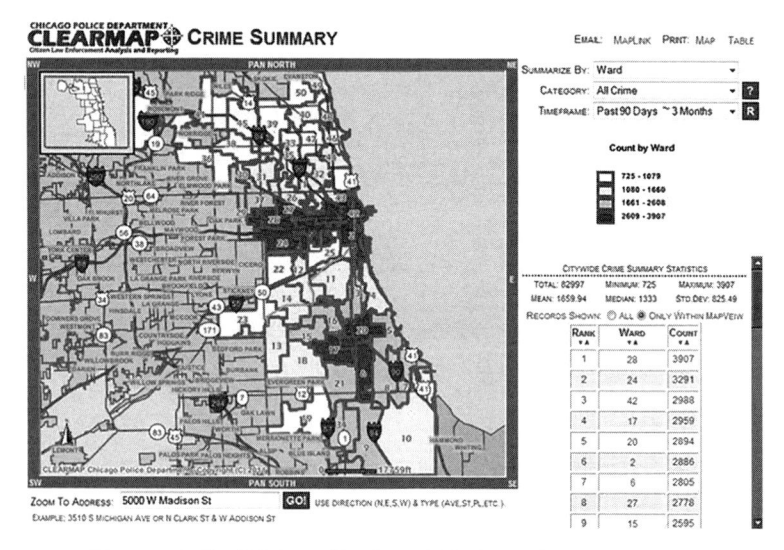

图 1-5　早期"芝加哥学派"风格的芝加哥邻里犯罪率地图

图片来源：芝加哥警察局网站（http：//www.gis.chicagopolice.org）。

然而，基于更细致的当地数据绘制的地图显得截然不同（见图 1-6 和图 1-7）。

以上"新芝加哥学派"风格的地图展示了一个非常不同的故事。城市、社区甚至街区之间都存在差异，其边界是多孔和流动的，且包含了丰富的多样性。例如，在早期"芝加哥学派"风格的地图中，有整个邻里都被笼统地划分为"高犯罪率"区域；而在"新芝加哥学派"风格的地图中，我们不难发现，高犯罪率区域主要集中在火车站周围，但仅仅几个街区之外的犯罪率就与林肯公园（一个以白人居民为主的高档社区）差不多低了。城市官员看到这些地图后，选择将更多警力

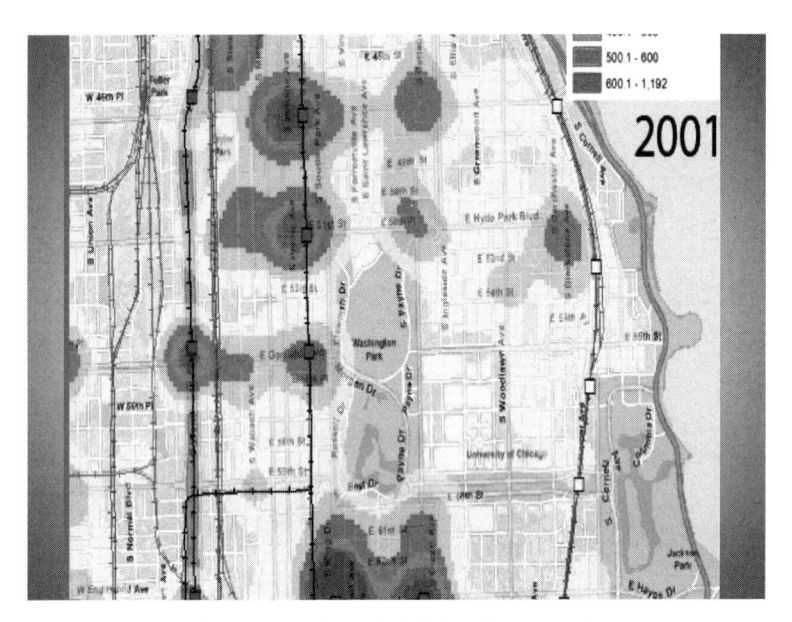

图 1-6 "新芝加哥学派"风格的芝加哥邻里犯罪率地图（2001）

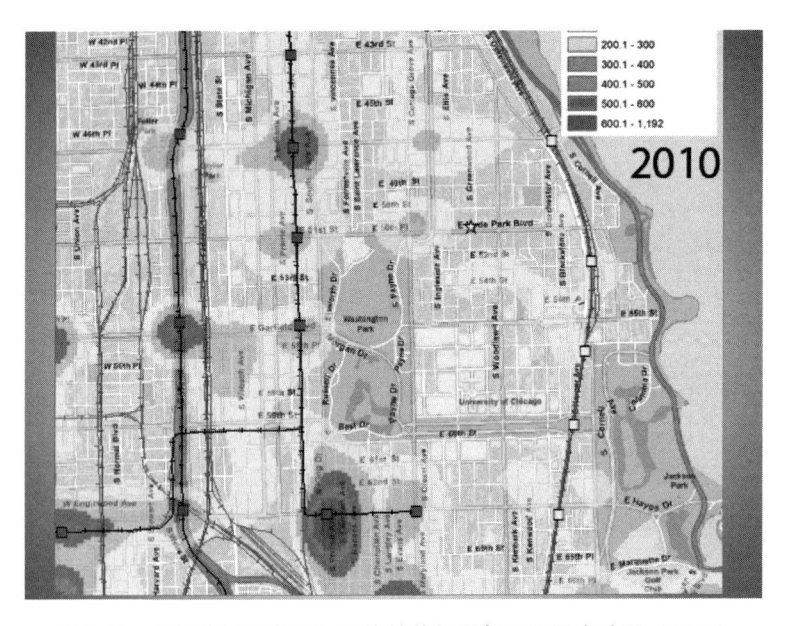

图 1-7 "新芝加哥学派"风格的芝加哥邻里犯罪率地图（2010）

部署到火车站附近，而不是分散到整个社区。随着时间的推移，该区域的犯罪率显著下降了。更广泛的经验是，要研究这种内部存在多样性、动态和开放式的个人、物理、社会和象征过程的组合，传统的文化概念是不够的。

芝加哥学派的批评者发现了其弱点，并帮助构建了新芝加哥学派的具体内容。爱德华·希尔斯（Edward Shils）是芝加哥学派"原始经验主义"（Raw Empiricism）观点的坚决批评者。他试图对早期芝加哥学派的视角进行根本性改变。劳埃德·华纳从哈佛大学来到芝加哥大学，并明确使用了"文化"概念。例如，华纳的五卷本《扬基城》（*Yankee City*）指出，美国的六个社会阶层划分的依据不是生产资料所有制因素，而是文化生活方式。类似地，希尔斯强调具体的实证工作，同时将其与欧洲理论整合成新的综合框架。

同时，哥伦比亚大学的罗伯特·默顿（Robert Merton）和保罗·拉扎斯菲尔德（Paul Lazarsfeld）开启了新的文化议题，比如广播娱乐和食品购物如何定义生活方式。他们用欧洲最杰出的思想，结合问卷调查、小组座谈和多变量因果模型等新方法，对学生进行了中等范围理论的培训。然而，他们的工作普遍忽略了城市，因为这被普遍认为是芝加哥学派的"地盘"。

特里·克拉克加入芝加哥大学时，芝加哥大学城市中心的主任是顶尖地理学家布赖恩·J. L. 贝里（Brian J. L. Berry）。他过去的主要工作是详细阐述芝加哥学派的观点。这些观点催生出的成果曾经以地图的形式骄傲地悬挂在芝加哥大学社会科学研究大楼（Social Science Research Building）的教室中，包括犯罪率地图和伯吉斯式的同心圆和交通线路图。但是这些数据相对简单，基本沿用了 20 世纪 20 年代的描述性和定性标签。贝里根据实际的交通设施、土地价值，为数百个小型土地单元构建地图。他进行了多因素回归和因子分析，这在当时的芝加哥大学是新颖的。这些研究产生了戏剧性的结果：这些模型的解释力在 20 世纪的每十年间都急剧下降。贝里在《城市化的人类后果》（*The Human*

Consequences of Urbanisation）一书中强有力地总结道："许多城市政策都源自 19 世纪的城市化社会理论……阐释城市化的人类后果的传统社会理论是两次世界大战期间由芝加哥学派的城市社会学家确立的……在当前的新情况下，传统的社会理论已经被检验并被发现不足，我们甚至可以质疑'城市化'或'城市'是否仍然是有意义的分析类别。"[①] 贝里随后到哈佛大学任职，并且抛弃了芝加哥学派。

随着贝里的离开，芝加哥大学的经济学家开始发展"舒适物/便利设施"（Amenities）的概念，包括非市场、不可交易的商品和服务，如清洁空气、安全和社区声誉等。随着后工业社会的来临，政府逐渐开始提供许多消费方面而非工作和生产方面的舒适物。如何衡量舒适物？经济学家开发了"享乐价格分析"（Hedonic Price Analysis）方法，通过大量案例来衡量舒适物（如 1 月的气温或电影院）所导致的土地价值上升。经典的芝加哥经济学方法是构建模型，并假设其他情况均相同。但许多论文得出了截然不同的结果——部分原因是它们只分析了少数舒适物。例如，一项研究分析电影院，另一项则研究博物馆。它们通过使用少量的变量来简化形成"优雅"的数学论文。

这些挑战促使克拉克开发了一种新方法，即汇集大量不同类别的舒适物数据，即使其中许多舒适物在大多数区域都不存在。此前未得到开发的数据来源在这项工作中发挥了关键作用，如电话簿、工业普查结果以及关于市长和政策的问卷调查。克拉克与合作者在多年的探索中，最终发现"场景"是关键的分析类别和实证现象。

展示公民和新领导层如何在特定问题上推动重大城市政策

根据法兰克福学派的马克思主义理论，资本主义推动了商品化的大众文化。希尔斯在《白日梦与噩梦：对大众文化批判的反思》（*Daydreams and Nightmares: Reflections on the Criticism of Mass Culture*）一

[①] Berry, Brian J. L., *Consequences of Urbanization*, Macmillan, 1973. pp. xaii-xiii.

文中，通过解构阿多诺（Adorno）和霍克海默（Horkheimer）的观点推翻了这种看法①。具体地，阿多诺和霍克海默指出，好莱坞的高管将他们的品位强加给了全世界，马克思主义视角下简化的资本主义迫使大众购买产品以获取利润。通过在广告中加入漂亮的女演员，资本家可以轻松地向容易摆布的消费者销售香烟和汽车。拉扎斯菲尔德等人对媒体进行了研究，发现上述现象并不明显。希尔斯通过将文化分解为不同的艺术和文化品位，进一步整合了这些观点，论及查理·卓别林、西部牛仔、意大利女高音歌唱家等。科学的研究方法可以关注文化的各个方面，它们以多样化的主题吸引不同公民群体。

克拉克与合作者将相关研究推进到更广泛的领域，比如富有创新力的领导者如何为公民提供新的选择。这些领导者在环境绿化等新社会问题上得到了广泛的公民支持，并且通过许多活动吸引多样的公民群体，如新的网站以及增加与艺术和文化相关的娱乐活动。例如，美国总统比尔·克林顿曾经与爵士音乐家同台表演；同时，他和托尼·布莱尔都在媒体上通过清晰、深思熟虑的演讲解释复杂的政策。同时，他们都借鉴了20世纪80年代"纳税人起义"带来的政策经验。《新政治文化》（The New Political Culture）一书通过阐述一系列背景和命题，将这些新的领导模式确定为一种文化的子类型②，其结果在《城市作为娱乐机器》中被阐述为更广泛的消费模式③。

主要观点回顾

场景是一个地方的美学特征，是一个地方能够提供给居民与游客的

---

① Shils, Edward, "Daydreams and Nightmares: Reflections on the Criticism of Mass Culture", *The Sewanee Review*, 65 (4) 1957, pp. 587-608.
② Clark, T. N., Hoffmann-Martinot, V., *The New Political Culture*, Westview Press, 1998.
③ Clark, T. N., *The City as an Entertainment Machine*, Lexington Books, 2003.

体验、呈现表征以及各种有意义的整体性组合方式。具体到城市来说，场景也可以理解为城市生活的符号系统，是城市生活方式的孵化器。

场景分析鼓励人们去了解城市，不仅仅停留在公园、广场、自行车道、剧院、咖啡厅、博物馆等物理空间或设施的物理存在层面，也不仅仅涉及音乐节、体育赛事、民俗庆典等社会活动，而是从整体上看所有这些元素的特定组合所创造的独特体验和意义。场景就是分析这种来自人内在的文化的驱动力在空间上的投射。从某种程度上讲，场景分析开启了城市分析的文化转向，即从分析外在的经济状况和地理条件向分析内生驱动力的转变。

从场景角度来看，研究城市就是研究一个特定的城市或社区在特定的时刻，由人与舒适物的互动所创造的不同场景。新芝加哥学派城市研究团队提出由"社区"向"场景"的转向，贯穿两者的是对于"本地性"的关注，也就是本地空间与个体行为的相互作用。这种从"社区"到"场景"的扩展不是一个主观或者抽象的决定，而是源于对于城市变化的实证研究与观察。面对当今城市中更加多元、相互交叉、具有深刻影响的文化因素，城市研究需要深入社区规模以下，关注更加多样化、碎片化的舒适物、活动、生活方式等组合，以及它们所孕育的本地"场景"。

站在新芝加哥学派城市学者的视角，场景也是一种动态的过程：新的居民、价值观和生活方式孕育了新的场景，而场景中的社会互动又鼓励了新的行为方式，吸引了新的居民与新企业，这又会刺激新的场景的产生——不论是更加形式各异的场景，还是同类且更加专业化的场景。新芝加哥学派场景研究继承的正是这种多层次、多变量的社会研究模式，以场景为单位，以地方文化价值为导向，将个人置于社区之中、社区之间，社区周围的城市，以及更广阔的世界中。

2 争鸣：城市学派之间的学术辩论

本章是在美国当代城市研究与城市理论争鸣的大背景下，梳理早期芝加哥学派城市研究引起的城市学派之间争鸣与辩论。本章首先回顾了芝加哥学派城市与社区研究准则及其产生的深远学术影响，又追溯了以迈克尔·迪尔（Michael Dear）为代表的洛杉矶城市学派和以大卫·哈勒（David Halle）为代表的纽约城市学派的兴起以及对于早期芝加哥学派城市与社区研究传统的挑战，以及他们彼此之间针锋相对的学术观点。接着，我们探讨了新一代的芝加哥学派学者们（尤其是Terry Clark、Andrew Abbott、Robert Sampson 等）对于这场学派学术争鸣的回应，以及以特里·克拉克（Terry Clark）为代表的新芝加哥学派场景理论的形成及其发展。最后，通过论述新芝加哥学派的八个重要观点，阐明该学派提出的场景理论如何提供超越"学派主义"（Beyond Schoolism）的研究范式。值得注意的是，社会学的芝加哥学派的出现标志着城市学派的诞生，也激励了其他各种城市学派对城市与社区研究的兴起与辩论。如果早期芝加哥学派代表着这场争鸣的起点，那么在某种意义上，新芝加哥学派场景理论预示着对这场争鸣的整合。

一 首个城市学派的诞生

第一章已经详细介绍了社会学的芝加哥学派城市研究者的核心观

点。他们把自己所生活的芝加哥当作现代城市研究的实验室,观察与思考城市社会问题,并形成了一系列有影响力的学术成果。这也标志着首个城市学派的诞生。本章将简短回顾早期芝加哥学派城市研究学术成果,并讨论该学派所激发的其他城市研究学派的兴起和争鸣,以及从中逐渐形成的"新芝加哥学派"城市研究及其场景理论。

20世纪初,以帕克和伯吉斯为代表的芝加哥大学社会学家试图以科学的方法研究芝加哥这座现代化大都市。他们试图通过实证观察来建立一套人类生态学模型,将城市解释为不断进化的有机体,并受生长与衰变、相互依存、竞争与合作、健康与疾病的影响[1]。他们所强调的经验研究(Empirical Research)和精细的个案研究(Case Study)成为当时芝加哥学派城市与社区研究的标志,并且奠定了20世纪社会学的基础。

20世纪二三十年代,当时年轻的芝加哥学派学者们带着严谨且具有创造力的研究视角,走向芝加哥大都市区的每个角落,无论是黑帮活跃区域、贫民窟、城中区(Ghetto)、出租车舞厅(Taxi-dance Hall),还是种族社区,都是他们的观察对象,并产出了一系列关于城市和社区的研究,其中包括特拉希尔(Frederic Thrasher)的《帮派》(*The Gang*,1927)、沃思(Louis Wirth)的《城中区》(*The Ghetto*,1928)、佐鲍尔(Harvey Zorbaugh)的《金岸和陋街》(*The Gold Coast and the Slum*,1929)、弗雷泽(Franklin Frazier)的《美国的黑人家庭》(*The Negro Family in Chicago*,1931)、克雷西(Paul G. Cressy)的《出租车舞厅》(*The Taxi-Dance Hall*,1932),以及海纳(Norman Hayner)的《酒店生活》(*Hotel Life*,1936)[2]。这一系列研究奠定了社会学芝加哥学派作为第

---

[1] Judd, Dennis R., "Theorizing the City" in *The City, Revisited: Urban Theory from Chicago, Los Angeles, and New York*, by Dennis R. Judd and Dick W. Simpson, University of Minnesota Press, Minneapolis, 2011. p. 1.

[2] Bulmer, Martin, *The Chicago School of Sociology: Institutionalization, Diversity, and the Rise of Sociological Research*, University of Chicago Press, 1984, p. 3.

一个真正意义上的"城市学派"的学术遗产。

芝加哥学派对城市与社区研究产生了深远的影响，提出了城市政策与政治政策的基本问题，并且影响了许多人文社会科学学科。[①] 甚至在一个多世纪后的今天，《城市》仍然是城市社会学和其他城市研究学科必读的经典著作之一。多年来，受芝加哥学派城市理论引导以及实证研究准则的启发，数十个城市社会学项目如雨后春笋般涌现，"人类生态系统"的理念深深融入城市研究与城市发展多个领域的学术讨论中。

美国伊利诺伊大学政治科学系、大城市研究所丹尼斯·R. 贾德教授（Dennis R. Judd）在"Theorizing the City"中梳理了芝加哥学派对人类生态学的重要影响。比如，在城市研究和规划界久负盛名的《美国大城市的死和生》一书中，简·雅各布斯（Jane Jacobs）就将城市环境比作生态系统（Ecosystems）。正如我们在自然界中发现的一样，衡量一个社区健康程度的指标取决于其培育的多样性（Diversity）。[②]

美国社会学家阿莫斯·霍利（Amos Hawley）对人类生态视角进行了进一步的提炼和阐述。霍利在20世纪50年代出版了《人类生态学：社区结构理论》（*Human Ecology: A Theory of Community Structure*，1950）和《人类生态学：城市结构理论》（*Human Ecology: A Theory of City Structure*，1956），提出了一套生态学框架，并推动了其在社会学界的复兴。萨特尔斯（Gerald Suttles）的《贫民窟的社会秩序：内城区的种族与领土》（*The Social Order of the Slum: Ethnicity and Territory in the Inner City*，1968）和《邻里的概念：社区的社会建构》（*The Idea of Neighborhood: The Social Construction of Communities*，1972）等著作，更是发扬了芝加哥学派对于种族和地域性的关注，并且树立了社区民族志研究的典范。

---

① 〔美〕罗伯特·E. 帕克等：《城市：有关城市环境中人类行为研究的建议》，杭苏红译，商务印书馆，2016，第1页。
② Jacobs, Jane, *The Death and Life of Great American Cities*, Random House, 1961, pp. 428–435.

贝里和卡萨达（Brian J. L. Berry & John Kasarda）所著的《当代城市生态学》（*Contemporary Urban Ecology*，1977），提出了一种融合生态学、社会学和地理学的多学科视角，并首次将生态学视角应用于城市地理学研究。他们使用因子分析法和其他统计方法绘制城市区域的土地利用模式图。①

二　洛杉矶与纽约城市学派的争论

帕克领导下的社会学芝加哥学派对于美国城市与社区研究领域的"统治"是短暂的，战后的芝加哥学派经历了长达20多年的不稳定期。时过境迁，其鲜明的学术观点仍然激发着新一代城市研究者。

1970年代，曼纽尔·卡斯特（Manual Castells）、大卫·哈维（David Harvey）和马克·戈特迪纳（Mark Gottdiener）等学者发起了"新城市社会学"（New Urban Sociology）研究，以新马克思主义视角聚焦城市空间研究②。约翰·洛根（John Logan）与哈维·莫洛奇（Harvey Molotch）于同时期提出了"空间政治经济"（Political Economy of Place）视角以及著名的"增长机器"（Growth Machine）模型。③ 这些新兴的城市研究视角反驳了芝加哥学派的"生物模型"（Biotic Model）以及以社区为边界的城市分析，而是强调城市范围的资本主义生产和政治机器的影响，尤其是公职人员和企业的不正当联合或结盟，以及这些因素如何影响了社区的不平等和种族隔离。④

---

① Judd, Dennis R., "Theorizing the City" in *The City, Revisited: Urban Theory from Chicago, Los Angeles, and New York*, University of Minnesota Press, 2011, p.6.
② Gottdiener, Mark et al., *The New Urban Sociology*, 6th ed., Routledge, 2019.
③ Molotch, H., "The City as a Growth Machine: Toward a Political Economy of Place", *American Journal of Sociology*, 1976, 2, pp.309-332.
④ 〔美〕罗伯特·J.桑普森：《伟大的美国城市：芝加哥和持久的邻里效应》，陈广渝、梁玉成译，社会科学文献出版社，2018，第35页。

洛杉矶城市学派

虽然这些视角在不同程度上批判了以帕克为代表的芝加哥学派城市研究的核心观点，但洛杉矶城市学派是首个公开挑战芝加哥学派权威的学术共同体，而这场"战役"的"第一枪"是由南加州大学城市规划学家迈克尔·迪尔（Michael Dear）于2002年打响的。

迈克尔·迪尔在文章开篇就尖锐地评价了芝加哥学派："《城市》一书宣布了'芝加哥学派'诞生，这一学派为城市研究确定了一套沿用至今的议程（Agenda）。芝加哥学派对于竞争者观点的挑战似乎置之不理（Shrug Off），并保持了非凡的长久活力，这要归功于其模型具有迷惑性的简单性（Beguiling Simplicity）"。[1] 迪尔认为，加州的城市发展和理论进步已经为一套新的城市研究和城市发展议程奠定了基础，而这一套以洛杉矶学派为中心的议程将取代芝加哥学派。

虽然迈克尔·迪尔于2002年才正式宣布洛杉矶学派（The L. A. School）的崛起，但这一学派的形成可以被追溯至1978年10月10~11日的一次山间会议。在圣贝纳迪诺山脉的箭头湖，九位南加州学者达成了共识：洛杉矶是20世纪末的模板城市（Paradigmatic City），并且是当时和未来的城市所注定要成为的模式。[2] 迪尔指出，洛杉矶学派城市研究（Los Angeles School of Urban Studies）指的是一群关系松散（Loosely Connected）的学者的研究，他们自20世纪80年代以来一直以洛杉矶为研究重点。起初，这些学者主要关注南加州经济结构调整的出现和后果，但很快主题扩展至更为系统和全面的研究项目，致力于充分了解南加州这个相对被学界忽视的城市地区。

---

[1] Dear, Michael., "Los Angeles and the Chicago School: Invitation to a Debate", *Cities and Society*, 2002, 1 (1), pp. 54-71. 原话为 "shrugging off challenges from competing visions, the School has maintained a remarkable longevity that is a tribute to its model's beguiling simplicity"。

[2] Dear, Michael, "Los Angeles and the Chicago School: Invitation to a Debate", *Cities and Society*, 2002, 1 (1), pp. 5-32.

同时，一部分学者在洛杉矶发现了当代城市发展转型的一种特殊形式，被称为"后现代都市主义"（Postmodern Urbanism）。到了80年代末，这些学者意识到许多关于洛杉矶的现象和研究成果对于南加州以外的学者同样意义重大，因此将这些研究成果归类为"洛杉矶城市学派"（L. A. School of Urbanism）。[①] 其关键人物包括罗伯特·福格尔森（Robert Fogelson，被认为是该学派的奠基人）、乔尔·加罗（Joel Garreau）、罗伯特·菲什曼（Robert Fishman）、迈克尔·迪尔（Michael Dear）、詹妮弗·沃尔克（Jennifer Wolch）、艾伦·斯科特（Allen Scott）、爱德华·索亚（Edward Soja）和迈克尔·戴维斯（Michael Davis）等。

专栏 2-1　"后现代都市主义"（Postmodern Urbanism）

"后现代都市主义"的概念由 Michael Dear 和 Steven Flusty（1998）提出。他们认为，由于电子通信（Telecommunication）革命、工作性质的变化和全球化的影响，后现代都市发展进程正在发生显著的变化。他们根据洛杉矶的城市发展模式提出了后现代都市的三大特征。

第一，全球与当地的连接、普遍存在的社会两极分化以及都市进程的重新区域化，即腹地组织中心。

第二，在全球化资本主义的背景下，城市不再以人口和经济活动的集中地为发展模式，而是作为"集体世界城市"（Citistat）中分散的地块发展。

第三，后现代都市进一步分解为物质和虚拟形态：在物质层面，由商品化社区（Commudities）和永久边缘化地区（in-Beyond）组成；在虚拟层

---

① Dear, Michael, Dahmann, Nicholas, "Urban Politics and the Los Angeles School of Urbanism", in *The City, Revisited: Urban Theory from Chicago, Los Angeles, and New York*, University of Minnesota Press, 2011, p. 65.

面，由连接电信网络的区域（Cyburbia）和未连接电信网络的区域（Cyberia）组成。

——摘自 Michael Dear & Steven Flusty, Postmodern Urbanism, *Annals of the Association of American Geographers*, 1998, 88（1），pp.50-72

具体而言，迈克尔·迪尔认为南加州地区与洛杉矶的发展催生了一种新的城市研究和发展范式。城市区域的发展模式已经从过去围绕市中心的核心地带向外发展的模型，演变为一种无中心（Centerless）、碎片化（Fragmented）的城市"群"（Agglomeration）。在这个高度分散的城市区域内，社会和政治活动同样处于分散和分裂的过程中。在《洛杉矶与芝加哥学派：一场辩论的邀请》（*Los Angeles and the Chicago School: Invitation to a Debate*）一文中，迪尔挑战了《城市》一书最后一章中出现的芝加哥学派的核心观点之一。该核心观点具体为：城市处于一个地区腹地（Regional Hinterland）的中心，而且决定着腹地的组织逻辑（Organizational Logic）；通过市场的逻辑，市中心（Center）决定着边缘地区（Periphery）的发展规律，而且这种模式代表着现代城市的发展模式。

相反，洛杉矶学派认为"边缘"逐渐主导着"中心"的发展。迈克尔·迪尔写道："城市中心不再能够组织城市腹地的发展，而是腹地决定了城市中心能够保留什么"。他进一步指出，由于去中心化（Decentralization）以及郊区化（Suburbanization）已经成为当代城市的主要动态，芝加哥学派所代表的现代（Modernist）城市也必须转向洛杉矶学派所代表的后现代（Post-modernist）城市。[①] 索亚（Ed Soja）更是发明了"后大都会"（Post-metropolis）一词来表示这种"后都市"几乎无形状

[①] Dear, Michael, "Los Angeles and the Chicago School: Invitation to a Debate", *Cities and Society*, 2002, 1（1），pp.5-32.

(*Formlessness*) 的空间形式。①

迈克尔·迪尔认为，洛杉矶学派针对芝加哥学派提出了三个鲜明的反命题（Counter-proposition）。

第一，传统意义上，城市是围绕着一个中心核心（Central Core）所组织的，城市边缘区域正在影响城市中心区，甚至有可能会替代中心区。

第二，一种全球性的、由企业主导的连接性正在平衡甚至抵消城市进程中以个体为中心的主体性（Agency）。

第三，线性进化论（Linear Evolutionist）的城市范式已经被非线性、混乱的过程所取代。②

迈克尔·迪尔还根据南加州的实证研究，进一步提出了四种城市动力学（Urban Dynamics），即全球化经济下的"世界城市"（World City）、社会两极分化加剧的"二元城市"（Dual City）、更加碎片化和多元化的"混合城市"（Hybrid City）、信息时代数据互联的"数码城市"（Cybercity）。

纽约城市学派

大卫·哈勒（David Halle）在《纽约和洛杉矶：政治、社会和文化的比较视角》（*New York and Los Angeles: Politics, Society and Culture, a Comparative View*）一书中提出，"纽约学派"（New York School）出现了20世纪50年代，其核心思想源于简·雅各布斯及其同时代学者的作品。③

---

① Judd, D. R., "Theorizing the City", in *The City, Revisited: Urban Theory from Chicago, Los Angeles, and New York*, University of Minnesota Press, 2011, p. 7.
② Dear, Michael, "Los Angeles and the Chicago School: Invitation to a Debate", *Cities and Society*, 2002, 1 (1), pp. 5-32.
③ Halle, David, *New York and Los Angeles: Politics, Society and Culture, a Comparative View*, University of Chicago Press, 2005, p. 1.

在大卫·哈勒看来，纽约学派城市研究的主要特点有四个[1]。

第一，对城市中心区域，尤其是对诸如曼哈顿等市中心的浓厚兴趣。

第二，改善城市生活的决心。

第三，一种乌托邦式的信念，认为中心城市可以而且应该是富人、中产阶级、工人阶级和低收入人群共存的地方。

第四，相信城市生活优于郊区生活[2]。纽约学派的学者名单是模棱两可的，而哈勒提出的较为简短的名单包括简·雅各布斯（Jane Jacobs）、莎伦·祖金（Sharon Zukin）、肯尼斯·杰克逊（Kenneth Jackson）、罗伯特·斯特恩（Robert Stern）、威廉·H. 怀特（William H. Whyte）和理查德·森内特（Richard Sennett）等。

纽约学派的诞生可以归因于20世纪80年代起美国城市核心区的惊人复兴。1990~2000年，在房利美和布鲁金斯学会研究的24个城市中，18个城市市中心人口都增加了；一些自50年代以来持续人口流失的城市，90年代人口均有所增加，即使是为数不多的几个继续人口流失的城市，其人口流失速度也在逐渐降低[3]。

很明显，这与洛杉矶学派所提出的"去中心化"和"郊区化"的城市发展模式背道而驰，而他们将南加州的城市模式作为未来的城市所注定成为的模式的判断也显然是错误的[4]。一些学者对这种现象做出了相应的解释。萨森（Saskia Sassen）在《全球城市：纽约、伦敦、东京》（*The Global City：New York，London，Tokyo*）一书中指出，全球化

---

[1] Halle, David, *New York and Los Angeles: Politics, Society and Culture, a Comparative View*, University of Chicago Press, 2005, p. 1.

[2] David Halle, Andrew A. Beveridge, "The Rise and Decline of the L. A. and New York Schools", in *The City, Revisited: Urban Theory from Chicago, Los Angeles, and New York*, University of Minnesota Press, 2011, p. 139.

[3] Judd, Dennis R., "Theorizing the City", in *The City, in Revisited: Urban Theory from Chicago, Los Angeles, and New York*, University of Minnesota Press,, 2011, p. 10.

[4] Dear, Michael, "Los Angeles and the Chicago School: Invitation to a Debate", *Cities and Society*, 2002, 1 (1), pp. 5-32.

带来的经济结构调整导致许多商业公司（如高端专业服务和信息产业公司）在大城市的聚集①。另外，佛罗里达认为"创意阶层"的兴起是城市中心区域复苏的重要原因之一。②

纽约学派正是试图捕捉城市中心的复苏现象，同时指出洛杉矶学派提出的"去中心化"城市模型的局限性。莫伦科普夫（Mollenkopf）认为，纽约学派的学者强调城市中心的重要性，郊区的增长与市中心持续增强的活力并不矛盾。信息交流、分析、决策和交易的高度集中，使纽约不仅成为该地区和国家生活的中心，而且成为全球的中心。③ 纽约学派对城市中心的关注与洛杉矶学派对碎片化和城市边缘的关注之间形成了鲜明对比。这两个城市学派恰当地反映了各自城市地区的特点：一边是拥有"多个经济和社会活动集群"的洛杉矶，另一边是"代表着人们对中心城市作为工作和生活场所的新期许"的纽约。④

不过，纽约学派的学者们也意识到所谓"城市学派"的争鸣所产生的问题。大卫·哈勒认为，城市的复兴创造了一个更加复杂和平衡的局面，市中心和郊区的发展是同步的，也同样重要。或许我们不再需要学者或学派各执一词，比如"要么像纽约学派那样大力捍卫未受重视的城市，要么像洛杉矶学派那样将注意力转移到新兴的郊区和边缘地区"⑤。莫伦科普夫更是指出，我们其实不需要依赖于或特别关注单一城市的芝加哥学派、洛杉矶学派或者纽约学派，而应该开展城市和地区之

---

① Sassen, Saskia, *The Global City: New York, London, Tokyo*, Princeton University Press, 2001.
② Florida, R., *The Rise of the Creative Class*, Basic Books, 2002.
③ Mollenkopf, John Hull, "School Is Out: The Case of New York City", in *The City, Revisited: Urban Theory from Chicago, Los Angeles, and New York*, University of Minnesota Press, 2011. p. 169.
④ Judd, Dennis R., "Theorizing the City", in *The City, Revisited: Urban Theory from Chicago, Los Angeles, and New York*, University of Minnesota Press, 2011, p. 27.
⑤ Halle, David, Andrew A. Beveridge, "The Rise and Decline of the L. A. and New York Schools", in *The City, Revisited: Urban Theory from Chicago, Los Angeles, and New York*, University of Minnesota Press, 2011, p. 141.

间"更加细致入微的比较研究,辨识它们之间重要的共性或欠缺之处"。①

总的来说,芝加哥学派的城市理论的"过时"及其产生的学术真空激发了洛杉矶学派的崛起,而洛杉矶学派的"不完整性"以及一定程度上的谬误也为纽约学派和后续的新芝加哥学派研究铺平了道路。城市学派的兴起与争鸣帮助学者们认识到被忽视而且至关重要的城市现象,这的确有效推动了学术对话和城市理论发展。然而,在城市在世界各地高速发展的今天,城市研究面临着更为复杂、多元的版图,过去观点鲜明、针锋相对的学派争鸣是否仍是最具建设性的?

接下来,我们将会把目光转向新一代的芝加哥学者们,介绍他们是如何加入并改变这场城市研究对话的,并试图推进一种更加包容和多元化的城市理论。

三 新芝加哥学派的回应

面对洛杉矶学派的挑战以及纽约学派的兴起,新一代的芝加哥学者们是如何回应的呢?一个共识就是:迪尔对芝加哥学派的批判建立在不充分的了解上。

首先,芝加哥学者们早已承认帕克和伯吉斯的"同心圆模型"是不充分的或"过时"的,越来越无法解释当今阶段的城市(后工业时期的城市)。但是,无论是芝加哥学派还是芝加哥这座城市,都不能简化为这单一的模型。② 一方面,芝加哥学派包括了很多学术传统,包括城市社会学、社会心理学、社会制度研究等。

阿伯特总结出芝加哥学派的核心思想:"对社会过程的强烈关注,

---

① Mollenkopf, John Hull, "School Is Out: The Case of New York City", in *The City, Revisited: Urban Theory from Chicago, Los Angeles, and New York*, University of Minnesota Press, 2011, p. 182.
② Sampson, Robert J., "Studying Modern Chicago", *City & Community*, 2002, 1 (1), pp. 45-48.

对社会事实在空间和时间中的位置的坚持,以及方法论上,由永不满足的好奇心而非科学意图驱动的折中主义。"① 这些思想将一代又一代的芝加哥学者联系在一起,却不限制他们研究的方向和内容。从这个意义上来讲,迪尔对整个芝加哥学派的批判无异于"盲人摸象"。另外,在阿伯特看来,帕克和伯吉斯领衔的芝加哥学派城市研究对于城市理论的重要价值,也许并不在于它过去提供的答案,而是其不断提出启发性的问题。

可以肯定的是,许多困扰芝加哥学派的实证问题至今仍困扰着我们,例如城市的多样性(Diversity)、全球化的影响(Globalization)、发展中的结构调整和重组(Structuring and Restructuring)。许多迪尔和洛杉矶学派其他学者在南加州发现的看似具有革命性(Revolutionary)的观点和相关现象,其实一直以来都是芝加哥学派和广大城市研究界所关注的。② 例如,芝加哥学派认为城市"由相互交织的过程和群体所组成,是一个由群体和空间组成的复杂生态系统,并不断改变",这正是迪尔眼中洛杉矶学派城市研究具有革命性的过程性视角(Processual Vision)。

类似地,桑普森(Sampson)指出,芝加哥的一些明显的空间形式(Patial Form)也出现在洛杉矶地区,一些在洛杉矶看起来与众不同的现象也出现在扩张中的芝加哥大都会地区。③ 比如,芝加哥、洛杉矶和纽约都有大量的移民,经历了犯罪率和暴力的增长。此外,在空间形式发生急剧差异的地方,我们需要了解潜在的动力学是否像表面效应所表明的那样不同。桑普森指出,新一代芝加哥学者的原创研究正在进行中,而且不受洛杉矶学派和芝加哥学派的理论包袱的影响。

---

① Abbott, Andrew, "Los Angeles and the Chicago School: A Comment on Michael Dear", *City & Community*, 2002, 1 (1), p. 33.
② Abbott, Andrew, "Los Angeles and the Chicago School: A Comment on Michael Dear", *City & Community*, 2002, 1 (1), p. 34.
③ Sampson, Robert J., "Studying Modern Chicago", *City & Community*, 2002, 1 (1), p. 45.

因此，无论是洛杉矶学派还是纽约学派，都不应该受制于芝加哥学派的城市模型。恰恰相反，如同帕克和伯吉斯所说的那样，应该找到真正适宜当代城市发展现实的问题，并相应地开展大量的实证研究，这才是重点。芝加哥学派启发性和开放性的视角给一代又一代学者提供了思想源泉，也孕育了新一代芝加哥学派。

新芝加哥学派的探讨

正如上一章开篇所讲，自 2001 年以来，来自芝加哥大都会地区多所学院和大学的大约 20 多名城市研究者们联合起来，成立了新芝加哥学派（New Chicago School）。新芝加哥学派学者既承认芝加哥学派城市研究与理论的局限性，也认可洛杉矶学派、纽约学派提出的一部分研究议程。

一方面，新芝加哥学派同意纽约学派学者的观点，即大都市周边地区正在增长，中心仍然至关重要，公共服务和城市政治是一个全球城市的核心组织要素。

另一方面，新芝加哥学派也对洛杉矶学派学者的观点表示认同，学者们必须研究大都会地区，考虑去中心化对城市的影响，并密切关注文化变化。然而他们反对"市中心不再重要"的观点，以及基诺资本主义（Keno Capitalism）与后现代主义最能够捕捉城市现实的论断。[①]

专栏 2-2　基诺资本主义

"基诺资本主义"（Keno Capitalism）是迈克尔·迪尔（Michael Dear）和史蒂文·弗卢斯蒂（Steven Flusty）于 1998 年提出的学术概念。它描述了

[①] Simpson, Dick W., Tom Kelly, "The New Chicago School of Urbanism and the New Daley Machine" in *The City*, *Revisited*: *Urban Theory from Chicago*, *Los Angeles*, *and New York*, University of Minnesota Press, 2011, p.218.

后现代城市发展模式导致的无中心的城市形态。具体地，城市化发生在一个准随机的机遇领域中，其中，由于全球信息和通信系统的连接，每个城市空间在理论上都具备同样的发展潜力。资本看似随机地"降临"到一个区域并引发了发展进程，却忽视了周围的其他区域。在这个过程中，不同区域得到发展或忽视的关系是分散、看似无关的。该发展过程因为与基诺博彩游戏（Keno Game）类似而得名。基诺游戏卡是一张 80 个数字号码组成的网格图，玩家任意选择 1~10 个号码投注，开奖时系统将随机抽取 20 个中奖号码，玩家将投注号码与开奖号码进行比对，判断是否中奖。虽然基诺资本主义不是真正的"随机"过程，但很明显，芝加哥学派提出的由传统中心驱动的城市发展模型不再普遍适用。

——摘自 Michael Dear, Steven Flusty, Postmodern Urbanism, *Annals of the Association of American Geographers*, 1998, 88（1）, pp.50-72, 63

同时，他们根据芝加哥城市发展转型的新特点改写了芝加哥学派的城市理论，但传承了芝加哥学派严谨的实证研究方法以及开放性的研究视角。新芝加哥学派认为，全球化深刻地改变了芝加哥，但芝加哥并没有自动复制纽约、洛杉矶、伦敦、东京或巴黎等其他全球城市的模式。芝加哥的发展是独特的。与洛杉矶和纽约相比，芝加哥有着鲜明的特点，这些特点也孕育了新的芝加哥学派城市研究与场景理论。

第一，芝加哥有强大的政治机器。大多数美国城市的政治和社会体系更加分散，甚至没有任何一座美国城市能与芝加哥相提并论。正如芝加哥学派兴起于工业时代的芝加哥，新芝加哥学派的冉冉升起也与芝加哥城市的惊人转型密切相关，而政治机器正是驱动这一转型的核心因素。"同心圆"区域图源自伯吉斯的假设，即城市中的社会分化在生态上表现为从商业区向外的径向扩张。

20世纪初期到中期，重工业和制造业是芝加哥的经济支柱。根据芝加哥工业时代的发展模式推断，城市自然会将其最重要的经济活动集中在核心地带，其他区域的经济、社会和文化发展均从属于这一"起发起和控制作用"的城市中心。[①] 从1960年代末期开始，随着美国经济的萧条以及全球化的影响，芝加哥传统钢铁、金属加工、机械制造、化工等制造产业逐渐丧失了竞争力。1965~2000年，芝加哥失去了70%的制造业岗位，工厂大面积倒闭，随着住宅和零售区域逐渐被转移到郊区，市中心的工业区丧失了活力。1960~1990年，芝加哥的人口更是减少了80万[②]。

戴利（Richard M. Daley）市长上任后，将芝加哥的文化和经济转型作为政府的首要目标，首先对公园和教育两方面开刀，进行了全面的改革，一改政府官员们观念保守、安于现状、腐败的状况。戴利市长一

[①] Louis Wirth, "Urbanism as a Way of Life", *American Journal of Sociology*, 1938, 44, pp.3-24.

[②] 〔加〕杰布·布鲁格曼：《城变：城市如何改变世界》，董云峰译，中国人民大学出版社，2011，第217页。

方面对部门的结构和管理进行了全面调整,另一方面公开向市民公布新政策和项目,并广泛征求不同群体的意见。同时,戴利市长发起了著名的植树运动,鼓励在屋顶上增添花卉景观,甚至为芝加哥河引进了威尼斯特色的贡多拉船,他要"让芝加哥河像巴黎的塞纳河一样生气勃勃"。[①]

经过戴利市长大刀阔斧的改革,芝加哥逐步探索以生活性服务业、金融、文化、旅游为主题的多元经济发展道路,力图为居民和企业提供优美的自然环境和高质量的生活环境,进而带动城市人口聚集与再发展。在戴利任上,芝加哥的公共教育摆脱了全国排名末尾的尴尬地位,而全市范围数以千计的地点则增加了花草树木、路灯、长椅和公共艺术品。[②] 芝加哥成为以娱乐和消费作为第一大产业、有着全美最受欢迎的公园与会展中心的后工业城市。

专栏 2-3　芝加哥城市政策创新

理查德·M. 戴利（Richard M. Daley）市长任上的芝加哥与过去发生了显著变化。戴利在1989年成为芝加哥市长,虽然上任初期的政绩较少,但在长达十多年的执政期间变得越来越雄心勃勃。他在公园和芝加哥公立学校方面的改革明确与舒适物和生活质量问题（如干净和安全的街道）相关联。

几十年来,芝加哥的学校和公园由不同的政府机构管理,市长们遵循着"不要制造麻烦,不要支持失败者"（Don't make no waves, don't back no losers.）的原则,正如Rakove总结的"游戏规则"。从操作层面上讲,这意味着市长在大多数重大政策问题上不会公开发表意见,而是狭隘地专注于工作和合同的影响。根据全美考试成绩排名,芝加哥的学校是全美各大城市中最糟糕的。

[①] Clark, T. N., *The City as an Entertainment Machine*, Lexington Books, 2003, p. 304.

[②] Clark, T. N., Hoffmann Martinot, V., *The New Political Culture*, Westview Press, 1998, p. 307.

> 戴利市长试图改变这一状况,深入研究学校政策和管理,改变学校以适应学生的需求。他比过去的市长们更加直接和注重政策:"我们国家的公立学校正处于紧急状态,行政首长必须应对这一挑战。我们城市的未来岌岌可危。全国各地,各种种族和经济背景的家庭都在离开城市,因为他们对城市公立教育失去了信心。这在包括我国首都华盛顿在内的许多美国城市都是如此……但事情不必如此——我希望向全国各地的市长、教育局官员、企业和家长们提供一个更有希望的未来愿景,家庭将由于优质的公立学校系统而选择留在一座城市。我可以看到有充足教室空间、现代设备和安全走廊的城市学校。作为全美第三大城市的市长,我必须对我们公立学校的未来充满信心。改善学校是这个国家实现持久变革的唯一途径。它是摆脱贫困、减少犯罪、创造更强大经济的唯一途径……如果我们对学校不再抱有期望,那么我作为市长所做的一切都将失败。"(理查德·M.戴利,1997年6月5日)
>
> ——摘自 Clark, T. N., *The City as an Entertainment Machine*

不难发现,即使面对全球化和大都市化,政治和政府仍然是芝加哥发展的核心因素。因此,新的芝加哥政治机器是新芝加哥学派城市研究开发的新范式聚焦的重要内容。同时,新芝加哥学派的学者们聚焦随之而来的社会、经济和文化变化,包括会议和旅游业的增长:每年约有5000万游客来到这座城市,随之而来的是海军码头、博物馆、千禧公园、新会议中心和体育场等舒适性设施的显著增加。新芝加哥学派认为,历史和政治塑造了现代都市生活,并缓解了大规模结构变化和全球化等非个人经济力量的影响。[1]

第二,芝加哥有相对独立的社区和种族意识。芝加哥浓厚的天主

---

[1] Simpson, Dick W., Tom Kelly, "The New Chicago School of Urbanism and the New Daley Machine", in *The City, Revisited: Urban Theory from Chicago, Los Angeles, and New York*, University of Minnesota Press, 2011, p.217.

教传统导致个人关系、庇护主义（Clientelism）和互惠互利（Patronage）成为芝加哥政治和社会生活的重要特点，这也塑造了相对独立的教区、社区和学校系统。长期以来，每个芝加哥选区的区长（Precinct Captains）的权力都非常大。强大的地方长官和个人关系导致芝加哥在居住地点和政治上都存在种族和民族的隔离——根据种族背景选取区长，并谨慎地维护社区自治。[①] 比如，代表每个选区的议员都有权力决定该选区的区划政策（Zoning Policy），控制着建筑许可证能否或何时签发。这在美国任何其他城市是无法想象的。这种独立的社区产生了明显的种族和文化意识。芝加哥的爱尔兰后裔、波兰后裔、意大利后裔并不住在工厂附近，而是选择住在自己的教区和社区附近，在离家很远的地方工作。这种以种族居住的模式导致社区成为族群认同的中心，而地方的游行、食品、酒吧等进一步加强了族群文化。[②]

专栏 2-4　庇护主义政治

庇护主义政治是一种以利益（特惠、资源或福利）交换政治支持（选票、忠诚等）的行为，通常涉及明确的或潜在的交换条件（Quid-pro-quo）。虽然政治庇护主义（Clientelism）属于一种现代政治现象，其源头可以被追溯到古罗马贵族与他们的亲信之间、封建时代领主与农奴之间以及农村大地主与农民之间的庇护关系。其中往往涉及一种互利的关系，即政治家以牺牲公众利益为代价，为少数"客户"（Client）提供有针对性的好处，如就业机会、社会服务或政府合同，以换取他们的政治支持。在这种体系下，个人关系和非正式网络在政治中起到重要作用。政治庇护主义可以被视为裙

---

① Clark, T. N., "Program for a New Chicago School", *Urban Geography*, 2008, 29 (2), p.156.
② Silver, D. A., Clark, T. N., *Scenescapes: How Qualities of Place Shape Social Life*, The University of Chicago Press, 2016, p.168.

带政治（Patronage Politics）的一种，有些人利用他们的权力和资源来建立和维持一个忠实支持者网络，以确保和巩固他们的政治权力。

——整理自 *The Oxford Handbook of Political Science*

第三，芝加哥有鲜明、多元的亚文化。这种日常的对于种族/民族/文化特征的接受产生了一种人类学上的文化相对主义和相互宽容。每个社区有独立的政治、社会和文化特点，他们之间互不干涉："你负责你的选区，我负责我的选区"（You deliver your precinct, and I'll deliver mine）。芝加哥与邻里、种族、宗教和文化的这种强烈联系，让芝加哥人更加深刻地认识到，不同的人有不同的生活方式、不同的世界观。因此，文化敏感性成为社会生活的重要部分，如人与人之间应当站多远、餐桌礼仪、家庭装饰、日常休闲等。

专栏 2-5 亚文化城市理论

自克劳德·S. 费舍尔（Claude S. Fischer）1975 年的文章《城市性的亚文化理论》（Subcultural Theory of Urbanism）发表于著名的美国社会学期刊 *American Journal of Sociology*，许多城市社会学家将其与芝加哥学派代表人物路易斯·沃思（Louis Wirth）1938 年的经典著作《作为一种生活方式的城市主义》（*Urbanism as a Way of Life*）并列，作为解释城乡差异的关键理论。一些人认为亚文化模型与沃思的理论一样，甚至更为有效。

亚文化理论认为，城市性与非规约性（Unconventionality）相关（如艺术创新、表达不同价值观、犯罪等偏离社会规范的行为），部分原因是因为它刺激了亚文化的发展。人口的集中产生了各种亚文化，即"一组相互连接的社交网络中会形成共同的规范和习惯"。

更具体地说，亚文化由一大群人共享，他们共享某种典型特征、彼此之间相互联系、同属于与其典型特征相关的社会机构、遵循一套独特的价值观、分享一套文化工具，并有共同的生活方式。这些属性是有程度之分的，亚文化的边界可能是模糊而重叠的。由于许多新兴的亚文化是非常规的，城市生活也是相对非常规的。

具体而言，费舍尔提出了4个连续的命题：第一，规模较大的地方会比较小的地方发展出更多和更特殊的亚文化，因此在文化上更加多样化；第二，人口较多的地方会发展出更明显且更强烈的亚文化；第三，与此同时，群体之间的接触导致相互影响，当较大的群体影响较小的群体时（如英美家庭价值观传播给移民的越南青年），非常规性会减少；第四，城市化程度越高，非常规行为的发生率越高。

——摘自 Fischer, C. S., "The Subcultural Theory of Urbanism: A Twentieth-year Assessment"

1970年代，随着芝加哥的产业转型，以及相应的年轻的专业群体（Young Urban Professionals）和新消费群体的兴起，这种传统上以民族和种族为基础的社区文化逐渐演化为更加多元、多样的以场景为基础的亚文化。敏锐的芝加哥人把这些新城市群体称为"雅痞"（Yuppies），"他们参与奇特的新活动，包括慢跑、跆拳道和健美操；他们去瑜伽工作室或者医疗中心就和去教堂一样频繁"。在戴利市长执政期间，芝加哥的文化转型在很大程度上是将旧芝加哥政治的核心原则应用于这个新兴一族的产物：为他们提供新的自行车道、花园、摇滚演出、后现代的建筑、优雅的社区环境。他们在芝加哥形成了新的文化认同，但这种文化认同不再是针对传统社区或教区，而是更微观、多元的单位——场景。这些扎根于新场景的生活方式和消费文化也吸引着更多的年轻人来到芝加哥。

根据这些芝加哥的独特特征，以克拉克为代表的新芝加哥学派学者们提出了城市与场景研究的八个核心观点。

第一，明确地认识到城市中多元性、多样性、充满竞争性的亚文化。随着新政治文化和新消费文化的兴起，更加多元且特征鲜明的亚文化正在激发更多场景的产生。政府通常在不同的政策领域采取不同的行动，如住房或文化，这与社区之间的差异一样。新芝加哥学派更多关注多样亚文化以场景为载体的表达形式，尤其是它们之间的碰撞、融合和发展。场景研究更多地将世界视为一个"游戏或戏剧与场景的生态系统，而不是一成不变的整体"①。

第二，没有一个城市能够代表国家或世界，没有任何一座城市是迪尔笔下的"未来之城"（the City of the Future）。新芝加哥学派认为，我们无法通过一个案例解释复杂的多元文化社会，更不能通过研究一个城市而得出结论。因此，场景理论强调一种"文化相对性"（Cultural Relativism）的视角，没有一座城市是"未来之城"。如社会学的奠基人涂尔干所写，"比较社会学不是社会学的一个特殊分支，它就是社会学本身"。② 比较是社会科学研究的开始，只有通过比较才能更为深刻地意识到任何一座城市的特征，以及不同城市之间的差异，推进对于城市发展的整体认识。

第三，更加关注消费。芝加哥城市发展转型成功说明了消费和休闲娱乐对于当代城市发展的重要意义。越来越多的案例也表明，旅游业、生活品质和舒适物不再仅仅是私人的选择或奢侈品，而是能够重建一座城市、重新塑造它的形象，并驱动城市经济社会发展。新芝加哥学派场景研究聚焦的正是伴随城市后工业发展而兴起的新消费形式和文化，并将其具象化为组成日常生活场景的舒适物，以填补社会科学在消费研究方面的缺失。

第四，文化鲜明的邻里社区保持了与工作场所的相对独立。新芝加哥学派关注到，芝加哥极为丰富多彩而相对独立的社区传统导致了社区

---

① Silver, D. et al., "Scenes: Social Context in an Age of Contingency", *Social Forces*, 2010, 88 (5), p.2316.

② Émile Durkheim, *Les règles de la méthode sociologique*, PUF, 1986, p.137.

和生活区域的相对独立，带来许多以亚文化和生活方式为导向的"生活圈"和"消费圈"，以及对应的城市空间的出现。这与大部分欧洲城市中更加接近的工作与住宅区域不同。消费文化的兴起更是激发了微观层面上诸多的生活和社区场景的产生。新芝加哥学派探索工作与家庭情境在改变场景动态时的含义[1]。

第五，倡导多元的研究方法。场景是一个多维度的概念，由社区、物理设施（舒适物）、多样化人群或参与者、前三者组成的社会活动，以及前四者结合而产生的象征意义和价值观组成。因此，不难发现，场景研究必须系统地结合定量数据，如人口学变量、调查问卷、投票、消费及娱乐设施数据等，以及定性研究，如个案分析、口述历史、访谈、民族志、文本分析。新芝加哥学派正是通过这种多方法的研究视角，才能捕捉一个地方提供体验的品质和特征，将难以捉摸的文化和生活方式具象化，变得可分析、可比较。

第六，把大都会区包括在内。相对而言，芝加哥的大都会区划（Metro）模式更加突出地方组织的合作和自愿参与，基于地方政府和私人承包团体之间就特定服务达成特定协议，而洛杉矶的模式是私有化和外包政策（如Lakewood Plan）。因此，新芝加哥学派不只考虑单一的大都会政府，而要寻找合作、自愿的公民和政府间（Intergovernmental）模式，其中一些模式建立在地方政府和私人承包团体之间的特定协议之上，另一些模式涉及公民价值观，导致他们更喜欢一个地方而不是另一个地方。新芝加哥学派城市研究并不排斥洛杉矶学派的核心观点，更试图通过开展不同尺度上的场景研究吸收其他城市学派的观点，比如分别以社区、市区、大都会区、国家为尺度对城市进行研究和比较场景特征。

第七，对于种族、民族地位和亚文化冲突进行再理论化。出于这个

---

[1] Silver, D. et al., "Scenes: Social Context in an Age of Contingency", *Social Forces*, 2010, 88 (5), p.2316.

目的，新芝加哥学派场景理论提出了作为"多维复杂体"的场景结构：每个场景都由3个主维度（戏剧性、合法性和真实性）和15个子维度组成。① 其中，每一个子维度都由两个相对立的价值观组成，如地方和全球、爱炫和矜持、平等和特殊。相比于洛杉矶学派的城市决定性（Deterministic）论断，即种族冲突将成为城市的核心动态，新芝加哥学派试图通过衡量这些冲突维度的存在和强弱，以更加开放的视角甄别其中的动态差异，以开创更为具象化、系统化的城市空间的文化分析。

第八，将全球化作为城市演变的动力。经济、信息、科技、文化等因素的全球性发展和传播，对城市的发展产生了巨大的影响，世界各地城市之间的连接愈加紧密。虽然芝加哥多年以来一直是全美国最具地方性（Localistic）的城市，包括许多特征鲜明的社区，但是芝加哥的公民和政府领导人尤其对上海、巴黎和其他全球城市的变化高度敏感。这种国际敏感性不仅体现在芝加哥市区和郊区跨国公司总部的云集，而且体现在芝加哥河上悠悠划过的贡多拉船、芝加哥公共汽车站的法国艺术设计以及千禧广场中五彩斑斓的后现代艺术展览。

21世纪的城市研究无法脱离全球化的影响，城市学者们必须具备国际比较研究的视野，新芝加哥学派聚焦全球性的变化如何渗透到地方政治和活动的模式之中，将许多城市动态中的全球变化与这些变化的地方性解释（Local Interpretations）联系起来。②

超越"学派主义"

这八个核心观点为新芝加哥学派城市研究提供了重要的指导准则，新芝加哥学派进一步提出了一套超越任何单一城市模型的场景研究框架。

---

① Silver D. A., Clark, T. N., *Scenescapes: How Qualities of Place Shape Social Life*, The University of Chicago Press, 2016, p.38.

② 八个中心观点及部分内容可参考 Clark, T. N. 及其合作者的 "Program for a New Chicago School" 以及 "Scenes: Social Context in an Age of Contingency"。

虽然新芝加哥学派的许多核心观点源自当代芝加哥的发展转型，但是其中包含了推动全球城市进程的关键因素。提出这些观点的同时，新芝加哥的城市学者们试图为世界各地研究者提供一套综合性、一般性的城市研究和分析框架，以探讨、剖析、比较地方政府的运作及对应的社会和经济活动，无论它们的规模大小、所处世界何处[1]。因此，新芝加哥学派城市研究意在寻求一套超越传统意义上更为狭隘的"学派主义"的城市理论。然而，形成这种统一的框架并不意味着新芝加哥学派假定所有城市都是相似的，也不是说这些城市间存在着某种趋同（Convergence）的过程。相反，新芝加哥学派城市研究对于城市之间系统性差异有着高度的敏感性，强调以场景等其他一般性地方变量为基准，对各个城市开展细致、系统性的比较。

如何超越学派主义？克拉克等学者提出了以下四个步骤。

首先，对纽约、芝加哥和洛杉矶城市学者们分析框架的明确比较。

其次，通过展示每种分析框架是如何嵌入其所在地的。

再次，结合新马克思主义（纽约城市学派）、个人主义后现代主义（洛杉矶城市学派）和后工业主义等一般社会科学理论的更广泛视角。

最后，将这些观点结合起来，因为它们的核心过程在任何城市都相互渗透和影响。

因此，在研究柏林时，学者们也许会发现柏林的部分地区是个人主义的，其他地区内阶级冲突则更加明显，而后工业化进程在不同社区或区域的其他地方是显著的。这些因素之间的张力关系是城市的核心动力。有意识地区分不同因素之间的相互渗透可以帮助学者超越单一的理论和单一的城市狭隘[2]。

---

[1] Clark, T. N., "The New Chicago School: Notes Towards a Theory", in *The City, Revisited: Urban Theory from Chicago, Los Angeles, and New York*, University of Minnesota Press, 2011, p.239.

[2] Clark, T. N., "The New Chicago School: Notes Towards a Theory", in *The City, Revisited: Urban Theory from Chicago, Los Angeles, and New York*, University of Minnesota Press, 2011, p.239.

为了推进跨学派的城市研究，自 1982 年以来，克拉克就主持开展了 FAUI（Fiscal Austerity and Urban Innovation，财政紧缩与城市创新）项目，也是世界上针对地方政府开展的最广泛的研究之一。该项目意在发现世界各地地方政府的创新做法，记录它们的工作，阐明它们的成功之处及其背后的原因，并展示给世界各地的其他组织和个人。

专栏 2-6　财政紧缩与城市创新项目

FAUI（Fiscal Austerity and Urban Innovation）项目旨在发现全球各地政府的创新举措，记录其运作方式，说明其成功之处和原因，并将相关经验介绍给全球其他地方。

FAUI 项目于 1982 年启动，已成为全球最广泛的地方政府研究。它包括对大约 1400 个美国市政机构的市长、议会成员和行政人员的调查，以及对不同创新举措的详细案例研究；类似的研究也在其他 38 个国家进行，包括欧洲国家、韩国、日本和阿根廷。该项目的成功依赖于分散管理（Decentralization）而不是大规模的集中资金支持。

根据共同的研究设计，各个团队筹集了约 2000 万美元的资金。超过 700 人参与其中，包括社会科学家、政策顾问和地方官员。项目成员每年召开约 3 次研讨会，迄今已出版了 50 本书籍，发表了 300 多篇文章。

——摘自 FAUI 项目官方网站（http：//faui.uchicago.edu/about.html）

他们对 1400 余个美国城市当局以及 38 个国家的城市进行了问卷调查和个案分析，共计出版了 50 部著作（如《新政治文化》），发表了 300 余篇文章。基于 FAUI 庞大的研究网络和多年来的成果，以克拉克为代表的新芝加哥学派城市学者们进一步提出了场景理论，以一套多维度、一般性的分析框架开展地区、城市和国际比较研究，详细说明一般性变量如何、在哪里以独特的方式进行组合。

同时，他们组成了"场景项目"（The Scenes Project）。该项目的前身是芝加哥大学文化政策中心的"文化舒适物项目"(Cultural Amenities Project),现在已经吸收了世界性参与,如美国、加拿大、法国、西班牙、波兰、韩国、葡萄牙和中国等。场景项目的目标是阐明和衡量基于地点的文化特质赋予社会生活活力与意义的独特品质。魅力、自我表现、传统和邻里关系等特质以各种方式结合在一起,创造出城市和社区内的多样化场景。这些场景是社会过程的动态组成部分,可以促进经济发展、塑造居住模式、激发政治活力等[1]。

专栏 2-7　文化舒适物项目

"文化舒适物项目"(Cultural Amenities Project)是 2003 年在芝加哥大学文化政策中心(现属哈里斯公共政策学院)开展的研究计划,其核心成员是 Terry Clark、Daniel Silver 和 Lawrence Rothfield。项目初期的主要研究问题是:当地舒适物(如歌剧院、艺术画廊、餐厅等)如何以及为什么影响社区和城市发展。

为了回答这个问题,他们收集了每个美国邮政编码区域的数百种舒适物的数据。随着研究的进行,他们意识到过度关注任何单一舒适物都是行不通的。比起单独考虑一个当代艺术画廊、瑜伽工作室或文身店,更重要的是它们共同产生的整体体验风格。

因此,研究问题逐渐转变为:这个地方"表达"了什么信息、展示了什么生活方式和观念、承载了什么意义和吸引力?这些研究问题需要综合社会和文化分析,而"场景"的概念提供了一个有力的工具。

因此,他们不再问"这个社区有多少教堂",而是问"这是一个什么样的场景""不同舒适物对场景的影响如何""传统是不是该场景合法性的来源"等。

随着研究视角从单一舒适物转向整体场景,"文化舒适物项目"演变成

---

[1] The Scenes Project,https://scenescapes.weebly.com/about.html,2022.3.10.

了今天的"场景项目"。

——整理自 Clark, T. N. & Daniel Silver, "What is Scenes Analysis?", Scenes Online, https://scenesonline.wordpress.com/what-is-scenes-analysis/

新芝加哥学派提出的场景理论从三个方面提供了超越学派主义的一般性城市研究范式。

第一，场景理论为城市之间、国家之间的比较研究提供了统一的研究尺度，可以使用一个通用的分析单元"场景"来理解和分析不同的城市的地方动态。以场景作为研究视角，学者可以在不同的地理层次上综合数千个独特的城市组成部分，从舒适物到政治制度，再到标新立异的地方文化。[1] 通过记录不同区域内各种维度的排列组合，我们能更加深刻地认识一座城市内部的区域差异，同时针对不同城市内的场景开展横向的比较研究。洛杉矶、纽约和芝加哥学派的城市学者们可以比较三座城市的不同场景维度的差异，比如自我表达、邻里性和功利性。类似地，我们也可以比较不同国家一些具体的场景的不同表征，比如美国和西班牙的波希米亚场景的差异，或者加拿大和韩国的睦邻传统型场景的异同。

第二，场景理论促进了一种多维度、多变量的城市分析框架。在场景视角下，城市不再是一个固定的、有边界的聚落（Settlement），而是这些维度形成特定组合的动态过程，而城市化也可以被看作一个"有意义的，积极的过程"（Meaningful, Active Process）。场景思维下的城市研究强调多种变量和维度之间的组合和变化，以及这种组合和变化在不同的空间（如全球-地方的动态视角）和时间（如疫情前-疫情后）维度上的差异。因此，这种多维度的视角有助于学者们通过更加精确地

---

[1] Clark, Terry N., Cary Wu, "Urbanization Theorizing" (forthcoming), Springer, p. 21.

考虑因果关联（Causal Interconnection）增进对于以往更加粗略的概念的理解和拓展，如市中心和郊区化，中心化和去中心化，或者城市和乡村。这为更加深刻地理解全球范围的城市发展和变化开辟了新的途径。

第三，场景理论视角包容其他方法和概念。场景的概念和数据无须取代过去更简单的概念，如民族、种族或教育，而可以强化它们的共同组成部分和独特的动态，并且有效地与其他方法合并。场景理论可以提出并回答更新、更精确的问题，比如传统主义的哪些具体成分会随着哪种类型的移民增长而上升？[①] 同时，通过与世界各国场景团队的合作，他们得以发现并测量跨国场景模式。新芝加哥学派国际场景研究团队的工作旨在扩展和完善场景理论的概念和方法，以区分哪些模式是全球共同的，哪些又是一些国家地区特有的。例如，Lee、Clark 和 Anderson 发现"韩国场景"通常由大家庭以及相关的社会活动（婚礼、葬礼和大学预科学校等）所组成。他们进一步分析了这些场景变量与其他传统变量的关系，比如租金。他们发现，韩国各地的租金差异受到大学预科学校（College Prep School）的强烈影响，这与美国的情况恰恰相反。[②] 在种族、民族、宗教、阶级以及公民团体和社区的研究中加入场景维度和因素，可以使这些研究变得更加清晰、全面，因为我们可以突出其中任何一个因素的具体文化背景，并且系统地比较它们的相对影响。[③]

四　场景研究的重要性

在这里尤其需要说明的是，新芝加哥学派城市研究内容比较广泛，

[①] Clark, T. N., Cary Wu, "Urbanization Theorizing" (forthcoming), Springer, p. 21.
[②] Lee, Jong Youl, Terry Nichols Clark, Chad Anderson, "The Effect of Cultural Amenity Factors in Driving Urban Growth", Paper presented at the Midwest Sociological Society Annual Meeting, 2010, April 12-17, Chicago.
[③] Silver, D. et al., "Scenes: Social Context in an Age of Contingency", *Social Forces*, 2010, 88 (5), p. 2317.

产生的理论成果也很多，但场景理论是其中最具代表性和综合性的成果。代表性是指在该学派提出的多个概念或理论观点中，相较于城市研究中的纽约学派和洛杉矶学派，场景研究是最具竞争力的。

综合性是指场景研究是该学派对其 20 世纪 80 年代以来所提出的关于城市研究的众多概念或观点（如新政治文化、作为娱乐机器的城市、文化参与的崛起、蜂鸣理论等）的提升与提炼。场景理论的提出使得美国社会科学对于城市的分析，从芝加哥学派的"人口论"视角下的城市分析、纽约学派的"政治经济论"视角下的城市分析、洛杉矶学派的"后现代"视角下的城市分析，转向一种更为包容和综合的城市文化分析议程。

这种新分析议程和视角的重要性体现在以下四个方面。

第一，探寻更为一般化的城市分析工具。综览当今世界，城市的变化是如此快速与多样，这给城市研究和城市理论带来了极大的挑战。截至目前，城市的本质是什么？城市的定义有多少种？正如马克思主义城市分析家卡斯特（Manuel Castells）所说，学者们尚未就城市是一个地理范畴还是社会关系达成一致。[1] 对于一些学者来说，城市是人类互动的"环境"[2]；对于另一些学者来说，城市是"增长机器"[3]，或是"娱乐机器"[4][5]，抑或是"一个集合以及具有多样性和连接性的地点"[6]，

---

[1] Castells, M., *The Urban Question: A Marxist Approach*, Edward Arnold, 1977.

[2] Whyte, W. F., *Street Corner Society: The Social Structure of an Italian Slum*, University of Chicago Press, 1943.

[3] Logan, J. R., Molotch, H. L., "Urban Fortunes: The Political Economy Of Place", *Contemporary Sociology*, 1987, 16 (4), p.517.

[4] Clark, T. N. (ed.), The City as an Entertain-ment Machine. Amsterdam and Boston, MA: Elsevier/JAI, 2004.

[5] Baris, Mackenzie, "The Rise of The Creative Class: And How It's Transforming Work, Leisure and Everyday Life", *Next American City*, 2003, 44 (January), pp.297-301.

[6] Robinson, J., "Global and World Cities: A View from off the Map", *International Journal of Urban and Regional Research*, 2002, 26 (3), pp.531-554.

一个"在城市实践的混凝土场地组装的物体"或"图像和意识形态"[1]。

这场关于城市性质的辩论,在很大程度上可以归结为理论家们对于城市在不同地理尺度上如何进行操作化。他们对城市的分析主要聚焦在三个方面:规模、层次和关系。[2] 从规模角度来看,城市学者一直在争论研究的重点应该是世界城市还是普通城市、大城市还是小城市、全球北方城市还是南方城市。从层次角度来看,虽然城市学者大多认识到城市的多层次性质,但对于城市应该从邻里层面、国家层面还是从区域和全球层面入手,却鲜有共识。从关系角度来看,城市学者尚未就城市与其他趋势、过程和结构(包括人口多样性、便利设施、文化活动、消费模式、经济和政治治理)之间的关系达成一致。

新芝加哥学派场景研究努力跨越有关规模的不同方法、有关层次的不同方法、有关关系的不同方法去重新思考研究哪些城市、从哪个地理级别研究,以及城市与其他实体的关系。新芝加哥学派场景研究目标是发展一套概念工具,有助于研究不同规模和层次的城市,在不同的地理尺度上,以及城市与地缘政治、领土、结构、文化、历史、经济、环境、社会等之间的具体关系。场景分析是一种整合了三个尺度的新工具,即它将多样化和快速迭代的不同的城市转变为分析场景的共同单元,为将世界各地不同经济发展水平、历史文化和社会制度背景下的众多城市进行比较提供了可能,可以在比较中寻找能够有利于促进"城市,让生活更美好"的不同因素。

第二,把"文化"的适宜性变成了可测量的政策工具。越来越多的人意识到文化对于城市发展的重要性,但如何把那种宏大的、抽象的

---

[1] Scott, A. J., Storper, M., "The Nature of Cities: The Scope and Limits of Urban Theory", *International Journal of Urban and Regional Research*, 2014, 39 (1), pp. 1-15.

[2] Cary Wu, Rima Wilkes, Daniel Silver, Terry Nichols Clark, "Current Debates in Urban Theory from a Scale Perspective: Introducing a Scenes Approach", *Urban Studies*, 2018, 4, pp. 1-9.

文化叙事变成可被感知、可被触摸、可比较以及政策上易于操作的理论工具，成为城市研究的重要议题之一。场景是推动这种文化叙事向具体服务于城市居民或游客的理论工具的转化的可能性探索，以更好地服务于城市生活与城市发展。如丹尼尔·西尔所写，新芝加哥学派的核心观点就是"文化不是脱离实体的"（Disembodied）。文化产品和意义存在于特定的社会情境和地理空间中，分布在社区、城市、地区和国家中[1]。场景理论为文化和场所的研究提供了新的视角，捕捉这些分布于城市空间中的文化、消费以及生活方式，将社会生活的区域性、人文性具象化成为一个个可辨识、分析的场景。通过阐明场景的概念、研究测量场景的方法，并检测场景的社会后果和相关因素在当地环境中如何变化，场景研究以系统和比较的方式将文化加入城市研究，形成以文化为导向的国际性、一般性的城市理论。

第三，寻找一种分析城市发展的内生驱动力机制。关于分析城市发展驱动力机制的学术成果有很多，涉及经济学、地理学、社会学和文化学等，但影响比较广泛的有两种：其一是经济决定论，即一个地方的经济状况，如土地是否肥沃、自然资源是否丰富、资本和劳动力是否充足等情况是影响该地区经济增长和社会生活的决定性因素；其二是地理决定论，即一个地方的地理位置是否便利、是否处于交通要道、是否有港口等，决定了该地区的繁荣与否。这两种观点均具有很强的解释力，在现实中也都能找到很多例子作为支撑。然而，这两种观点是产生于农业时代或工业时代的城市，对于后工业时期或知识经济时代的城市，它们并不一定是放之四海而皆准的法则。反观城市进化史，经济状况和地理位置固然重要，但最终需要借助于人或人力资本这一中介变量才能发挥作用。人生活的环境以及其孕育的文化就变得尤其重要。这种文化投射到地方或场所之中，就被学者称为关于一个地方的文化特征，反映一个

---

[1] Daniel Silver, Terry Nichols Clark, Clemente Jesus Navarro Yanez, "Scenes: Social Context in an Age of Contingency", *Social Forces*, 2010, 88 (5), p.2296.

地方的美学意义。场景就是分析这种来自人的内在文化的驱动力在空间上的投射。从某种程度上讲，场景分析开启了城市分析的文化转向——从外在的经济状况和地理条件向内生驱动力的转变。

第四，探寻文化支撑下的城市发展路径。① 工业时代的人们更多地从生产意义角度理解城市：就业机会以及收入等因素影响着个体的区位选择与流动，与之对应的城市空间更多的是"工业园区"，社会纽带通过协调基于生产方式结成的不同群体的利益而形成。随着后工业时代来临，城市功能由生产性城市向消费性城市转型，居民生活方式由粗放式生活向品质生活转变，人们更在乎城市作为地点的美学品质与生活方式意义，此时的社会纽带由希望、激情和梦想来定义，健康的社会纽带由对地点的美学品质的体验去实现。服务和创新经济的崛起加剧了这种城市现象的演变，而城市文化为这些因素发展提供了基础与灵魂。城市文化的魅力散布于各种场景中：与市民生活息息相关的各种场所都有可能变成城市场景。在这里，文化既可以指"阳春白雪"（高雅艺术），如戏曲、歌剧、交响乐等，也可指"下里巴人"（流行文化），如街头艺术、说唱、流行音乐等；文化既可以指大型博物馆、图书馆，也可指小型的书屋、咖啡店、酒吧等；文化既可包括画廊、文身穿刺、涂鸦、诗社等先锋艺术，也可以包括日常生活中的精美餐馆、便利店、健身房等。健康的城市生活还应包括杂货店、水果摊、便利店、五金店、理发店等。这些都是场景的重要组成部分。场景理论中的"场景"所具有的魅力就是使文化的适宜性和人文特性让人们感觉得到，并使城市成为人们思绪与情感交融激荡、启迪互补的"孵化器"。

通过学术界对于场景理论的评价，我们得以看出其卓越的贡献和影响力。有学者认为，自佛罗里达的著作《创意阶层的崛起：关于一个新阶层与城市的未来》被后续研究和实践削弱了影响力后，城市研究

---

① 吴军、叶裕民：《消费场景：一种城市发展的新动能》，《城市发展研究》2020年第11期。

界出现了一道知识鸿沟，而新芝加哥学派场景理论将成为填补这道知识鸿沟的有力选项①。

具体来讲，杰弗里·L.巴克利（Geoffrey L. Buckley）认为，场景理论的主要优势之一，在于其广泛的哲学和理论基础②。这厚重的理论功底，将生命和意义注入新芝加哥学派的场景维度模型。在杰弗里·伦敦（Jeffery London）看来，新芝加哥学派城市研究力图将定性的场景研究、场景内多样的元素和维度间的交互，以及主流更固定的文化社会学模式进行整合、交互，而他们的确完成了这项惊人的事业（Breathtaking Enterprise）。

然而，场景理论的贡献不仅限于学术界，它还有着重要的实践价值以及对于城市发展的指导意义。正如 Rindzeviciute 所写，《场景》一书提出了一个强有力的学术论点，同时也是政治观点。杰弗里·伦敦还指出，对未来经济增长和城市发展方向的动力，可以通过克拉克等人的舒适物数据库及其配套的场景分析方法进行建模、预测和论证③。克里斯蒂安·凯利·斯科特（Christian Kelly Scott）强调，克拉克等学者对于城市决策者的建议是场景建设需要遵循"情景化"和"营造"这两个要素④。总之，新芝加哥学派孕育着以场景为导向的城市发展新模式。

当然，也有不少学者对场景理论提出了质疑。杰弗里·L.巴克利（Geoffrey L. Buckley）认为，场景理论通过定量的方法研究地点的文化

---

① Egle Rindzeviciute, "Review: Silver, Daniel Aaron, and Terry Nichols Clark. 2016. Scenescapes: How Qualities of Place Shape Social Life", *International Journal Of Cultural Policy*, 2019, 25 (4), pp.541-545.

② Geoffrey L. Buckley, "Review: Silver, Daniel Aaron, and Terry Nichols Clark. 2016. Scenescapes: How Qualities of Place Shape Social Life", *Journal of Cultural Geography*, 2018, 35 (3), pp.413-414.

③ Jeffrey London, "Review: Silver, Daniel Aaron, and Terry Nichols Clark. 2016. Scenescapes: How Qualities of Place Shape Social Life", *Contemporary Sociology*, 2017, 46 (6), pp.716-718.

④ Christian Kelly Scott, "Review: Silver, Daniel Aaron, and Terry Nichols Clark. 2016. Scenescapes: How Qualities of Place Shape Social Life", *Rural Sociology*, 2018, 83 (2), pp.413-414.

意义，无疑会引起许多文化地理学学者的质疑，尽管克拉克等学者承认了其研究方法的局限性，即舒适物只能在一定程度上代表其所处的场景和空间品质[1]。多纳胡（Patricia Farrell Donahue）则质疑了场景研究的时效性。她观察到《场景：空间品质如何塑造社会生活》所使用的舒适物数据是在2001年到2006年采集的，但是到2016年出版之时，这些数据一定又反复发生了变化[2]。这10~15年的研究跨度无疑使书中的实证结论显得有些许过时。类似地，伦敦提到了当今社会新媒体和新文化经历的巨变："由于现今社会的'梗'文化（Meme Culture）和数字文化生活如亚原子一般的变化速度，以及所衍生的捕捉社会学'瞬间'的危机"，试图解释场景及其对当地空间环境的影响变得尤为困难[3]。

我们不难发现，这些质疑的声音并没有试图推翻场景理论架构和现实意义，而是提出了诸多对于研究方式和数据的质疑。随着社交媒体的多样化和广泛普及，以及大数据收集与分析方法的日渐精密，这些疑虑恰恰证明了新芝加哥学派场景研究恰逢其时，以及继续推进、扩展场景研究的必要性。

主要观点回顾

芝加哥学派城市理论的"过时"，以及其产生的学术真空激发了洛杉矶学派的崛起，而洛杉矶学派城市研究的"不完整性"以及一定程度上的谬误也为纽约学派和后续的新芝加哥学派城市研究铺平了道路。

---

[1] Geoffrey L. Buckley, "Review: Silver, Daniel Aaron, and Terry Nichols Clark. 2016. *Scenescapes: How Qualities of Place Shape Social Life*", *Journal of Cultural Geography*, 2018, 35 (3), pp. 413-414.

[2] Patricia Farrell Donahue, "Review: Silver, Daniel Aaron, and Terry Nichols Clark. 2016. *Scenescapes: How Qualities of Place Shape Social Life*", *Journal of Planning Education and Research*, 2019, 1 (2), pp. 1-2.

[3] Jeffrey London, "Review: Silver, Daniel Aaron, and Terry Nichols Clark. 2016. *Scenescapes: How Qualities of Place Shape Social Life*", *Contemporary Sociology*, 2017, 46 (6), pp. 716-718.

事实上，城市学派的兴起与争鸣帮助我们认识到被忽视而且至关重要的城市现象，这的确有效推动了学术对话和城市理论发展。新芝加哥学派城市研究一方面同意纽约学派的观点，即大都市周边地区正在增长，中心仍然至关重要，公共服务和城市政治是全球城市的核心组织要素；另一方面，新芝加哥学派城市研究也同意洛杉矶学派的观点，学者必须研究大都会地区，考虑去中心化对城市的影响，并密切关注文化变化。但是，他们并不同意市中心不再重要，以及基诺资本主义和后现代主义最能够捕捉城市现实的论断。

新一代芝加哥城市研究者根据芝加哥城市发展转型的新特点、新趋势改写了老（经典）芝加哥学派的城市理论，但同时传承了老（经典）芝加哥学派严谨的实证研究方法以及开放性的研究视角。他们认为，全球化深刻地改变了芝加哥，但芝加哥并没有自动复制纽约、洛杉矶、伦敦、东京或巴黎等其他全球城市。芝加哥的发展是独特的。与洛杉矶和纽约相比，芝加哥有着鲜明的特点，这些特点也孕育了新的芝加哥城市学派。基于此，以克拉克为代表的新芝加哥学派城市学者提出了城市与场景研究的八个核心要素。

新芝加哥学派提出的场景理论从三个方面提供了超越学派主义的一般性城市研究范式。第一，场景理论为城市之间、国家之间的比较研究提供了统一的研究尺度，可以使用一个通用的分析单元"场景"来理解和分析不同的城市的地方动态。第二，场景理论促进了一种多维度、多变量的城市分析框架。第三，场景理论视角包容其他方法和概念。

3 发展：场景理论的形成与演进

本章首先介绍场景理论的人文社会科学思想基础，以及学术界关于场景概念的早期研究，尤其是约翰·欧文（John Irwin）和威尔·斯特劳（Will Straw）的奠基性作品，还介绍了后续形成的三种主要研究脉络：音乐场景、文化场景和社会运动场景。然后，我们详细梳理了新芝加哥学派城市研究的演进，从《城市金钱》到《新政治文化》，到《城市作为娱乐机器》，再到《场景：空间品质如何塑造社会生活》，这些之前的多个研究成果是场景研究的开端性著作。最后，我们会论述新芝加哥学派城市研究如何结合国际场景文献中的前沿成果，形成一种整合性、差异化、比较性的视角，并且广泛吸取文学与艺术界的灵感，尤其是夏尔·皮埃尔·波德莱尔（Charles Pierre Baudelaire）和华尔特·本雅明（Walter Benjamin）的现代性城市视角以及理查德·瓦格纳（Richard Wagner）和克劳德·莱维-施特劳斯（Claude Lévi-Strauss）的组合性思维，构建出新芝加哥学派城市研究的具有多维复合体（multi-dimensional complex）意蕴的场景理论和体系。

一 "场景"概念的渊源与演变

第二章在当代社会科学视野下的美国城市研究与城市理论争鸣的大背景下，论述了芝加哥学派引发的城市学派争鸣和蜕变，以及新芝加哥学派的冉冉升起。本章将追溯场景在人文社会科学思想中的演进，以及新芝加哥学派场景理论的发展脉络。由于第一章已经详细地描述了场景理论与芝加哥学派的关联联系，本章我们对此不再赘述，而是聚焦"场景"概念以及"场景理论"在国际社会科学领域的前沿探索，以及新芝加哥学派如何将这一具有活力的研究视角推向城市研究和社会理论的前沿。

社会理论中的"场景"概念

"场景"的概念深深植根于人文社会科学和城市理论的核心传统。芝加哥学派的创始人罗伯特·E. 帕克（Robert E. Park）把城市看作一种复杂的、有结构且建构中的生命体。这可被看作场景这一概念来源的雏形。在帕克看来，人与城市环境之间存在着一种动态的共生关系：人创造了城市，而城市的环境也在不断塑造着人。

"场景"概念同样是欧文·戈夫曼（Erving Goffman）的拟剧理论（Dramaturgical Theory）的重要部分。戈夫曼认为，"场景"是由人们对于"一系列行为"中"发生了什么"的隐含假设构成的[①]。人们会根据不同场景的社会框架（Social Framing）和预期观众（Intended Audience）来调整自己的语言和行为。这里，戈夫曼指出了场景的戏剧性（Theatricality）：场景不仅是进行某种活动的地方，更是被他人所观察、关注的地方。

肯尼斯·伯克（Kenneth Burke）的社会学戏剧化（Sociological Dramatism）以及约翰·杜威（John Dewey）的实用主义视角则强调了场景内行动与情境的联系，以及场景与空间的关系[②]。在帕克的场景视角下，一个空间中所发生的行为并不是孤立的，而是由这个空间内和附近的环境与其他行动所影响和决定的。

[①] Goffman, Erving, *Frame Analyses: An Essay on the Organization of Experience*, Harvard University Press, 1974.

[②] Silver, Daniel, "Some Scenes of Urban Life", *The SAGE Handbook of New Urban Studies*, John Hannigan, Greg Richards, Sage Publications, 2017, pp. 408-429.

类似地，杜威认为，场景把"空间"转化为一种"体验"，强调了在某种程度上影响着行为的情况（Circumstance），正如杜威所写的，"空间不仅仅是一个可以在其中漫游的空间……它成为一个全面的、封闭的场景，在这个场景中，人所从事的多种行为和经历都是有序的"①②。

"场景"进入社会科学

虽然帕克、戈夫曼、杜威等学者都曾提及场景的重要性，但是约翰·欧文（John Irwin）首次明确地使用了"场景"概念，并且对其含义进行了最初的阐释。1977 年，约翰·欧文的著作《场景：城市与社会》（*Scenes: City and Society*）关注了 20 世纪 60 年代美国加利福尼亚州的青年文化，而"场景"一词正是当地青年常用的俚语，用来描述一个人喜欢"做什么"或者"玩什么"③。约翰·欧文以此为灵感，把"场景"作为社会学概念进行讨论，将其定义为城市生活的符号系统（Symbol System）。他把场景与新兴的娱乐文化和生活方式联系起来，研究它们的社会意义。他认为，一些看似小众的青年"场景"（如嬉皮士场景、滑板场景）对当时社会的价值观和生活方式产生了广泛的影响。约翰·欧文的著作成功地把"场景"的概念引入了休闲社会学（Sociology of Leisure）的视域。

---

① Dewey, John, *Art as Experience*, Penguin, 2005. Silver, Daniel, "Some Scenes of Urban Life", *The SAGE Handbook of New Urban Studies*, John Hannigan, Greg Richards, Sage Publications, 2017, p. 410.

② 原文为 "Space becomes something more than a void in which to roam about dotted here and there with dangerous things and things that satisfy the appetite. It becomes a comprehensive and enclosed scene within which are ordered the multiplicity of doings and undergoings in which man engages"。

③ Irwin, John, *Scenes: City and Society*, Sage Publications, 1977, p18., Benjamin Woo, Jamie Rennie, Stuart R. Poyntz, "Scene Thinking", *Cultural Studies*, 2015, 29 (3), pp. 285-297.

专栏 3-1　嬉皮士文化

"嬉皮士"（Hippies）这个词适用于 20 世纪 60 年代末和 70 年代初反主流文化中最引人注目、最极端的一派。嬉皮士运动不是一个正式的运动，而是一个松散的个人和小团体的集合，由他们在时尚、音乐和艺术方面的非传统价值观、行为和品位来定义。

到 20 世纪 60 年代中期，一种独特的嬉皮士亚文化已经在美国的几个地方形成。嬉皮士首先聚集在纽约的格林尼治村、旧金山的海特－阿什伯里和洛杉矶的威尼斯海滩等城市地区，以及加利福尼亚州的伯克利和马萨诸塞州的剑桥等大学城。嬉皮士还寻求大型聚会带来的存在主义乐趣，例如，1967 年 1 月 14 日在旧金山举行的"人类大集会"，被认为是 1967 "爱之夏"的序幕。嬉皮士信奉非教条主义，价值观包括和平、爱、和谐、享乐主义和个人自由，尽管有些模糊。这意味着反对军国主义、种族主义、性别歧视、不容忍和性压迫，尽管反对倾向于个人而非传统的政治。嬉皮士的生活方式和行为特点是共同生活、自由恋爱（性开放和多伴侣）、迷幻药使用、拥抱东方和新时代的宗教、聆听和演奏民谣或摇滚音乐、创作和欣赏流行艺术，以及在街头或"游击"剧院表演。

——摘自 George Rising, "*Hippies*", *American Countercultures*: *An Encyclopedia of Nonconformists*, *Alternative Lifestyles*, *and Radical Ideas In US History*

威尔·斯特劳（Will Straw）发表了题为《系统的表达方式，变革的逻辑：流行音乐中的社群与场景》（Systems of Articulation, Logics of Change: Communities and Scenes in Popular Music, 1991）的论文，标志着"场景"在社会科学界的发展又到了一个分水岭。威尔·斯特劳借鉴了布迪厄场域理论，把"音乐场景"看作一种文化流通的社会空间（Social Space of Circulation）。

事实上，很多学者认为威尔·斯特劳的这篇文章对"场景"尤其是"音乐场景"的具体概念在学术界被正式和广泛地接受起到了关键性的作用,他将这个短语从非正式的新闻和口语用法转化成一个具有重要影响力的学术概念和理论框架[1]。威尔·斯特劳声称"场景"概念的灵活性对于文化研究尤其是流行音乐研究有着极为重要的意义。

1970年代中期,文化研究以及青年研究主要被英国伯明翰大学当代文化研究中心(CCCS,又称伯明翰学派)的"亚文化"概念所主宰。伯明翰学派从马克思的阶级理论出发,把亚文化活动看作青年对于社会的反抗,以及一种反主流文化和新身份的表现形式。但是,亚文化的结构性视角(如固定的文化社区)及其暗示的"文化整体性"(Cultural Totality),在捕捉或解释流行文化的流动性、互动性和多样性的表达方式时,越来越显得力不从心。

威尔·斯特劳提出,"场景"作为一个"后亚文化"(Post-subcultural)概念,更加强调互动性和动态性,是代替并重组亚文化学派的关键。他将音乐场景定义为"一种文化空间",在那里,"一系列音乐实践共存,在各种分化过程中相互影响,并沿着截然不同的变化和融合的轨迹相互作用"[2]。在威尔·斯特劳看来,音乐文化本身并不能形成固定的"社区",或是与特定人群身份挂钩,而是要借助场景的空间进行表达和互动,才能形成关于社区的独特特征与认同。

换句话说,场景在这里意味着,多样音乐文化表达的空间和媒介,而场景中的活动、互动和表达等才能产生社区意识(Sense of Community)。

场景概念的基础性扩展

威尔·斯特劳逐步将"场景"这一概念扩展并应用到对城市的各

---

[1] Bennett, Andy, Ian Rogers, "Chapter 2: Scene 'Theory': History, Usage and Influence", in *Popular Music Scenes and Cultural Memory*, Palgrave Macmillan, 2016.
[2] Straw, Will, "Systems of Articulation, Logics of Change: Communities and Scenes in Popular Music", *Cultural Studies*, 1991, 5 (3), p.373.

种文化活动分析，其中广泛涉及个人、空间、活动和参与模式的不同集合或组合。不过，他并没有投入更多精力对早期"场景"的定义做出相应的修改或拓展。同时，他认为"场景"不能被其他类似的概念所替换或限制，如"运动"、"亚文化"或"社区"① 等。在他看来，这些更为"僵化"的探讨社会秩序的概念，无法捕捉场景的流动性及其包含的广泛的社会活动内容。

更为重要的是，威尔·斯特劳明确地论述了场景与文化、空间的关系。他认为，场景将城市中的多元文化与地理空间进行连接，"场景通过将品位或相似性嫁接到物理位置，扩展了城市文化的空间化。在场景中，品味或相似性被组织成跨域空间的一系列行程"②。

从某种意义上，场景正是文化的具象化表达。同时，他尤其强调了"场景"概念的两面性：具体性和一般性，这也是新芝加哥学派场景理论所强调的重要内容之一。一方面，场景捕捉了一个空间内微观层面的互动，比如一场流行音乐会；另一方面，它标志着全球文化在城市空间的流动，因为"流行音乐场景"把世界各地类似的场景串联起来。如同威尔·斯特劳所写的，"'场景'似乎能够同时唤起社区的舒适亲密感和城市生活的流动世界主义"③。

布鲁姆（Blum）关注了场景与城市性（Urbanity）的关系，并且试图提出场景作为一种社会现象的"语法"（The Grammar of Scene as a Social Phenomenon）④。布鲁姆认为，由于场景在城市生活中的普遍性和多样性，我们很难准确地定义"场景"，因此，厘清其重要的特点和维

---

① Straw, Will, "Scenes and Sensibilities", *E-Compós*, 6, 2006, p. 252.
② 原文为 "Scenes extend the spatialization of city cultures through the grafting of tastes or affinities to physical locations. Within scenes, tastes or affinities become organized as itineraries across series of spaces"。
③ 原文为 "To the former, it adds a sense of dynamism; to the latter, a recognition of the inner circles and weighty histories which give each seemingly fluid surface a secret order"。
④ Blum, Alan, "Scenes", *Public*, 2001, 22-23.

度是有效推进场景学术研究的第一步。

布鲁姆提出了7个场景的语法维度：规律性（Regularity）、广泛性（Extensiveness）、有限性（Mortality）、集体性（Collectivization）、戏剧性（Theatricality）、越轨性（Transgression）、奇观性（Spectacle）。不难看出，布鲁姆提出的7个维度不是平行或是互斥的，并不构成一套完整的描述体系。

例如，规律性和广泛性描述了场景与城市的关系，而集体性和戏剧性聚焦了场景内活动的特征；另外，越轨性和奇观性都源自场景的"戏剧性"，或者是戏剧性的不同表现形式。这些维度无疑启发了后继的场景研究。另外，布鲁姆论述了场景的政治经济学（Political Economy of Scenes）。场景作为城市经济的一部分，也存在着市场逻辑下的供需关系，场景作为文化消费和创意活动的场所的同时，也能为区域的经济发展创造机会，这或许是场景作为生产因素的最初的观点。

我们可以发现，在斯特劳和布鲁姆的开创性研究中，"场景"作为一个社会科学概念的最初定义以及很多启发性观点，也为新芝加哥学派提出更为系统性的场景理论提供了重要的灵感。

如本章接下来所介绍的，斯特劳强调的场景与城市文化的关系以及核心的两面性，都影响了新芝加哥学派的场景定义和研究方法。同时，布鲁姆的7个场景语法也可以被看作新芝加哥学派15个场景子维度的雏形。

场景概念的广泛运用

在欧文、斯特劳和布鲁姆等基础性作品的影响下，越来越多的学者开始运用场景这一概念进行研究和创作，更多关于场景的文献逐渐出现了。

整体来看，虽然这些研究都运用了场景概念，但是它们大多却是独立出现的，不同的视角或派别之间并不存在明确的合作或联系。因此，严格地说，我们不能把这些研究称为一系列文献[1]。尽管如此，我们还是可以发现，"场景"作为一个社会科学概念具有高度的灵活性和启发性，而这些场景研究中很多重要的观点和概念都在新芝加哥学派场景理论中得到了体现。

国际上的场景文献主要关注三个领域：音乐场景，文化与城市场景，社会运动场景。

第一，音乐场景研究大多沿用并拓展了斯特劳最初提出的"音乐场景"定义，即一系列音乐形式共存、融合和发展的文化空间。因此，这类场景研究的视角和内容较为统一，以个案研究为主，通常关注一个地点或一种类型的音乐形式。贝内特和彼得森（Bennett and Peterson）对大量音乐场景研究进行了综述和梳理，提出三种类型的音乐场景：地方性（Local）、跨地方性（Trans-local）和虚拟（Virtual）场景。

具体而言，"地方性场景"是围绕特定的地理焦点聚集的音乐场所，"跨地方性场景"包括各种"围绕独特的音乐形式或生活方式进行定期交流的广泛分散的当地场景"，而"虚拟场景"是没有物理交互或物理交互很少的场景，主要是网络数字文化的产物，它既能吸引孤立的个体，又能创造出自己的意义和实践的虚拟领域[2]。

随后，莉娜和彼得森（Lena and Peterson）将场景视为音乐流派生命历程中的一个阶段，芬奇（Finch）和格林（Green）则分别研究了独立音乐、巅峰音乐等新兴的音乐形式。[3] 贝内特和罗杰斯（Bennett and Rogers）将文化记忆与情感地理学应用于音乐场景，以构建一套综合性

---

[1] Silver, D. A., Clark, T. N., *Scenescapes*: *How Qualities of Place Shape Social Life*, The University of Chicago Press, 2016.
[2] Bennett, Andy, Richard Peterson, *Scenes*: *Local, Translocal, and Virtual*, Vanderbilt University Press, 2004, p.6.
[3] Mark Finch, "'Toronto is the Best!' Cultural Scenes, Independent Music, and Competing Urban Visions", *Popular Music and Society*, 2015, 38 (3). Green, Ben. *Peak Music Experiences*: *A New Perspective on Popular Music, Identity and Scenes*, Routledge, 2021.

的理论视角,并且结合一系列案例研究,深入地分析场景作为集体参与和归属的文化空间的重要性①。

第二,随着音乐场景研究的深入和扩展,学者们逐渐把视野拓展到文化场景和城市场景。如上文提到的,布鲁姆和斯特劳等学者都曾在理论层面论述过场景与文化、与城市性(Urbanity)的重要关系。特别地,杰夫·斯塔尔(Geoff Stahl)曾经这样描述城市场景:"一个场景可以而且经常被解释为城市文化活力的指数和社会生活质量的标志;一个场景意味着一个城市的'城市气质'的质量。"②③

希茨勒(Hitzler)等学者将场景与"年轻人的崛起"(Rise of Youth)联系起来,将其作为生命历程的一个特定阶段④。他们强调,场景的功能是为志同道合的人提供本地化的、暂时性的、自愿的聚会点(涂鸦场景、游戏场景、反法西斯场景、体育攀岩场景等),与实体场所(酒吧、俱乐部、咖啡馆等)相联系。这些场景中松散的成员标准和边界无法简化为其他的传统社会结构或单位,但是影响着年轻人的行为、价值观和解释模式,并且决定了后工业社区(Post-Traditional Community)的形成形式以及青少年的社会化过程⑤。

希茨勒等学者将场景归纳为三种类型:自我实现场景(个人技能至关重要)、启蒙场景(批判性地阐明了自我与世界之间的关系)和享乐主义场景(希望在此时此地享受乐趣)。利扎多和斯基莱斯

---

① Bennett, A., Rogers, I., *Popular Music Scenes and Cultural Memory*, Palgrave Macmillan, 2016.
② Stahl, Geoff, "Tracing out an Anglo-Bohemia: Musicmaking and Myth in Montréal", *Public*, 2001, 22-23.
③ 原文为"A scene can be, and often is, construed as an index of urban and cultural vitality and a sign of the quality of social life; a scene signifies the quality of a city's 'cityness'"。
④ Silver, D. A., Clark, T. N., *Scenescapes: How Qualities of Place Shape Social Life*, The University of Chicago Press, 2016.
⑤ Ronald Hitzler, Thomas Bucher, Arne Niederbacher, *Leben in Szenen: Formen jugendlicher Vergemeinschaftung heute* [Living in Scenes: Forms of Youth Communities], VS Verlag für Sozialwissenschaften, 2005.

(Lizardo and Skiles) 总结了大众/流行文化 (Popular Culture) 研究中新兴的"场景视角"的许多方面。在场景的视角下，大众文化的消费是围绕着认同内部创造和维护的亚文化代码和边界来组织的①。例如，哥特式的非传统性 (Unconventionality)、夜总会的魅力 (Glamor) 或萨尔萨舞的真实性 (Authenticity) 可以成为在场景中确定成员身份和地位的关键方式。德沃和古德鲁姆 (Deveau and Goodrum) 将文化场景定义为经常以年轻人为主并且与其他创意行业交叉的"充满活力的创意社区集群"②。

第三，社会运动场景。由于场景与文化活动和社区的重要链接，很多学者自然地将这个概念应用于社会运动，研究具有社会或政治目的的集体活动的形成、变化和发展。达西·利奇和塞巴斯蒂安·豪恩斯 (Darcy Leach and Sebastian Haunss) 首次提出了"社会运动场景"一词。他们将其定义为"具有共同身份和共同的亚文化或反文化信仰、价值观、规范的人群网络以及他们经常去的物理场所网络"③④。

在他们看来，场景是运动动员 (Mobilization) 和抵抗 (Resistance) 活动发生的场所，是人群和地点的网络集合。克雷萨普 (Creasap) 在此基础上提出了更加动态化的场景视角。她认为，将场景视为一种动态的过程比将其视为政治活动发生的静态环境更加有效。在她看来，场景是抗议、仪式以及日常生活活动的产物，包括蹲坐、游行和音乐等。与

---

① Lizardo, Omar, Sara Skiles, "Cultural Consumption in the Fine and Popular Arts Realms", *Sociology Compass*, 2008, 2 (2), pp. 485-502.
② Deveau, Danielle J., Abby Goodrum, "Mapping Culture in the Waterloo Region: Exploring Dispersed Cultural Communities and Clustered Cultural Scenes in a Medium-Sized City Region", *Culture and Local Governance*, 2015, 5 (1-2), pp. 61-82.
③ Haunss, Sebastian, Darcy Leach, "Social Movement Scenes: Infrastructures of Opposition in Civil Society", in *Civil Societies and Social Movements: Potentials and Problems*, ed. Derrick Purdue, Routledge, 2007, pp. 71-87.
④ 原文为"A network of people who share a set of subcultural or countercultural beliefs, values, norms, and convictions as well as a network of physical spaces where members of that group are known to congregate"。

音乐和文化场景的视角类似，克雷萨普的场景概念强调参与者的互动，以及他们通过日常活动进行政治活动和"创造场景"（Make a Scene）的过程①。

类似地，利希特曼和埃利亚索夫针对愈加日常化的民事活动（Civic Action）提出了"场景风格"（Scene Style）的概念。场景风格代表着参与者如何在不同的场景下协调他们的行动，而在一个复杂、多方面的组织、项目或网络中可能同时存在着多样的"场景"和"风格"。克雷萨普认为过去的学者普遍忽略了场景对于运动本身重要的推动作用②。她认为社会运动的参与者们通过创造不同的场景来改变城市环境、社区社会结构和地方政治进程，在过程中进一步推动并改变着一场社会运动。同时，克雷萨普进一步构建了社会运动场景的理论框架，提出了三个维度：中心性（Centrality）、集中性（Concentration）和可见性（Visibility）。

总的来看，虽然国际场景文献的研究领域和对象是多样的，但它们有着重要的共性特点。比如，都强调了"场景"概念独特的互动性、动态性和包容性。相对于传统而相对僵化的亚文化和社区视角概念，场景被看作分析、理解并捕捉新兴的尤其是与青年群体相关的文化现象的关键视角，无论是流行音乐、青年文化还是社会运动。再比如，这些研究都把场景定义为特定的地点和场所，包括其中的设施和活动，以及其中文化习俗的表达方式。

这些观点也成为新芝加哥学派场景理论的重要基础。

不过反观三个主要领域的场景文献，几乎所有的作品都采用了定性的案例研究，其中，鲜有量化分析或是跨地区或国家的比较研究。另外，斯特劳和布鲁姆等人以来的场景文献整体上是发散性的，不同场景

---

① Creasap, Kimberly, "Social Movement Scenes: Place-Based Politics and Everyday Resistance", *Sociology Compass*, 2012, 6 (2), p.189.
② Creasap, K. A., *Making a Scene: Urban Landscapes, Gentrification, and Social Movements in Sweden*, Temple University Press, 2021.

研究领域之间学术交流有限，在一定程度上削弱了场景视角的内在活力和解释力。

新芝加哥学派城市研究者们提出的多维度、跨领域、整合性的场景视角在很大程度上弥补了国际场景文献发展中的不足。

二 场景理论的形成过程

新芝加哥学派场景研究的起源

特里·克拉克认为，新芝加哥学派场景研究始于《城市金钱：政治进程、财政紧张和紧缩》（*City Money*：*Political Processes*，*Fiscal Strain*，*and Retrenchment*，1983），因为该书首次明确地将文化和消费带入城市研究的视野[1]。合著者克拉克和弗格森（Ferguson）聚焦20世纪70年代美国大城市（如纽约、波士顿、克利夫兰）的财政危机，利用国家舆论研究中心（National Opinion Research Center，NORC）永续社区研究样本（Permanent Community Sample）中62座城市的数据，详尽地分析了城市财政问题的成因以及解决方案[2]。

相对于同时代的主流城市和政治研究，《城市金钱》在两个方面提出了具有颠覆性或革命性的观点。

第一，文化是城市发展和政策的重要因素。与当时受到广泛认可的观点相反，他们发现美国城市的财政压力与当地资源恶化指标的关联很弱，却更多地取决于政治决定。他们的分析表明，政治进程以及根本的政治文化对于财政政策的影响远高于不动产税、地理位置、人口下降、商业周期等因素。具体而言，市民和社会群体偏好越来越多地体现在四

---

[1] 特里·N. 克拉克，吴军：《新芝加哥学派领军人物克拉克访谈录》，多伦多，2018.7.8。此文献即本书附录1。

[2] Clark, Terry Nichols, Lorna C. Ferguson, *City Money*：*Political Processes, Fiscal Strain, and Retrenchment*, Columbia University Press, 1983.

种鲜明的"政治文化"上：新政民主党、种族民主党、共和党和新财政民粹主义（NFP），并且对财政政策产生了深远的影响。特别地，NFP 代表着城市领袖（如匹兹堡的市长 Peter Flaherty 或者英国新劳动党的领袖 Tony Blair）越来越多地从传统阶级政治（Class Politics）转向面对广大市民群体的需求，这也标志着一种新的政治文化。

第二，消费和舒适物是决定人才流动的重要因素。早期的人口迁徙和城市发展研究的相关文献的普遍性论点是，工作机会决定了人口流动，而仅有个别的学者如经济学家理查德·穆斯和迈克尔·格林伍德（Richard Muth and Michael Greenwood）等，探索了两者之间的相互作用[1]。在《城市金钱》第八章中，克拉克和弗格森首次记录了这个因果方向的逆转，即工作机会其实被人口流动所影响，而舒适物和公共决策对于个人的迁徙决定有着重要的影响。他们提出，与其试图将生产和消费分离为独立的或单向的因素，不如将它们视为共同构成（Co-constituting）的。也就是说，在人们选择一个城市的时候，他们会同时考虑工作和生活的两方面因素，尤其是消费和文化方面的需求与偏好。这表明，人们不仅仅是为了工作而迁徙，他们中的很多选择都与城市及其舒适性设施有关。在随后的 15 年中，越来越多的研究（如 Judd 和 Fainstein 1999 年的文章，Glaeser 2000 年的文章，Florida 2000 年的文章）陆续佐证了克拉克和弗格森的观点[2]。

将文化与消费推向城市研究前沿

继《城市金钱》之后，克拉克与霍夫曼·马丁诺（Hoffmann-Martinot）在《新政治文化》（*The New Political Culture*）中进一步研究了新政治文化在美国乃至世界范围的兴起，对其进行了更加精确的定义，并且用实证数据分析了其发展的特点。由于第一章已经介绍过新政

---

[1] Muth, R. F., "Migration: Chicken or Egg?", *Southern Economic Journal*, 1971, 37 (3), pp. 295-306.
[2] Judd, D., Fainstein, S., *The Tourist City*, Yale University Press, 1999.

治文化的内容，这里不再赘述。简单来说，相比于传统基于财政和地方庇护关系的党派政治（Party Politics）体系，"新政治文化"更加强调一种以社会问题和焦点为导向的城市政治（Issue Politics），聚焦市民日益多样化的价值观和文化生活需求[1]。他们对美国 25000 人口以上城市的市长进行了问卷调查，发现具有新政治文化特征的城市领导者，即积极响应市民的需求、注重娱乐和消费的领导者，在越来越多的城市中出现。

从某种意义上说，《新政治文化》可以被看作新芝加哥学派场景理论的重要基石之一，因为该研究明确地指出了场景的政治意义。具体来讲，后工业城市中娱乐、消费和文化的兴起不仅改变了个人公民的行为和生活方式，还深刻地影响了城市政治和公共决策领域。同样地，以文化与消费为导向的城市研究仅仅关注私人部门（Private Sector）的动态是不够的，因为城市也受到公共政策的推动，公共政策与私人决策相互渗透。城市领导者在后工业城市的转型中扮演了什么样的角色？关键是城市领导者开始认识到舒适物的重要性，并利用它们来吸引新居民。但是，他们中的哪些这样做了？为什么？结果如何？新芝加哥学派的城市学者们将这一系列关键的问题带入了城市研究的视野，而《新政治文化》正是提供了这些答案的开头。

如果说《新政治文化》为新芝加哥学派场景理论提供了关键的推动力，那么《作为娱乐机器的城市》（*City as an Entertainment Machine*，2004）则可以被看作场景理论的直接前身。一些同时代的城市学者已经开始关注舒适物（Amenities）对于城市发展的重要性，比如会议中心和旅游景点。格莱泽和佛罗里达进一步拓展了这方面的研究，发现消费舒适物和开放的人文环境是激发城市发展和竞争力的关键，不过他们分析的舒适物种类是非常有限的（如餐厅、歌剧院和对同性恋人群包

---

[1] Clark, T. N., Hoffmann-Martinot, V., *The New Political Culture*, Westview Press, 1998.

容性等）。

克拉克在《作为娱乐机器的城市》中开展了首个针对舒适物如何推动城市移民的大范围研究，其中分析了美国3111个区县的十余种舒适物以及1980～1990年和1990～2000年美国人口普查数据[1]。研究发现，舒适物较多地区的总人口增长的确更快，但是不同的群体被不同的舒适物所吸引或排斥。例如，年轻人口在拥有更多人造舒适物（如歌剧和果汁吧）的县增长较快，而老年人口在自然舒适物（山、湖、海滩等）更多的地区的增长较快。

《作为娱乐机器的城市》在两方面为新芝加哥学派场景理论提供了重要的经验和铺垫。一方面，克拉克首次使用来自美国黄页（Yellow Pages）和商业网站BIZZIP上的舒适物"大数据"。虽然文中仅对上百种人造舒适物中的9类进行回归分析，但是该研究为此类大数据的收集、合并以及分析提供了重要的经验。这一基础数据库也在后续场景研究（尤其是《场景：空间品质如何塑造社会生活》一书）中得到充分的开发和使用。

最终，场景的舒适物数据库从《作为娱乐机器的城市》中的3000个区县提升为40000个邮政区域，而舒适物的类别也增加到400余种。另外，克拉克对于舒适物的定义其实比较接近后来的"场景"。在传统经济学理论中，舒适物的定义更接近于"舒适性"（Amenity），指"没有明确价格的、非生产的公共产品或服务"[2]，而不包括私人的商业设施和服务（如餐厅、书店）。克拉克论证了私人舒适物其实具备重要的"公共产品"的性质，因为它们不仅服务了前来消费的人们，而且可以提升地方空间的文化美学特质以及其对于潜在消费者和流动人口的吸引力。

具体地，克拉克认为舒适物由4个部分组成：自然舒适物（如气

---

[1] Clark, T. N., *The City as an Entertainment Machine*, Lexington Books, 2003, Chapter 3.
[2] Clark, T. N., *The City as an Entertainment Machine*, Lexington Books, 2003, Chapter 3.

候，湿度、自然景观），人造舒适物（如图书馆、博物馆、星巴克、书店），社会经济构成和多样性（居民的收入和受教育程度），以及居民的价值观和态度（如友好、包容、个人主义）。可见，克拉克在《作为娱乐机器的城市》一书中对于舒适物的多维度理解已经超越了许多同时代学者，将其看作定义地方品质的关键因素，这与新芝加哥学派后续提出的作为舒适物集合的"场景"密不可分。该书强有力地证明了舒适物对于人口流动的影响，也在一定程度上为场景理论提供了先验的实证支持。的确，《场景：空间品质如何塑造社会生活》一书将舒适物称为"生活实践的平台"以及"欲望和偏好"的固化体现，成为"场景"定义中核心的组成部分[①]。舒适物数据则被称为"通向场景的窗户"（Window onto the Scene），成为场景的量化分析和区域比较的关键衡量因素。

从场景概念到场景理论

在接下来的十余年中，以克拉克为首的新芝加哥学派城市研究团队作为芝加哥大学文化政策中心"文化舒适物项目"（The Cultural Amenities Project）的成员，围绕"场景"的概念开展了深入的研究。这些研究围绕着一个具体的研究问题：舒适物——如歌剧院、艺术馆、餐馆等——如何以及为何影响社区和城市发展？他们发现，场景正是解决这个研究问题的答案。[②] 2010 年 7 月，丹尼尔·西尔、特里·克拉克和克莱门特·纳瓦罗（Clemente Navarro）在《社会力》（*Social Forces*）期刊上首次发表了新芝加哥学派场景理论的要义文章，题目为《场景：偶然性时代的社会情境》（Scenes：Social Context in an Age of Contingency）。

西尔等人在文中提出了一套基于场景的文化政策和城市研究方案以

---

① Silver, D. A., Clark, T. N., *Scenescapes*: *How Qualities of Place Shape Social Life*, The University of Chicago Press, 2016, Chapter 3.
② Silver, Daniel, Terry Nichols Clark, "The Power of Scenes", *Cultural Studies*, 2014, 29 (3), pp. 425-449.

及理论框架：他们首次提出了新芝加哥学派场景研究中"场景"的定义，构成了场景的 3 个主维度和 15 个子维度；同时，他们介绍了全新的舒适物数据库，可用于衡量和分析美国 4 万个邮政编码地区的每一个的场景和它们的维度，并且将其应用于一种独特的场景——"波希米亚场景"，来说明场景的研究框架，并分析其在更广泛的社会系统中的地位。

随后，安德森（Andersson）等人编著的《创意城市手册》(*Handbook of Creative Cities*, 2011) 收录了丹尼尔·西尔、特里·克拉克和克里斯托弗·格拉齐乌尔（Christopher Graziul）的关于场景与创意城市发展的论文，题目为《场景、创新和城市发展》(Scenes, Innovation and Urban Development)。文章系统地解读了场景对城市发展的重要性，准确地指出创造场景的重要变量，并说明场景如何影响经济发展的特定属性[①]。他们发现，魅力（Glamor）和传统（Tradition）与波希米亚场景一样，都可以刺激创新和增长，然而这种效果的强弱程度取决于区域的不同情境和场景维度组合。

专栏 3-2　《创意城市手册》

随着理查德·佛罗里达（Richard Florida）于 2002 年出版《创意阶层的崛起》(*The Rise of the Creative Class*)，创意城市成为城市政策制定者、规划师和经济学家们热议的新话题。佛罗里达提出了关于创意个体与城市环境关系的三个开创性理论之一。经济学家艾克·E. 安德森（Åke E. Andersson）和心理学家迪恩·西蒙顿（Dean Simonton）是这个"创意三人组"的其他两名成员。《创意城市手册》是佛罗里达、安德森和西蒙顿首次合作的成果。

---

① Silver D., Clark T N., Graziul Ch., "Scenes, innovation and urban development", *Handbook of Crative Cities*, ed. D. E. Anderson, A. E. Anderson, Ch. Mellander, Edward Elgar Publishing, 2011, pp. 229-258.

该书共有 26 个章节，分为 6 个部分，"基础"（Foundations）、"人"（People）、"网络"（Networks）、"规划"（Planning）、"市场"（Markets）和"前景"（Visions）。其中包括《创意人才需要创意城市》（Creative People Need Creative Cities）、《创意阶层范式》（The Creative Class Paradigm）、《场景、创新和城市发展》（Scenes, Innovation, and Urban Development）、《艺术：不仅仅是艺术家（反之亦然）》（The Arts: Not Just Artists, and Vice Versa）以及《创意城市之路》（A Roadmap for the Creative City）等文章。

学者们通过各种理论和实证工具进一步拓展了他们的见解。这些贡献的多样性反映了创意城市理论的多学科性质，涵盖了城市经济学、经济地理学、社会心理学、城市社会学和城市规划等多领域。而其所述的政策含义同样多样，涵盖了从自由主义到社会民主主义的愿景，涉及我们共同的创意和城市未来。

——摘编自《创意城市手册》前言

2014 年，丹尼尔·西尔在期刊 *Cambridge Journal of Regions, Economy and Society* 上发表了《美国的场景景观：舒适物、场景和当地生活的质量》一文。西尔运用囊括美国所有邮政区域和 500 余种舒适物的数据库，介绍了美国场景在国家、地区、城市和邻里层面上的特征，概述了不同舒适物的类型以及它们背后的价值的区域差异。研究发现，具有强烈自我表达维度的场景促进了区域的增长和创新，同时也会增强技术集群的经济影响。

随后，在 2014 年 *Cultural Studies* 期刊的"场景思维"特刊中，西尔和克拉克发表了《场景力量》（Power of Scenes）一文。在进一步介绍新芝加哥学派场景理论的同时，他们与其他重要的国际场景流派进行对话，并且揭示了某些类型的场景是如何为新社会运动（New Social Movement）组织（如环境团体等）的发展提供环境的。

同年，克拉克与19位来自法国、西班牙、葡萄牙、韩国、日本和中国的国际场景团队成员合著了《托克维尔能唱卡拉OK吗？公民参与、艺术和发展的全球对比》（*Can Tocqueville Karaoke? Global Contrasts of Citizen Participation, the Arts and Development*）。这本书以场景为基础研究框架，整合各国场景团队的最新研究成果，论述了文化和艺术如何影响公民参与和经济发展。书中提出了蜂鸣理论（A Theory of Buzz），并且首次展示了对比首尔、东京和芝加哥场景数据的国际比较研究。

最后，《场景：空间品质如何塑造社会生活》（*Scenescapes: How Qualities of Place Shape Social Life*）于2016年由芝加哥大学出版社出版。这本著作提炼并整合了关于美国和加拿大的全部场景研究成果，也宣告着新芝加哥学派场景理论正式进入国际学术研究的主流视野，同时标志着新一代国际场景研究的开端。

从舒适物到《场景》

场景视角将人文意义与社会科学概念和方法相融合。如《场景》一书谈到的，各种舒适物的混合为我们提供了一个窗口，可以看到一个地方的文化和美学意义。因此，场景视角的重要进展就是不再限于观察单一的舒适物，比如电影院或博物馆，而是研究不同舒适物组合的意义，比如咖啡馆和博物馆与咖啡馆和舞厅或舞厅、咖啡馆和博物馆组合间的区别。

但是，如何描述这些组合的意义呢？大约在2004年，克拉克与芝加哥大学比较文学系教授兼哈里斯公共政策学院文化政策中心学术主任劳伦斯·罗斯菲尔德（Lawrence Rothfield）启动了文化舒适物项目（Cultural Amenities Project）来研究这些问题。丹尼尔·西尔作为研究助理加入了该项目。当时，西尔在芝加哥大学社会思想委员会（The Committee on Social Thought）攻读博士学位，这是一个非学科性质（Non-disciplinary）且广泛涵盖哲学、文学、古典文化和政治理论等领域的项目。在那里，他的导师是德国社会理论家汉斯·乔斯（Hans Joas）和芝加哥大学社会学家唐纳德·莱文（Donald Levine），二人曾共同教授关于实用主义、帕森斯、行动理论和齐美尔的课程。出于对艺术和美学以及波德莱尔著作的兴趣，西尔加入了文化舒适物项目，因为该项目提供了一种将古典理论和思想应用于当下社会观察的方式。他是芝加哥爵士乐场景的常客，而且曾经接受过古典小提琴的训练，并且在旧金山湾区的爵士、放克和重金属乐队中演奏。

虽然文化舒适物项目的早期工作主要涉及收集和评估舒适物数据库，但克拉克当时就已经认识到舒适物组合和更广泛意义的重要性。他传阅了一份备忘录，其中提出了场景的概念并列举了一些示例，如"贝克的蜂鸣"（以经济学家加里·贝克命名）、"黑即是美"（20世纪70年代黑人权利运动的口号）、"都市性"（各种不同的文化选择，比如僧侣的圣歌和现代舞蹈）和"宇宙"（各种的选择融合，比如僧侣们一边唱圣歌，一边跳现代舞蹈）。这些示例使场景概念变得更加具体和系统化，但克拉克希望进一步分解这些示例和场景概念，以构建的更普遍的分析维度。他将这一重任交给了西尔。几周后，西尔就提出了场景理论核心分析维度的第一个版本。

在场景框架中的许多分析维度来自西尔在哲学、美学和社会理论方面的研究。例如，戏剧性、迷人、越轨和爱炫来自他对波德莱尔和加拿大哲学家查尔斯·泰勒（Charles Taylor）的研究；真实性和自我表达来自德国浪漫主义；合法性、领袖魅力和实用主义来自马克斯·韦伯；平等主义来自康德。通过与克拉克、罗斯菲尔德和其他合作者的对话，尤其是与来自西班牙的访问学者克莱门特·纳瓦罗（Clemente Navarro）的合作，这些维度被不断完善。由此产生的场景理论将古典思想中的"真、善、美"融入现代社会科学。合法性代表了一个地方的活动和舒适物的好与坏；戏剧性试图捕捉它们的美感；真实性则关注它们究竟真实与否。将美感/戏剧性融入核心分析框架，这种做法与许多过去的社会学理论形成鲜明对比，后者往往优先考虑合法性/道德或真理/真实性，正如约翰·利维·马丁（另一位芝加哥学者）所展示的。这也是为什么场景理论既有趣又与其他社会科学方法截然不同，而有时似乎超出了被普遍接受的学术边界，因为它突出了来自戏剧性和美学的观念，如迷人、爱炫和自我表达。

克拉克在鼓励团队进行广泛的理论讨论的同时，也推动我们寻找创造性的方法来衡量它们。他鼓励西尔学习基本的统计学和社会研究方法。西尔并未在这些领域经过正式的学术训练，但克拉克也没有。他们对任何有助于观察和检验这些想法的方法，都持学习和开放的态度，这种态度一直是场景项目的标志。西尔从 YouTube 视频、在线课程、大量的尝试和错误中继续学习更复杂的研究方法和编程语言，而芝大的同事们也提供了重要的帮助。

基于并超越场景框架

尽管这一系列研究随着《场景》一书的问世而收尾，但这不仅是一个终点，更是一个起点。毫无疑问，西尔继续致力于扩展场景框架和分析，其中许多相关研究在其他章节中都有讨论。特别是构建场景演化的多模型分析方法，使用新的数据来源扩大场景研究的比较范围，将场景视为人、思想、金钱和其他象征性资源（如权力和蜂鸣）流动的互联网络，并制定更丰富的研究方法，不仅研究场景本身，还研究它们产生或缺乏的"蜂鸣"（Buzz）。

与此同时，西尔继续秉承场景研究的核心原则开展相关研究，深化对场景思想背后的关键学术人物的理解，或扩展场景研究的基本分析原则。这些研究主题通常始于个人兴趣和观察或者偶然出现的良机。例如，与哲学相比，社会学最标志性的特点是大量的表格、图表和图示。可视化对于社会学理论的含义和重要性是什么？西尔与合作者在一系列论文中探讨了这个问题，将其与视觉表现的美学理论和实用主义的符号学理论联系起来。该研究指出，社会学家虽然使用多种视觉表达形式，却不具备强大的"视觉文化"，即无法像对待文本一样给予视觉元素同等程度的重视①。因此，社会学家就像职业小说家兼业余画家。在一定程度上，《场景》一书也是一种修辞实验，试图淡化学术出版物标准的线性叙述风格，其中许多可视化元素和对"专栏"的俏皮运用都给这一研究方向带来启发。

社会学对几个经典学者如此重视，特别是马克思、韦伯和涂尔干，这往往让许多圈外人感到惊讶。《场景》在一定程度上延续了这一特点，因为其分析维度和整个研究项目都站在这些学术巨人的肩膀上，或是基于对他们的挑战。但是，为什么这些学者拥有如此权威性的地位？为什么一些学术领域是围绕一组经典著作组织起来的？新芝加哥学派场景研究最重要的特征之一，就是它不仅停留在纯抽象的理论构想中，还试图寻找将看似虚无缥缈的思想具象化并采用实证和可检验的假设来评估它们的方法。西尔与合作者通过一系列论文，将这一原则应用于社会学理论本身。他们将社会学理论本身视为一种社会建制，通过收集加拿大、美国、德国和法国的大量课程大纲和教材，研究其跨国际背景之间存在的重要的共性（韦伯、马克思和涂尔干在所有背景中都占有中心地位）和差异（英语国家的社会学采用更具情境主义的方法，将理论置于特定时代和地点情境中，而德国更偏向人文主义；法语国家的社会学以巴黎为中心，且女性学者较少，而在美国和加拿大，女性学者和相关研究主题都明显更多）②。类似的思路启发了一项重要的综述。具体

---

① Brett Gordon, Daniel Silver, Kaspar Beelen, "The Right Tool for the Job: Problems and Solutions in Visualizing Sociological Theory", *Journal for the Theory of Social Behaviour*, 2020, 50 (2), pp. 223-248.

② Guzman Cinthya, Daniel Silver, "The Institution of Sociological Theory in Canada", *Canadian Review of Sociology*, 2018, 55 (1), pp. 9-39. Silver, Daniel, Cinthya Guzman, Sébastien Parker, Lars Döpking, "The Rhetoric of the Canon: Functional, Historicist, and Humanist Justifications." *The American Sociologist*, 2022, 53 (3), pp. 287-313. Guzman, Cinthya, Daniel Silver, Lars Döpking, Lukas Underwood, Sébastien Parker, "Toward a Historical Sociology of Canonization: Comparing the Development of Sociological Theory in the English, German, and French Language Contexts since the 1950s", *European Journal of Sociology*, 2023, 64 (2), pp. 259-302.

地，布洛齐（Broćić）和西尔基于唐纳德·莱文过去的研究，探讨了齐美尔（他本人是芝加哥社会学的主要灵感来源）对美国社会学的影响，并且运用了新颖的计算方法（Computational Approach），以一系列引文网络的形式组织该综述①。

这些研究方向是反思性的，因为它们将社会学思维和实践作为社会学研究的主题，并且使用了西尔在场景项目中学到的许多相同工具。同时，场景项目启动了许多社区、地方政治和艺术等方面的研究。多伦多往往是这些灵感的来源，但场景视角中的比较、情境性、偶然性和复杂性原则都至关重要。因此，西尔，扎克·泰勒（Zack Taylor）和扬·杜林（Jan Doering）合作，建立了芝加哥、多伦多和伦敦市长选举的历史数据库②。该研究对"地方政治"进行了新颖的分析和概念化，将其定义为：团体利益（如种族、宗教、阶级等）；地点利益（由当地舒适物支持的生活方式和场景）；位置利益（如靠近或远离市中心）。这一框架不仅融合了新芝加哥学派和早期芝加哥学派的关键思想，还揭示了三个城市间有趣的差异。例如，团体利益在芝加哥占主导地位，但在多伦多和伦敦却不那么重要。在多伦多，地点和位置要重要得多：与市中心距离相似的社区，以及那些拥有相似舒适物的社区，无论其收入或种族构成如何，投票结果都惊人地相似。

西尔、泰勒和费尔南多·卡尔德龙-菲格罗亚（Fernando Calderon-Figueroa）进一步研究了多伦多的地方政治动态，聚焦罗布·福特（Rob Ford）市长③。在与当地黑帮成员一起吸食可卡因的视频曝光后，福特成了国际瞩目的焦点，随后还在吉米·坎摩尔（Jimmy Kimmel）深

---

① Broćić, Miloš, Daniel Silver, "The Influence of Simmel on American Sociology Since 1975", *Annual Review of Sociology*, 2021, 47, pp. 87-108.
② Doering, Jan, Daniel Silver, Zack Taylor, "The Spatial Articulation of Urban Political Cleavages", *Urban Affairs Review*, 2021, 57（4）, pp. 911-951.
③ Silver, Daniel, Zack Taylor, Fernando Calderón-Figueroa, "Populism in the City: The Case of Ford Nation", *International Journal of Politics, Culture, and Society* 33 (2020): pp. 1-21.

夜脱口秀中亮相。福特与多伦多领导者温和谦逊，致力于和平、秩序和善政的传统形象背道而驰，并在当地和国际媒体上引发了大量讨论。西尔等人试图透过新闻头条的表象，在民粹主义领导者兴起的全球背景下理解福特成功的基础。福特的崛起之所以如此有趣而令人费解，首先是因为它发生在多伦多这样一个大型、多元化、国际化的城市，而近年来的其他民粹主义潮流则集中在远离市中心的地区。同样有趣的是，福特避免了反移民的言论。事实上，他的支持者大部分来自多伦多郊区的非白人移民社区，而他的反对者大多是市中心的"创意阶层"。这项研究调整了试图在国家层面研究民粹主义动态的框架，以适应地方市政情境研究，并展示了福特是如何通过当地广播节目、后院烧烤聚会和个人形象来营造一种真实感并与支持者建立联系的。在这里，我们再次看到场景概念——真实性、表现性和戏剧性——如何融入相关但又不同的研究，这些研究往往源于具有更广泛意义而且有趣的当地事件。

类似地，一项关于"社会问题空间化的困境"（Dilemmas of Spatializing Social Issues）的研究融合了新老芝加哥学派的视角[①]。政策研究经常担心针对性社会政策的"外部性"（Externality）和意外后果，如"激励扭曲"（设定低保标准鼓励人们继续从事低收入工作）或"污名化"（接受食品券等福利会让居民感到不被尊重）。诺贝尔经济学奖得主阿马蒂亚·森（Amartya Sen）将这些困境编码化，鼓励人们不要将其视为放弃政策目标的理由，而是作为可预测的问题纳入政策设计和评估过程。然而，迄今为止，这种方法很少被纳入空间和地理政策，尤其是在创建有针对性的特殊福利区方面，如社区赋权区（Neighborhood Empowerment Zones）等。

卡尔德龙-菲格罗亚（Calderón-Figueroa）和西尔开发了一种理论渠道，将森的外部性思想应用于针对性空间政策的案例分析，然后研究

[①] Calderón-Figueroa, Fernando A., Daniel Silver, Olimpia Bidian, "The Dilemmas of Spatializing Social Issues", *Socius* 2022, 8, doi: 237802312211 03059.

了多伦多的"优先社区计划"(Priority Neighborhood Program)① 中的三个具体外部性问题。该计划是根据早期芝加哥学派的原则设计的：如果整个邻里区域的一些指标平均水平达到一定阈值，那么无论其内部多样性如何，都将被指定为"优先社区"。然而，卡尔德龙-菲格罗亚和西尔指出，同质化的指定标准掩盖了邻里区域内存在的巨大差异，产生了"信息扭曲"：许多被选中的社区覆盖了大量高收入和中等收入地区，而未被选中的社区包含了许多低收入地区。此外，这种一刀切的指定标准同样产生了激励扭曲，降低了在该地区进行投资的动力。最后，新闻报道和居民访谈揭示了一种污名效应。一方面，居民抱怨仅仅因为居住在优先社区就被贴上"贫困""暴力"的标签；另一方面，即使在撤销优先社区并且犯罪率大幅下降多年后，有些地区仍然被称为"糟糕"的"优先社区"。

该研究体现了一些芝加哥学派原则的融合。著名的"托马斯定理"，(即"如果人们把情况定义为真实的，那么在结果上它们也是真实的") 与早期芝加哥的地图传统相结合，将不同的异质化地区标记为相同的，而这种标记产生了真实的结果。与此同时，新芝加哥学派原则强调重要的情境差异，从而开辟了一种更灵活的政策模式。场景分析同样明确地处理了"生态谬误"(Ecological Fallacy)，即地理/生态单元之间的关系不一定适用于其中的个体，例如街区的平均收入差异不适用于个体的收入差异。该谬误早在半个多世纪前就被指出，但是今天的许多研究和政策仍然忽视它。20 世纪末，芝加哥学者在新老芝加哥学派方法上存在分歧。哥伦比亚大学的默顿(Merton) 和拉扎斯费尔德(Lazarsfeld) 的学生深知这些意外后果，并制订了许多替代方案来避免这些后果。最重要的是从一开始就认识到潜在的谬误，并在研究设计和政策影响方面加以考虑，再设法监测/测量这些后果。最著名且最具争议的案例，就是将低收入黑人学生送到中等收入白人学校的意外后果，

---

① 该计划根据一组社会经济、健康和犯罪指标，指定某些社区获得额外的资金和服务。

导致白人家庭搬到另一个学区或城市，从而增强而不是减少了种族隔离，因此完全违背了政策的意图。詹姆斯·科尔曼（James Coleman）在芝加哥大学与克拉克一起授课时展示了这些结果。结果，他遭到美国社会学协会的广泛批评，并且以"种族主义"为由被逐出协会。可见，芝加哥学派研究是"高风险"的命题。

《场景》的核心理论原则之一是偶然性：没有固定和确定的根本原因，只有随时间和地点变化一系列相关联的原因。同样的舒适物可以在不同的情境中产生不同的意义，这取决于人们如何使用它。《场景》的第七章试图展示这些思想的政策意义，鼓励政策制定者将偶然性、创造性和比较的精神引入实践中。

研究也是如此，它可以始于一个意义，并通过与其他人的互动获得更多的意义。西尔在公共艺术政策方面的研究就是很好的例证。该研究源于《场景》第七章的愿景，其目标是鼓励多伦多市采取更广泛的视角来看待公共艺术的意义，不再局限于大型雕塑艺术。当然，雕塑也很重要，但当它们与更多不同的艺术选择相结合时，将变得更有意义。为此，西尔等人收集了全球 25 个大城市的公共艺术政策文件，涵盖了该类政策的整个历史。这为多伦多的政策提供了背景，帮助城市官员制定了新的公共艺术政策，并启发了一系列以"公共艺术年"（Year of Public Art）为主题的重大公共艺术项目。

这项政策工作也是与诺加·凯达尔（Noga Keidar）合作的一系列重要研究的起点。凯达尔和西尔将政策文件作为数据库，开发了一个新的理论框架，用于理解本地政策模型在城市间传播过程中形成的"思想空间"（Space of Ideas）①。他们提出该空间的三个主要维度：尺度（城市、地区、国家等）、时间（政策采纳的时间）、位置（城市在国际经济和文化阶梯中的地位，以及城市中推动政策的机构的位置）。一项后

---

① Keidar, Noga, Daniel Silver, "The Space of Ideas: Public art Policy and the Concept of Urban Model Spaces", *Journal of Urban Affairs* 46.1 (2024): pp.196-219.

续研究以城市为单位，发现不同城市以独特的本地化方式组合不同的政策思想，而这种组合方式本身也存在规律①。

总体而言，加拿大城市（尤其是多伦多）主要以"创造性的场所营造"为特色，而美国东北部的大城市则侧重于"公平"的理念。该课题的最新研究提出了"城市参考网络"（Urban Reference Network）的概念，分析不同城市在不同程度上、以不同方式进行的互相关注、借鉴②。有些城市成为其他城市制定政策时所关注的参照标准。这一系列研究秉承了场景计划的重要原则，即对一个看似不易捉摸的想法进行衡量，并检验关于其基础的假设。同样，该研究与场景之间的联系是显而易见的，既涉及全球比较的视角，又不止步于比较，而是剖析本地行动者通过观察和借鉴他人来积极修改自身的思维和行为，反之亦然。

场景视角下的偶然性和情境性同样体现在西尔在音乐方面的研究中。西尔在芝加哥大学攻读博士学位时，曾参与撰写了一份名为《芝加哥：音乐之城》的政策报告③。这项研究在当时很新颖，因为它使用了"大数据"：当时互联网上最受欢迎的网站 MySpace 上的乐队列表。这些数据在西尔的计算机上保存了多年，他会不时在美国社会学协会会议和其他场合向同事提到它。在其中一次会议上，莫妮卡·李（Monica Lee）（芝加哥大学博士，后来在 Facebook 工作）对该数据产生了兴趣，并开发了一种方法来衡量约 300 万名音乐家的"常规性"（Conventionality），基于他们演奏的音乐类型的混合。比如，摇滚和节奏蓝调的混合是常规的，而歌剧、电子乐和重金属的混合是非常规的。随后，克莱顿·切尔德雷斯（Clayton Childress）将这个想法与文化社会

---

① Keidar, Noga, Daniel Silver. "Urban Policy Assemblage: Outcomes and Processes of Public art Policy Assemblage", *Cities*, 138, 2023.
② Keidar, Noga, Daniel Silver, "Mapping Policy Pathways: Urban Referencing Networks in Public Art Policies." *Urban Studies*, 2023.
③ Rothfield, Lawrence, Don Coursey, Sarah Lee, Daniel Silver, Wendy Norris, Tim Hotze, "Chicago Music City: A Report on the Music Industry in Chicago", *Cultural Policy Center at the University of Chicago*, 2006.

学和相关领域的核心辩论联系起来，探讨了常规性与流行性之间的关系。西尔等人没有止步于简单的线性关系，即反常规的做法会导致更少（或更多）的成功，而是通过一套理论图示来说明这种关系的形式因情境而异。然而，模拟这种非线性过程非常复杂，尤其是在数据如此之多的情况下，这超出了西尔等人的能力。亚当·斯莱兹（Adam Slez）和法比奥·迪亚斯（Fabio Dias）随后加入，建立了复杂的统计和计算模型来评估并展示这些想法。与场景计划一样，没有人可以独自完成所有工作。最终，该研究的成果于2022年发表在《美国社会学期刊》上[1]。这是偶然性的另一个例子：你永远不知道一个想法或数据库会在何时何地发光。

场景思维持续影响着西尔的相关研究。他与计算机科学家马克·福克斯（Mark Fox）、经济地理学家帕特里克·阿德勒（Patrick Adler）、计算机科学家蒂亚戈·席尔瓦（Thiago Silva）和建筑规划师罗布·赖特（Rob Wright）等人合作，开发城市和社会演化研究的新方法，作为"城市基因组计划"（Urban Genome Project）的一部分。这是一项对过去进化理论和当代文化演进理论的深入研究，以及与当代进化和生态生物学家的密切对话和合作——非常符合早期芝加哥学派标志性的生态学和演化概念。然而，这些概念本身也在演化中，并且指出了传统理论的局限，即一种近乎决定性的，通过阶段、竞争或基因决定论的演化方式。

三 场景理论的思想来源

马克思主义（Marxism）

马克思定义的理想典型类型时期（Historical Ideal-typical Periods）是一种经典的情境分类，根据生产力与生产方式的关系，他把人类社会发

---

[1] Silver, Daniel, Clayton Childress, Monica Lee, Adam Slez, Fabio Dias, "Balancing Categorical Conventionality in Music", *American Journal of Sociology* 128, no. 1 2022: pp. 224-286.

展阶段划分为奴隶社会、封建社会、资本主义社会和共产主义社会。将历史定义为社会和文化形式的转变,这一想法大体上受到了黑格尔的启发。像马克思和黑格尔一样,场景分析强调任何特定活动发生的社会和文化情境。不断变化的情境重新配置了社会的许多先前组成部分。这种宏观视角为许多问题提供了广泛的假设,例如,社会主义城市规划如何以及为什么将工人住房安置在工厂或工作单位附近。城市规划者将工业生产视为社会生活的中心,并试图围绕这一宏观视野重新组织日常活动。中国改革开放后,社会主义市场经济蓬勃发展,新住房结构、类型和空间不断扩展,以适应不同消费群体的具体需求,与西方尤其是美国的个人主义相比,平等主义在中国城市规划和整体视角中依然比较显著。

除此之外,场景视角还会强调,在 20 世纪末和 21 世纪的中国,除了具有高度多样化的住房外,地方政府和市民都有独特的住房偏好和决策过程。同样,在传统的马克思主义阶级分析中融入了更广泛的"中产阶层"观念,而不是简单地仅仅强调资产阶级或无产阶级的社会分类。除了资本和生产领域的投资,作为消费者的公民已经普遍成为现代经济主体的推动力量,这些经济主体生产汽车、鞋子、电脑和开设各种类型的餐馆,以回应人们复杂的品位和需求。以宏大的整体性观念建造大型文化园区,这种做法源自规划/社会主义的视角,无论是由国家还是私人推动的,而场景视角保持了这种整体观念。瓦尔特·本雅明(Walter Benjamin)是一位批判理论家,他将传统的马克思主义思想与现代消费因素联系起来,如购物者、巴黎拱廊的"闲逛者"(Flaneur)等。他的分析预见了百货商店、购物中心和在线购物的发展,这些消费方式都源于消费因素的细微差别,并非传统的生产因素。场景研究批判性地将本雅明的这一思想延伸到当代社会科学中。

马克斯·韦伯(Max Weber)

场景理论的一些具体维度直接借鉴了马克斯·韦伯的合法性类

别，如领袖魅力、传统性、理性主义和功利主义。但场景理论增加了更多历史上显著的维度，如平等主义、迷人魅力和自我表达，它们随着教育、收入、知识的增加以及更多的生活、娱乐和科技选择的兴起而变得愈加重要。

类似地，场景理论借鉴了韦伯所强调的多维性、多因果关系，并且避免使用种族主义、意识形态或教条主义等单一因素论断。尽管如此，场景分析强调这些因素可能继续有效，但它们变得更加微妙，甚至可能结成数十种机制，这些机制重叠并具有不同的结合效果。随着知识的演化，社会关系中因果或组合过程的范围和微妙性逐渐增加。因此，考虑社会过程背后一系列潜在的、更广泛的因素更加重要，如美学和生活方式，同时补充或重构以往更为经典的主导思想，如福特主义、晚期资本主义和政治经济学等。这些经典过程在某些时间和地点，尤其是在生活成本较低且存在大量相似和简单商品（如同质化的衣服和食物）的地区，尚有其一席之地，但在许多情况下恰恰相反。随着移民的增加，特别是在欧洲，例如近年来，德国和荷兰的穆斯林人口急剧增长。多元文化主义是一个新的强大的政策标签，多样性是北美、西欧和其他地方的严肃目标，促进了更加复杂和多样的音乐、美学和生活方式。艺术家和设计师、娱乐和宗教意见领袖甚至政府公务员和企业员工的职责都被辩论和重新设计，有时通过招聘配额和官方条例得到更广泛、更深入的更改。但在其他机构中，面对多元的文化和生活方式，有魅力的领导者依然吸引了庞大的粉丝群体。

场景研究还遵循韦伯明确关注的构建跨国家和地区差异的研究方法，比如他针对中国、印度和犹太宗教文化的对比研究[①]。这些里程碑式的研究展示了如何将抽象的概念与非常具体的物质和历史细节相结合，如马、战车、车轮、火车、汽车、自行车或高速公路以及互联网和

---

① 参见 "The Social Psychology of the World Religions", "Religious Rejections of the World and Their Directions", in H. H. Gerth and C. Wright Mills, eds., *From Max Weber: Essays in Sociology*, Routledge, 1946.

媒体活动家的重要性，这些因素共同作用于改变街区、城市和国家，使它们带来新的、不同的体验。这些概念和动力的重要性迅速凸显，因此其新的组合使场景比过去更加关键。

塔尔科特·帕森斯（Talcott Parsons）

帕森斯在20世纪30年代的专著中综合了欧洲社会学理论传统，尤其是马克斯·韦伯和埃米尔·涂尔干（Emile Durkheim）。但他明确指出了这些理论的局限性，以构建一套更全面而清晰的分析框架。他使用复杂的标签和精确的细节，但核心思想是创造一个可称为行为理论（Theory of Action）的独创综合框架，从而克服大多数以往社会行为理论中缺失的关键组成部分。表3-1中的术语强调行动者（Actor）如何追求他们选择的目标（Ends）。他们能控制实现目标的手段（Means），但无法控制条件（Condition），即限制因素（如物理环境和遗传）。规范（Norms）是社会定义的行为标准，包括对与错，如红灯时要停车。功利主义（Utilitarianism）和达尔文主义（Darwinism）是19世纪英国和北美大众和社会科学家广泛共享的一般观点。社会学主义（Sociologism）暗示社会决定个体的行动方式，如埃米尔·涂尔干偶尔的纲领性论断。唯心主义（Idealism）的经典代表黑格尔，强调文明的核心理想，宗教通常是中心。以唯心主义为例，表中手段和条件由0表示的，意味着是相对于目的和规范被淡化的物质因素。最后一行展示了帕森斯的"唯意志行动论"，指出以上过去观点的局限性，并试图通过结合此表中列出的五个因素来克服这些局限性，这些因素可能驱动并解释人们的思考和行为方式。例如，行为主义（Behaviorism）这个术语在心理学、经济学和政治学中被广泛使用，强调的不是人们想要什么或为什么，而是直接观察他们的行为，比如过马路时闯红灯。帕森斯的原著冗长且复杂，并没有使用类似于这里的总结性图表。帕森斯在其一生中改变了写作风格，出版了更清晰和具体的著作，例如在《社会系统》（*The*

Social System)① 中加入了许多由拉扎斯菲尔德（Lazarsfeld）开创的四格表。

表 3-1　帕森斯社会行动理论的组成部分

	行动者 （Actor）	目的 （Ends）	手段 （Means）	条件 （Conditions）	规范 （Norms）
1. 功利主义（Utilitarianism）	+	0	+	+	0
2. 达尔文/斯金纳（Darwin/Skinner）	+	0	0	+	0
3. 社会学主义（Sociologism）	+	+	0	+	+
4. 唯心主义（Idealism）	+	+	0	0	+
5. 唯意志行动论（Voluntaristic Theory of Action）	+	+	+	+	+

注：本表由作者整理。帕森斯使用更抽象的术语，如用"理性反智的个人实证主义"（Rational Anti-intellectual Individualistic Positivism）来指代社会达尔文主义。

帕森斯于 1950 年在哈佛大学创建了社会关系系（Department of Social Relations），将人类学、心理学和社会学等多个独立学科结合在一起。这一更广泛的组合和领域的创立伴随着《关于一般行动理论》（*Toward a General Theory of Action*）② 一书的出版，由帕森斯和爱德华·希尔斯（Edward Shils）主编，由九人合著。书中的重要观点之一是文化、社会系统和个性是相互关联的过程，而忽略其中任何一个都是不完整的。帕森斯扩展了这种对于相互关系的互动和加强的分析，在关于权力、大学、医院等主题的具体著作中进一步阐明并详细描述类似的过程。帕森斯经常与其他领域的顶尖专家合作，力求构建能够结合启发性新思想的分析桥梁。例如，他从麻省理工学院的物理学家那里引入了系统分析（Systems Analysis）的思想，将不同组成部分结合成一个更大的综合系统。

---

① Parsons, Talcott. *The Social System*, Free Press, 1951.
② Parsons, Talcott, Edward A. Shils, eds., *Toward a General Theory of Action*, Harvard University Press, 1951.

将不同组成部分组合成为更广泛的整体，这是我们在构建场景理论时经常采取的分析步骤。场景理论并非从帕森斯那里提取的任何单一的结果或概念，而是从他雄心勃勃的专著中寻找灵感，并且创造性地将其与其他出色的思想关联。例如，通过剖析美国顶尖政治学家罗伯特·达尔（Robert Dahl）使用的基本术语"权力"，帕森斯指出达尔的观点过于狭隘。达尔的观点是，权力导致 A 做出不同的事情，因为 B 要求 A 这样做。帕森斯指出，这假定了权力是零和游戏，将权力的总量视为固定的。然而，A 和 B 可能寻求合作，而两者合作形成的"系统性"团队可以给双方带来更好的结果和更大的权力，某种程度上，有时是双赢的。因此，权力可以被提升为系统属性，如国家经济，并与通货膨胀或萧条等概念联系起来，其中信任或对领导者未来信心的提升可以改变整个系统的结果。场景分析经常采用类似的方法，试图寻找重新构建问题的方式，使其对所有人来说都更易处理或更具成效。

从达尔文进化论到社会演变模型的构建

社会学家严肃地采用达尔文进化论的生物学隐喻，探究了作为适应（Adaptation）的催化剂的人类在部落、城市或国家中的广泛竞争。这一中心主题影响了 19 世纪末赫伯特·斯宾塞（Herbert Spencer）和 20 世纪 20 年代芝加哥学派的思想。适应、入侵、选择、竞争、生态位、遗传和进化进程等概念最初被应用于动物，而动物无法使用明确的概念。早期达尔文主义认为，物种的进化可归因于无法适应环境的物种在竞争中被淘汰。

然而到了 20 世纪末，理论家们开始将一些思考和选择的过程纳入对于简单动物和人类的研究中。在心理学中，不同于斯金纳（Skinner）在 20 世纪中期强调的在盒子里研究小白鼠，认知心理学专注于对更复杂的思维型决策进行整理。同样，将 DNA 等概念提炼为信息链，与对人体微观成分的研究相结合，如对肠道中数千种特定类型的生物/化学元素的研究。这些适应性元素已超越了作为人类行为的两种相互冲突原因的传统的遗传与环境类别，催生了更多连续互动的新模型。

类似于进化理论，场景分析试图融合而不是取代不断进化的细微知识块。但像生物学的组成部分一样，场景分析试图编纂游戏规则，这些规则建立在不同过程和制度结构（如家庭）以及实在物（如街道和衣服）相结合的基础上，并将其与艺术美学等新准则相结合。这些因素可能部分地被定义为短暂的社会风尚，但也允许个体寻找独特的组合。波德莱尔将现代主义描述为不断努力转变社会品位的过程，其中少数创新领袖和许多其他人可能会跟随、适应或忽视特定类型的衣服、食物或假期模式，作为更普遍休闲时间和活动模式的一部分。

政府规划者、建筑师和规划师可以使用场景理论来增强过去城市和工作的物理结构，并添加新的休闲活动，如文化旅游。然而，他们可能仍然围绕传统的生物学概念（如竞争和环境压力），通过市场、规则或区划规定来构建官方计划。与此同时，文化符号与新技术的结合可以在微妙品位的基础上产生情感承诺，超越传统的物质主义和生物基本需求。

具体来说，使用整体性的场景概念，类似于增加思考、文化、品位和选择，但与物理结构相联系，以实现特殊的规划目标，如倡导步行、减少空气和废物污染、修建高楼以提高城市密度或减少旅行和交通成本。可以将家庭、儿童或老年人的具体偏好明确纳入规划实践中，作为创造各种场景的实验，这些场景可能会随着居民和官员的采纳和维护而繁衍和扩散。

科学始于比较，包括历史。《场景》明确地忽略了许多场景动态，如场景的来源或变化，而侧重于场景对区域发展的影响。近年来，这一点发生了变化，特别是通过关注亚洲更加积极的政府规划。请参考以下关于模拟场景发展的全球例证：（1）这种动态的早期简化版本可能被广泛地框定为理性或有意识的，但尚未被编纂，如罗马法律或加尔文神学；（2）在某些情况下，一些场景出现的动态被明确地以视觉或图形的形式连接到场景中，甚至可能由建筑师/规划师设计，正如一些古老地图中所展示的；（3）其他场景动态更像是共享统计相似性的关联变量，或类似于北方地域特征的全球接近性，或某个特定城市的独特历史。但它们共享的成分可能仅源于半随机的生态接近性，该接近性进一步导致竞争或合作；（4）几个世纪以来，意大利内部的主要地域差异一直持续存在，北部地区与北方的欧洲其他地区联系紧密，而诺曼征服（Norman Conquest）后的大部分南部地区则保持封闭。通过贸易紧密连接的城市和地区，如中国和意大利文艺复兴时期的沿海城市，对全球产生了巨大的文化影响。

品位与美学

"场景"一词激发了艺术或美学的视角，比如戏剧舞台上的演员如何成为场景的一部分。场景包括许多视觉细节以及它们相互关联的方式，就像一张照片。它是否吸引人？适合谁的品位？历史上的少数精英群体强调基于敏锐的审美标准的优雅品位。20世纪末出现了大量的互联网"观众"、人群和公众。即使是低收入的青年也以流行和嘻哈音乐迷来定义个人身份。新主题常常在社交媒体上被提及并且迅速传播，尤其是在政客或企业家发现其潜在的市场利基的时候。例如，我们可以分析社交媒体上关于文化园区的评论，并统计"酷炫""惊艳""激励""令人屏息"等形容词出现的频率。在21世纪，三星（Samsung）和苹果（Apple）等科技公司在招聘中减少了计算机科学和商业培训人员，而增加了艺术家或受过艺术训练的人员。

我们没有创造"艺术的崛起"，只是在研究组织成员类型变化、受欢迎的社区、主要旅游景点等事物时发现了它。我们一次又一次地发现，这种对于艺术的广泛关注在20世纪末和21世纪初日渐重要。当然，艺术场景元素的传播，如迷人、领袖魅力或戏剧性，有助于解释一些复杂的动态。

19世纪末的新社会科学普遍忽略了艺术上更微妙的、情感上的、非理性的或与时尚相关的主题。相反，它们从基本的和更简单的事物开始,并取得了巨大进步。但一个世纪后,社会科学已经转向,不再仅仅关注接近新闻学、法律和公共管理的过去主题。此外,越来越多的公民受到了更多的教育,变得更加富裕,更少地受到基本身体和生物"需求"的约束。场景作为一种方法或工具,可以帮助许多领域向前推进,确定一些社会动态为什么以及如何与艺术相结合,并进而影响个体的决定。

艺术和美学带来了风格、复杂性的微妙标准,直接触及情感和感觉。艺术更强调审视社会过程的内在因素,无论是更独特的个体化模型还是更理性的模型(如人工智能或认知心理学)。但即使是理性主义模型的创始人亚当·斯密(Adam Smith)也撰写了关于伦理和葡萄酒的作品。类似地,经济学家帕累托(Pareto)的社会学作品探索了非理性的主题。21世纪,经济学家关注的焦点正在经历深刻的转变,增加了诸如艺术市场和非市场销售的舒适物等主题,如《魔鬼经济学》(*Freakonomics: A Rogue Economist Explores the Hidden Side of Everything*)[1]一书中所述。

艺术活动往往被大数据、调查问卷或人口普查所忽略。民族志学者更直接地与受访人群接触,他们通常遵循格尔茨(Geertz)、加芬克尔(Garfinkle)或赫伯特·布鲁默(Herbert Blumer)等人推崇的归纳法(Inductive Approach)。但随着人类学家失去了他们经典的"孤立村落"以及幸福度等微妙主题,以及新的大数据来源不断涌现,社会科学家可以使用其他工具来研究艺术和场景。例如,巴黎顶尖理论家布鲁诺·拉图尔(Bruno Latour)到芝加哥大学人类学系访学时,提出应该研究"屏幕上的点击"(clicks on screens)[2]。类似地,直到20世纪末,幸福指数调查主要是心理学家的研究领域,但随后经济学家开始介入这一领域。如何将诸如更频繁去教堂、与朋友购物、花草园林的美景或家庭关

---

[1] Leavitt, Steven D., Stephen J. Dubner, *Freakonomics: A Rogue Economist Explores the Hidden Side of Everything*, William Morrow, 2005.
[2] 克拉克和拉图尔进行了一项关于手机使用的国际研究。

怀等因素与金钱和工作结合起来使人们更快乐？经济学家和社会学家正在积极研究这些问题，其他人也可以。

艺术家和博物馆也改变了议程，从设计街边花坛转向了更大规模的街头展览。尤其在北美和西欧，"公共艺术"（Public Art）被越来越多的艺术家和政府工作人员采纳和推广①。国际知名的艺术家经常延续1968年以后的反文化运动，他们中的一些在21世纪增加了更多"政治化"的主题，如明确关注性别、种族、性取向、移民等不平等问题。在21世纪，这些社会关切被更加明确地纳入政府战略计划、艺术家作品、员工招聘或工会政策，通常针对社会运动讨论中爆炸性的丑闻或事件。这些现象扩大了观众群体，超出了过去以政府机构或少数政党精英为主的领导形式。我们需要新的分析工具来捕捉数百万公民的"蜂鸣"动态。艺术家们通过回应公民的关注来提升人气，这超越了艺术家过去对于赞助人或资金来源的依赖。

艺术与社会问题的相互渗透日益复杂，甚至在单个博物馆或展览中也常常存在明显矛盾的标准。然而，场景分析者不仅简单地将其视作冲突或复杂，而是指出其在全球范围内运作的独特方法。

专栏 3-3　艺术家和"场景学"（Sceneamatology）

社会科学家能从艺术家和作家身上学到很多。艺术家普遍比社会科学家拥有更微妙的审美、视觉创作能力、感觉和情感反应。随着艺术逐渐成为社会科学领域的重要议题，这一状况正在改善。西尔和克拉克以不同的方式与艺术和艺术家建立了联系。西尔接受过正规的古典小提琴训练，并且在旧金山湾区的爵士、放克和重金属乐队中演奏。攻读芝大博士学位期间，他曾是芝加哥爵士乐场景的常客。克拉克曾在巴黎和纽约的艺术学校

---

① Clark T. N., Silver, D., Sawyer, S., "City, School, and Image: The Chicago School of Sociology and the Image of Chicago", in *Imagining Chicago*, 2015.

学习美术，但是他意识到自己的艺术天赋太差，因此转行从事社会学。不过，他对于艺术的兴趣一直启发着研究。他和普里希拉·克拉克与希尔斯一起教授文化社会学课程，并与布迪厄合作开展了多个与艺术相关的法国和美国的比较分析项目，例如关于两国艺术家声望的调查。克拉克在艺术之都巴黎生活了大约七年，其间在索邦大学访学和授课。克拉克和西尔都以多种方式探索了精确分析场景的方法，艺术家为这些工作提供了重要的启发，反之亦然。《托克维尔能否卡拉OK?》（*Can Tocqueville Karaoke?*）一书的核心议题，就是指出艺术重要性并将其与场景明确地结合起来[1]。该书以很大的篇幅探讨了艺术的崛起以及亚洲与西方的差异。克拉克曾与芝加哥著名的艺术家和城市规划师西斯特·盖茨（Theaster Gates）合作，将场景理论的15个维度与社区和空间再生项目结合，提出了"九项伦理基础的再开发准则"，以避免"绅士化"的现象。西尔和克拉克都曾与芝加哥市市长、市政府以及美国国家艺术基金会合作并提供咨询，这些合作进而促进了多伦多和芝加哥的比较研究，其他章节介绍了相关研究的细节。

——作者根据相关材料整理而成

相对主义革命（The Revolution of Relativism）

在19世纪末，人类知识体系经历了重要的发展和变革。其中，相对主义这一视角从物理学到艺术的许多领域都展现出来。越来越多的学者，尤其是瓦格纳、尼采、波德莱尔等学者，开始向许多曾经被默认为普世的"经典"观念发起挑战。

在社会科学和文化分析中，相对主义带来的最根本的变革可以说是摒弃了"简单且绝对"的单因素决定论。相对主义在许多领域的兴起

---

[1] Clark T. N., *Can Tocqueville Karaoke? Global Contrasts of Citizen Participation, the Arts, and Development* Emerald, 2014.

汇聚在一起，从爱因斯坦的相对论到多种哲学讨论，再到承认西方并非世界的唯一中心的世界性观念。

相对主义从19世纪初至中期开始兴起，当时，浪漫主义者开始挑战现状，为"经典"一词赋予了新的含义①。这些变化有时显得非常个性化，如杰出的钢琴家肖邦（Chopin）或弗朗茨·李斯特（Frantz Listz）。19世纪的许多辩论，如"红与黑"的标签或民主化过程中投票权扩展到非财产所有者或妇女，都可以追溯到这些模式。当时的马克思主义或共产主义是众多新兴的激进计划之一，定义了新的相对主义。

到了19世纪末，浪漫主义的爆发伴随着激情的演讲、街头打斗和民兵，随后，第一次世界大战爆发。战后，新的相对主义以超现实主义和对"进步"概念（如达尔文或马克思所暗示的那样）的否定形式出现。许多经典作品被有意摧毁或通过增加相对主义进行了根本性修订。换言之，经典被展示为狭隘和受局限的，仅相对于某些框架、国家或假设而成立。这种新视角在许多社会运动、党派、科学、知识和文化领域的宣言中被明确阐述。②

爱因斯坦的相对论理念与艺术家拒绝现实主义摄影、创造抽象主义的新美学框架相重叠。瓦格纳和肖斯塔科维奇等人转变了传统的音乐结构，如歌剧、交响乐、协奏曲、四重奏等，及其一贯的节奏和既定音阶结构。瓦格纳将主观情感、激情和情绪与戏剧性行动相结合，并且通过结合小旋律音乐主题的"主体动机"（Leitmotif）来加强。这些主乐调传达了如深沉的男低音激发强大阳刚之气的音调"感觉"，由戏剧性人物类型如《特里斯坦和伊索尔德》、打破周围规则的情侣和悲剧歌词明确呈现。

坏就是好，这就是相对主义的视角。波德莱尔的诗歌赞美了坏的诱惑，同时探问什么是对的。瓦格纳数百个主乐调是彼此的变体，以一种

---

① Larry Norman, Ann Leonard, eds. *Classicisms*: *Smart Museum of Art*, University of Chicago Press, 2017.
② Hughes, H. Stuart, Stanley Hoffman, *Consciousness and Society*, Routledge, 2002.

类似于化学元素表的方式组合在一起，被学者们分析，所有这些都结合在一个整体艺术作品中，即"整体艺术品"（Gesamptkunstwerk）。在创作他的主要作品《尼伯龙根的指环》之前，瓦格纳曾经写了几本书来解释他的音乐计划：罪恶和救赎等主乐调与"大众"（das Volk）的通俗故事和民间曲调相结合。他试图将哲学与自我表达联系起来，这与德国哲学作家如出一辙，启发了马克斯·韦伯的新教伦理和资本主义精神等思想。但德国浪漫主义的政治和社会力量如此强大，以至于韦伯担心它的悲剧情绪会破坏其他一切。韦伯和涂尔干同样担心民族浪漫主义，他们曾在艺术方面发表过评论，但由于力求构建科学分析结构而普遍忽略了艺术。

场景分析反复克服了如城乡、好坏、道德与非道德、真与假或明确的性取向等二分法。相对主义作为历史时期的标签，但同样可以定义特色各异的地方，如社区或城市、红灯区或波希米亚与中产阶级。韦伯将马克思相对化，帕森斯将韦伯相对化。场景增加了具有独特规则的新情境。

理论的核心不仅仅是假设和逻辑上相互关联的因果链。相对主义增加了更多：指定游戏规则的限制，包括通过比较因果强度变化的经验指标，如物质资本可能被人力资本或不同地点的场景指标所取代。酒类在酒吧里被珍视，在教堂里则被视为罪恶——除非在天主教圣餐仪式中。21世纪的人们不断更深入地探究这些问题。

四　走向一套系统性的理论体系

来自新芝加哥学派的整合

新芝加哥学派场景理论综合了人文社会科学中多种场景研究的许多方面内容。他们试图加入文化、青年、音乐和城市研究的关键见解，以构建更加灵活和差异化（Differentiated）的场景概念，适用于比较研究

(Comparative Studies)，尤其是分析特定地区场景之间的差异，以及这些差异如何影响城市发展的关键变量。

整合国际社会科学文献中多样的场景概念和研究方法，他们认为"场景"应该被视为"致力于通过社会性消费的乐趣进行意义创造的场所"①。一个地方（餐厅、咖啡馆、画廊、俱乐部、商店、剧院等）所提供的社会性消费的可能性和实践阐明了一系列的经验和价值，而这些因素正是将一个"地点"（Place）定义为一个"场景"（Scene）的关键。②

总之，新芝加哥学派场景理论强调文化与场景的重要联系，这也是早期的场景学者们的重要共识。具体而言，欧文和斯特劳分别把场景定义为"文化象征系统"或"文化流通的社会空间"，斯特劳认为场景将文化嫁接于城市的物理空间。新芝加哥学派继承了这一系列重要的观点，把场景视为文化和生活方式的容器，城市文化的特色。

他们试图通过场景捕捉不同区域文化生活的特点和表达方式。同时，他们认为，"场景"概念的独特吸引力在于其"扎根的流动性"（Grounded Mobility），代表着一般性和具体性的结合。这种看似对立而又紧密结合的两面性正是斯特劳所提出的场景概念的核心之一：场景能够同时唤起社区的舒适亲密感和城市生活的流动世界主义。他们的方法也体现了类似的观点。当把一个地方描述为"场景"时，他们试图捕捉植根于其企业、市民、娱乐、信仰与活动的持续的公共生活中的体验性和吸引力，而这些都蕴含在这里发生的具体实践的特殊组合中。同时，这些意义并不是这个地方独有的；我们可以在其他地方找到它们，即使程度不同，组合不同。③

---

① 英文原文为：Places devoted to practices of meaning making through the pleasures of sociable consumption。
② Silver, Daniel, Terry Nichols Clark, Clemente Jesus Navarro Yanez, "Scenes: Social Context in an Age of Contingency", *Social Forces* 88 (5), 2010, pp. 2293-2324.
③ Silver, Daniel, Terry Nichols Clark, "The Power of Scenes", *Cultural Studies* 29 (3), 2014, pp. 425-449.

具体来讲，他们将场景定义为城市生活的符号系统，即具有象征意义的文化实践的空间，关键在于四个元素的动态组合：

（1）地点（物理环境）及其特征；

（2）人群以及他们的人口和社会经济特征；

（3）这些人在这个地方进行的文化实践（如在咖啡厅喝咖啡、在特色餐厅品尝美食等）；

（4）这些行为背后的文化价值与象征意义。①

具体来讲，场景由社区、物理设施、多样人群、前三者的特定组合和活动，以及由上述四者结合而产生的象征意义和文化价值观组成，这五个成分代表了一个地方提供体验的品质和特征。

"场景"构成：来自人文社会科学的灵感

除了借鉴国际场景研究的精髓，新芝加哥学派场景理论更是广泛汲取近200年来文学、艺术和社会科学的思想。"场景"一词带有一种自然的戏剧性和公共性，而这来源于那些可以自由进出的街头舒适物，比如公共广场或露天集市等②。这些想法延伸了波德莱尔笔下瞬息万变的巴黎、瓦格纳和本雅明的德国消费传统，以及人类学家莱维-施特劳斯研究数百个神话的方法。新芝加哥学派将这些不同的理论基础加入场景分析中，将上百种舒适物和活动与文化维度结合起来，以捕捉场景中更微妙的成分和协同效应。

新芝加哥学派场景理论试图将夏尔·皮埃尔·波德莱尔（Charles Pierre Baudelaire）和瓦尔特·本雅明（Walter Benjamin）的现代性（Modernity）和现代城市（Modern City）的理念应用于社会科学。相较于崇拜古代战士和圣人的传统主义者，法国诗人波德莱尔试图为现代生活

---

① Silver, Daniel A., Terry N. Clark, Marta A. Klekotko, Clemente J. Navarro, "An Introduction to Scenes Analysis", Unpublished Manuscript, 2022.

② 特里·克拉克，《大河场景》（River Scenes），2021中国文化和旅游高峰论坛。

的英雄主义发声①。19世纪迅速变化的城市中的人物和场景成为他诗歌的素材,例如花花公子(Dandy)、闲逛者/漫游者(Flaneur)或拾荒者(Ragpicker)。因此,贯穿于波德莱尔作品的整个基调是一种对于可变性和偶然性的敏锐察觉,而这最为鲜明地体现在"闲逛者"的形象中:他在整个城市中游荡,进入一个个当地街头生活的"场景",了解其特点和风格,并通过诗歌、小说、歌曲或绘画将它们传达给他人。但是,闲逛者不会停留在任何特定的场景中,他会努力保持一些距离或是思考的空间。他已经准备好进入下一个场景,将其与上一个场景进行比较,并将其转化为艺术。他对城市的看法不是作为一个单一的整体,而是作为各种可能性的多元组合②。

专栏 3-4　城市"闲逛者"

在夏尔·波德莱尔的散文和诗歌中,19世纪巴黎的闲逛者获得了最著名的颂歌。"闲逛"(flânerie)是《巴黎的忧郁》(*Le Spleen de Paris*,1869)中的主要叙事手法之一,因此波德莱尔详细解释了城市闲逛者的行为是什么。波德莱尔在一定程度上通过唤起一个诗意的、诗人式的视角来描述巴黎的公共场所和空间。

对波德莱尔来说,毫无疑问,城市闲逛者是能够从巴黎都市环境中充满人群的景象中获得审美意义和独特存在感的"诗人"。正如波德莱尔《现代生活中的画家》(1863)一文中对于闲逛者最著名的描写:"人群是他的领域,就像空气是鸟的领域,水是鱼的领域。他的激情和职业就是与人群融为一体。"闲逛者是一个因自己对意义的追求而被驱使离开私人空间、进

---

① 丹尼尔·西尔,"场景:地方品质如何塑造社会生活·介绍和概述"(Scenescapes: how qualities of place shape social life. An introduction and overview),2021年城市与社会国际学术论坛·后空间社会学系列讲座 II. 2021.12.4。
② 节选自丹尼尔·西尔2021年12月4日在上海场景论坛上的报告发言。

入公共领域的人,"对于那位完美的游荡者、热情的观察者来说,把他的居所建立在人群之中、在人来人往、喧闹、瞬息万变和无限延伸之中,将成为一种巨大的享受"。

——摘自 Keith Tester, *The Flaneur*, Routledge Library Editions: Social Theory, 2015, p. 1

德国哲学家沃尔特·本雅明受到波德莱尔的启发,对19世纪的巴黎做了深入的研究。本雅明的《拱廊计划》(*The Arcades Project*)聚焦了刚刚建成的拱廊街道以及波德莱尔笔下的"闲逛者"[1]。随着煤气灯的发明和钢铁建筑的进步,由玻璃和钢铁封顶的拱廊街道成为19世纪城市生活的流行中心。从18世纪末到20世纪初,巴黎大约有150个拱廊建成,不过随着奥斯曼主导的巴黎大改造以及新兴百货公司的竞争,如今只剩下不到20个[2]。这些豪华的拱廊会集了商店、咖啡馆、剧院和餐厅,并且成为现代百货公司的雏形。

在本雅明看来,拱廊街是首次出现的真正的现代城市空间,因为这里集中了资本主义所有的先进科技(照明、钢铁、玻璃)以及"过错"(商品崇拜、炫耀、时髦、人的物化),其建筑风格和商业特点更是为全世界的城市所采纳,成了现代大都市的重要生活体验[3]。他发现,所有改变着现代城市生活的元素,包括购物、娱乐、消费、生活方式和咖啡厅等,都在新兴的拱廊街内被整合、串联在一起。换句话说,拱廊将单独的商店转化为一种整体的"场景"。巴黎的闲逛者日复一日、漫无

---

[1] Benjamin, Walter, Howard Eiland (Tr.), *The Arcades Project* Cambridge, MA: The Belknap Press of Harvard University Press, 2003.

[2] "The Shopping Arcades of Paris | Paris Insiders Guide." *Paris Insiders Guide*, https://www.parisinsidersguide.com/arcades-of-paris.html.

[3] 〔澳〕德波拉·史蒂文森:《城市与城市文化》,李东航译,北京大学出版社,2015。

目的地行走于拱廊街道的"场景"之间。本雅明认为,他们不仅在观察城市生活的"场景",更是在进行"考古",发掘着城市现代性的"集体梦想",捕捉着多样城市空间独特的文化和社会意义。

专栏 3-5 《拱廊计划》(*The Arcades Project*)

沃尔特·本雅明曾经写道:"对于伟大的作家来说,完成的作品往往比不了他们尽终身努力创作的那些'碎片'。"本雅明的《拱廊计划》(德文名为 *Das Passagen-Werk*)是一座宏伟的"遗址",最初于 1927 年在巴黎构思,在 1940 年逃离纳粹德国占领时仍在进行中,历经 13 年的精心构建。本雅明称其为"我所有斗争和思想的剧场"。

本雅明聚焦 19 世纪巴黎的拱廊街,这些玻璃顶覆盖的商店街是早期消费主义的中心,他引用并评论了数百个描述巴黎生活的语录、描述和观察,从而构建一个"蒙太奇"作品,将它们按照 36 个类别,例如"时尚"、"无聊"、"梦幻城市"、"摄影"、"地下墓穴"、"广告"、"卖淫"、"波德莱尔"和"进步理论"等描述性标题进行排列。他的核心关注点是他所称之为物品的商品化过程(Commodification of Things)——在这个过程中,他定位了现代时代的决定性转变。

《拱廊计划》是本雅明描绘和批判 19 世纪资产阶级的历史体验的尝试,以此解放被压抑的"真实历史",即底层的意识形态掩饰下的历史。在熙熙攘攘、杂乱无章的拱廊中,街道和室内融为一体,历史时间被分解为万花筒般的分心和瞬息即逝的展示。在这里,远离通常所指的"进步",本雅明找到了嵌入事物空间中的失落时光。

——摘译自《拱廊计划》哈佛大学出版社英文译本译者序,Benjamin, Walter, *The Arcades Project*. Harvard University Press, 1999, https://www.hup.harvard.edu/catalog.php?isbn=9780674008021

组合性思维（Combinatorial Thinking）探索场景本质

新芝加哥学派试图在场景研究中发扬这些原则，尤其是巴黎的"闲逛者"阅读和剖析城市的独特理念：他们关注的不只是一个变量，还有许多维度之间的组合，并且寻找这些维度在不同背景下的相互影响和联系。他们分析各种舒适物、活动和意义维度在不同的地方的结合，如何创造出不同但具有整体性的"场景"。这种场景的组合逻辑来源于瓦格纳的主体动机（Leitmotifs），以及克劳德·莱维-施特劳斯的神话元素。

德国作曲家理查德·瓦格纳（Richard Wagner）创作了以《尼伯龙的指环》为代表的浪漫民族主义作品。特别地，他提出的"整体艺术品"（Gesamtkunstwerk）颠覆了从巴赫到莫扎特和贝多芬的古典主义传统。"整体艺术品"的概念将各种艺术重新结合起来，形成一种由大众、神话、歌曲和道德基础激发的整体主义。

为此，瓦格纳创造了主导动机概念，它根据具体的人物和情况而变化，将反复出现的主题与不同的人物、物体和情感联系起来，使观众能够在不同的场景中追踪到微妙的联系。主乐调可以被加速并相互结合，为一个特定的场景增色添彩，而它们在组合时具有动态和更大的意义[1]。瓦格纳将戏剧、诗歌、小说、重大历史事件和音乐结合，并且与大量的主乐调整合在一起，伴随手势、舞蹈和旋律的变化来引起观众的情感共鸣，所有这些都作为一个整体和合奏一起表演，这便形成了一个"整体艺术品"[2]。

---

[1] Silver D. A., Clark, T. N., *Scenescapes: How Qualities of Place Shape Social Life*, The University of Chicago Press, 2016, pp. 26-375.
[2] 特里·N. 克拉克，"场景是软实力"（Scenes are Soft Power），'城'势而上——探寻中国高质量发展动力源论坛，2021.3.7。

> **专栏 3-6　瓦格纳的整体艺术品概念（Gesamtkunstwerk）**
>
> 瓦格纳对"整体艺术品"（Gesamtkunstwerk）的论述融合了三个核心观点。
>
> 首先，他认为希腊戏剧是人类创造成就的巅峰，因此回归希腊理念可以抵制艺术的堕落，产生"将艺术的理想表达集中于一个焦点，达到最高程度的形式"。整体艺术品借鉴瓦格纳所列举的三种古典希腊戏剧艺术形式，即音乐、诗歌和舞蹈，创造一个统一的戏剧整体。瓦格纳非常强调每种艺术形式在其自身"本真而美丽"（Native Truth and Beauty）的基础上相互融合。他认为，通过为统一的艺术作品做出奉献，每种艺术形式都会获得力量的提升，成为超越其部分之和的更伟大的整体。综合艺术作品的本质合成思想，与每种艺术形式的自主性或独立性相对立。
>
> 其次，瓦格纳的整体艺术品将以神话（Mythos）作为戏剧的素材和质地。神话具有永恒的真理，传递超越宗教、时间和地域差异的普世真理。只有通过神话，戏剧的本质才能被理解。这种理解能够让所有人感知，在人的声音、诗歌和音乐中显现出极致的集中力。瓦格纳将通过他作品中的主角所体现的神话，来述说人类状况的完整性。
>
> 瓦格纳倡导的第三个观点是社区精神。他认为自希腊悲剧时代以来，这种精神已经失落，正如艺术在被分割后失去了各自的力量。未来的艺术作品将成为集体的努力：一个社区将艺术从业者和观众团结在一起，体现团体的精神。这种现代形式的戏剧将依靠一种新型的"声调诗人"（Tone Poet），他将"激发所有人的内在情感能力"。瓦格纳始终强调艺术在统一状态下的内在驱动和表达能力，以"表达无法言说之物"（Express the Inexpressible），这是他最重要的遗产之一。
>
> ——摘自 Diane V. Silverthorne,"Wagner's Gesamtkunstwerk", The Routledge Companion to Music and Visual Culture, September 2013

伟大的人类学家莱维-施特劳斯（Lévi-Strauss）在《神话》（*Mythologiques*，1969）中明确借鉴了瓦格纳的观点，并且开发了一种神话（myth）元素的基本语法。莱维-施特劳斯将文化视为"系统"（System），他认为所有文化的基础都是结构上的相似性，通过识别并分析文化元素之间的关系，我们可以深入了解人类思维的先天和普遍原则。在《神话》第一卷《生食和熟食》（*The Raw and the Cooked*）中，莱维-施特劳斯写道："某些从日常经验中提取的最基本的事物种类的对立面，例如'生'和'熟'、'新鲜'和'腐烂'、'湿润'和'干枯'等，可以作为一个民族的概念工具，用于形成抽象概念，并且将其组合形成新的观点。"①他分析了187个神话，利用基于感官特质的二元对立来重构社会文化形态。在长达四卷的《神话》中，他确定了其中数百种文化元素、变量和子维度，通过识别这些元素之间的结构关系开展文化分析，这后来发展成为文化人类学中的结构主义学派（Structuralism）②。

专栏 3-7　全球相互依存：没有一个"部落"是孤立的

人类学创立于20世纪，但在全球技术和旅游业的影响下，经历了根本性的挑战，甚至破坏。这揭示了一种长期被否认的整体主义视角，即每个"部落"都是全球世界的一部分。

克劳德·莱维-施特劳斯（Claude Levi-Strauss）是20世纪最重要的人类学家。《忧郁的热带》（*Tristes Tropiques*，英文为"*Sad Tropics*"）一书囊括了他在巴西的主要田野工作③。其中，莱维-施特劳斯详细论述了世界上几乎不可能找到一个与外界完全隔绝的部落。因此，我们甚至可以对热带地区的村落和巴黎等大城市进行对比。克利福德·格尔茨（Clifford Geertz）和玛丽·道格拉斯（Mary Douglas）进一步延伸了这一视角。

---

① Lévi-Strauss, Claude, *Mythologiques*, University of Chicago Press, 1969.
② 特里·N. 克拉克，"场景营造：从上海到中国"（Scenes Placemaking for Shanghai and China），2021年城市与社会国际学术论坛·后空间社会学系列讲座 II，2021.12.4。
③ Levi-Strauss, Claude, *Tristes Tropiques*, Pan Books, 1973.

莱维-施特劳斯在神话学方面完成四卷本巨著《神话学》(*Mythologiques*)。他从世界各地提炼了数百种文化主题,如俄狄浦斯神话等。他根据这些主题间的结构差异对其进行编号和图解,并将它们与部落中的亲属关系差异等方面联系起来。他明确地将科学视为从微观原子到村庄,再到行星的重叠过程,即使我们无法完美地分析其中的连接。场景的化学元素周期表与这一视角相吻合。格尔茨的方法恰恰相反,他详细描述了每个地点的独特性。许多物理学家或经济理论家往往只强调几个变量,但是莱维-施特劳斯保留了数百个截然不同的文化主题,同时比较地方变化,以解释宏观与微观命题间的关系。虽然他主要依赖定性的案例分析,但是采集许多过程并了解它们如何相互影响的雄心,与经济学家用数百个的方程式和数据集来衡量国民生产总值的做法是相似的。

场景理论继承了莱维-施特劳斯的视角。在《场景》一书中,我们使用成千上万的数据点来研究街区和城市,并且用15种文化维度构建了"文化元素周期表",从而检验文化主题如何关联不同社会群体。我们强调将微妙的艺术观点与更简单的模型相结合,以捕捉当今社会的复杂现象。

新芝加哥学派的场景维度

受到瓦格纳和莱维-施特劳斯的启发,新芝加哥学派将场景看作"多维度组合体"(Multi-dimensional Complex)。认为为了捕捉场景对于社会生活的意义,我们需要提炼出舒适物和活动背后的文化含义和美学品质。这个过程是复杂的,因为同样的品质可以在许多不同的场景中找到,但是可能由许多不同的设施来表达,所以我们需要从特定的场景中将具体的品质抽象出来[1]。每一种抽象品质,如真实性、越轨性、传统

---

[1] Silver, Daniel, Terry Nichols Clark, "The Power of Scenes", *Cultural Studies* 29 (3), 2014, pp. 425-449.

性、自我表达，都是独立存在的。同时，没有一种品质能够定义任何一个特定的场景。比如，虽然"地方真实性"（Local Authenticity）维度可能同时存在于民族社区和新波希米亚场景，但是这并不意味着两个场景是一样的。它们区别在于"地方真实性"维度如何在两个场景中与其他维度相结合：与睦邻性和传统性或是自我表达和越轨性。无论这些组合是如何出现的，所产生的场景都是多种特征的具体组合。

类似于瓦格纳的整体艺术品中的"主题"和莱维·施特劳斯的文化系统的"元素"，新芝加哥学派所讨论的场景是由多种具有具体象征意义的"主维度"和"子维度"构成的。这些维度之间的不同的组合和互动方式赋予每个场景截然不同的意义，而通过明确地识别这些维度，我们能够更加准确和科学地捕捉并分析场景，找到它们之间的共性和区别。那么，场景是由哪些具体品质和维度所组成的？如何将场景中的物理设施、活动和人群与其背后的文化含义链接起来？我们将在下一章中具体介绍场景理论的 3 个主维度和 15 个子维度，包括它们广泛的人文社科渊源，以及由此产生的场景研究方法。

主要观点回顾

场景把"空间"转化为一种"体验"。

场景将城市中的多元文化与地理空间相连接，场景通过将品位或相似性嫁接到物理位置，扩展了城市文化的空间化。在场景中，品位或相似性被组织成跨域空间的一系列行程。场景正是文化的具象化表达，"场景"概念具有两面性：具体性和一般性。一方面，场景捕捉了一个空间内微观层面的互动，比如一场流行音乐会；另一方面，它标志着全球文化在城市空间的流动，因为"流行音乐场景"把世界各地类似的场景串联起来。

场景的功能是为志同道合的人提供本地化的、暂时性的、自愿的聚会点（涂鸦场景、游戏场景、反法西斯场景、体育攀岩场景等），与实体场所（酒吧、俱乐部、咖啡馆等）相联系。

虽然国际场景文献的研究领域和对象是多样的，但它们有着重要的共性特点。比如，它们都强调了场景概念独特的互动性、动态性和包容性。相对于传统而相对僵化的亚文化和社区视角，场景被看作分析、理解并捕捉新兴的尤其是与青年群体相关的文化现象的关键视角，无论是流行音乐、青年文化还是社会运动。再如，这些研究都把场景定义为特定的地点和场所、其中的设施和活动，以及其中文化习俗的表达方式。

新芝加哥学派将场景看作"多维度组合体"（Multi-dimensional Complex），为了捕捉场景对于社会生活的意义，需要提炼出舒适物和活动背后的文化含义和美学品质。

4 要义：场景理论的科学方法准则

文化与艺术具有巨大的变革力量，开发"捕捉"文化现象的比较方法是当今城市研究与城市发展最紧迫的挑战之一[1][2][3][4]。本章旨在促进对一系列空间单位（从各种场所到社区，再到城市、城市群、全球城市等）的文化现象进行深入与规范的分析。我们希望向广大读者介绍一种新的方法，即场景分析法，以及介绍这种方法融合其他研究方法和数据来源进行城市文化分析的过程与原则。本章提供了一个简明的理论和框架，以及关于如何进行实地研究和数据分析的简明指南。这将有利于推动场景理论与场景实践有效结合与发展，并且能够逐步向更高的社会科学标准与规范迈进，以便于更好、更有效地规划、制定、执行区域（城市）发展的相关政策，尤其是文化政策。重要的是，在撰写过程中，我们吸纳了大量过往场景研究的理论与实践成果，尤其是借鉴了不同国家或地区的场景研究者们的共同努力成果与最新洞见。

---

① Rothfield L., *Cultural Policy Studies: A Guide for Perplexed Humanists*, Cultural Policy Center, University of Chicago, 1999.
② Schuster J. N., *Informing Cultural Policy: The Research and Information Infrastructure*, Routledge, 2002.
③ Lucchini F., *La culture au service des villes*, Economica, 2002.
④ Kaple D. A., Morris L., Riukin-Fush Z., Dimaggio L., *Data on Arts Organizations. A Review and Needs Assessments, with Design Implications (working paper 1)*, Centre for Arts and Cultural Policy Studies, Princeton University Press, 1996.

一 社会科学的"文化转向"

文化艺术很重要,主要表现在其作为新的驱动力上。

传统社会学观点普遍认为,人们的行为主要由他们的社会地位决定,尤其是经济、阶层、年龄、性别以及国家社会制度及其历史背景等。以美国为例,如果你知道某人是一个中等收入的白人中年新教徒,这就大概率足以预测他住在哪里、与谁结婚、与谁交往、相信什么等。然而,在后工业社会的背景下,人们的生活方式和审美偏好在很多方面已经逐渐开始脱离他们的这些社会背景。这一点在大众教育普及、收入的普遍提高以及其他过程中,得到了进一步加强。

正如丹尼尔·贝尔所指出的那样,如果你知道一个人是公司的中层经理,也无法确定他是否喜欢舞蹈俱乐部或体育俱乐部等。越来越多的情况是,个体的审美、情趣和个人价值等因素推动着社会关系的重新形成与改变。这也意味着,就业机会不再是个体搬到一个区域的唯一原因,当地的舒适物和文化特色同样重要,而这些因素的重要程度会因当地的背景和环境差异而不同。例如,随着新冠疫情对全球范围内人们经济社会生活的影响或冲击,远程工作(Remote Working)加速普及,人们工作和居住的地点进一步分离,这也进一步提升了当地的生活质量与生活方式等因素对于人们择居的重要性。

简言之,这些变化意味着文化艺术越来越成为社会行为的关键因素和社会科学的重要议题之一。事实也如此,社会科学的"文化转向"[1]

---

[1] Ray, Larry, Andrew Sayer, *Culture and Economy after the Cultural Turn*, Sage, 1999; Alexander, J., Smith, P., "The Strong Program in Cultural Theory: Elements of a Structural Hermeneutics", in Turner, J. H. (eds), Handbook of Sociological Theory, Springer, 2001.

可以在已经出现的大量讨论文化对城市生活影响的作品中找到佐证①。

文化艺术在发展中的各种用途

文化艺术可以在城市发展中扮演重要角色，其中最常见的是经济发展方面的角色。文化艺术正被用于城市品牌建设、发展创意经济和吸引多样人群，如创意阶层和游客等。文化也可服务于社会和政治目的。比如，文化活动和规划的激励效应有助于将居民从被动的个体转变为积极的公民。文化对社会有着显著的影响：良好的文化规划有助于引导和建立地方身份，提升居民的凝聚力和对于城市的身份认同，并且满足居民更高层次的精神需求。文化艺术发展使得对于美的认识和追求不再仅限于专家和艺术家等人群，更属于居住在城市的每一分子。

大艺术和小艺术战略

在梳理全球的相关案例、政策与实践后，我们发现，在实现各种发展目标的过程中，各地通常可以采用两种不同但互补的文化战略。

第一种可以被称为"大艺术战略"，包括自上而下的、大规模的、偶尔的、普遍认可的文化规划手段，需要大量的公共投资，如标志性的文化建筑或诸如国际文化节等城市事件。

第二种方法是"小艺术战略"，包括自下而上的、小规模的、日常的活动。这些活动可能缺乏普遍的认可或是非主流的，通常由私营企业或公民团体组织，或是参与性的地方创生项目。

这两种方法都有助于场景营造，在文化政策制定中应该互补。图4-1和图4-2展示了文化艺术应用于城市发展的一些案例。

---

① 例如 Lloyd 2007；Clark 2003；Florida 2002；Zukin 1995，1998；Gieryn 2000；Landry 2006；Judd, Fainstein 1999；Borer 2006, Markusen 2006；Glaeser, Kolko, Saiz 2001；Chatterton, Hollands 2002；Brooks 2000；Page 1995, etc。

132　场景文化力：新芝加哥学派解读城市发展

4　要义：场景理论的科学方法准则　　133

图 4-1　波兰卡托维兹市 **Mariacka** 街的改造。通过增加小型的自下而上的文化活动，如在街上向公众开放"窗口音乐会"和露天电影放映，**KATO** 俱乐部和聚集在俱乐部周围的城市活动完全改变了这条街道的特征。

图片来自互联网。

图 4-2 成都的发展：得益于"场景营城"城市发展规划，成都的人口从 2017 年的 1920 万增加到 2021 年的 2120 万，GaWC 世界排名从 2016 年的 100 位升高到 2020 年的 59 位，2021 年春节周期间，游客总数是北京和上海的 3 倍。

上图为成都传统街道之一，来源：https://www.businessdestinations.com/featured/chengdu/on；下图来源：https://www.unep-wcmc.org/en/news/building-cities-with-nature--the-story-of-chengdu。

二 场景理论中的"场景"含义

总体来看，场景最初有两种含义。

一种是强调人们对某一特定活动的共同兴趣，如"爵士乐场景""登山场景""选美场景"等。另一种则是强调特定地点的独特特征，通常是某个街区或城市，如旧金山的"海特-阿什伯里（Haight-Ashbury）场景"（嬉皮士聚集地）、芝加哥的"柳条公园（Wicker Park）场景"（艺术家集聚地）和"纳什维尔场景"（乡村音乐聚集地）。

新芝加哥学派场景理论中的"场景"定义及研究方法在上述两个含义的基础上进行了拓展，以寻求更普遍的分析意义。作为这个分析"阶梯"的第一步，我们需要像电影导演、画家或诗人那样去思考一个街区。在那里，人们在做很多事情，坐在咖啡馆里，进出杂货店，在教堂做完礼拜后闲逛,为主场球队加油,等等。我们要考虑,这些活动表达了什么生活方式、精神、意义、心情等。它是危险的还是异样的?是熟悉的还是前卫的?路边的过客能否分享这种精神、体验并与其产生共鸣,从而接受或拒绝这些意义?

换句话说,在这个特定的地方,有什么特点与更广泛和更普遍的文化主题相联系?

这就产生了第三种含义,即一个地方的美学意义,这也是场景理论的重点内容①。因此,新芝加哥学派城市研究者将场景定义为一个具有象征意义的文化实践空间,产生于四个元素的动态组合:

(1) 地方(Place)的物理环境及其特征;
(2) 参与者(Participants)以及他们的人口和社会经济特征;
(3) 参与者在这里进行的文化实践(Practice);
(4) 实践背后的文化价值和象征意义②③。

以海滩为例。当人们在享受海滩时,他们究竟在"消费"什么?这个问题的答案取决于在海滩上享受的活动及其体现的价值与文化意义。例如,迈阿密的海滩场景为游客提供了关注别人(穿比基尼的女孩、有肌肉的男孩)和被别人关注的机会,还可以在附近街道的酒吧里开派对、听某些类型的音乐、在某些类型的餐馆吃饭。总之,迈阿密海滩场景帮助人们进入一种完全的享乐主义的娱乐文化,把工作抛在脑后。但是,加利福尼亚北部海岸的一个当风的海滩体现了一套完全不同的做法——对自然的敬畏,安静的沉思,环保主义(见图4-3)。

---

① Silver, D. A., Clark, T. N., *Scenescapes. How Qualities of Place Shape Social Life* University of Chicago Press, 2016, p. 33.
② Klekotko, M., Navarro, C. J., Silver, D., Clark, T. N., "Dimensions and Cultural Character of the City", *in Cultural dimensions of Polish cities and towns*, eds. M. Klekotko, C. J. Navarro, Jagiellonian University Publishing House, 2015.
③ Silver, D., Clark, T. N., Graziul, Ch., "Scenes, Innovation and Urban Development", *in Handbook of Crative Cities*, eds., D. E. Anderson, A. E. Anderson, Ch. Mellander, Edward Elgar Publishing, 2011, pp.229-258.

图 4-3　上图：夜晚的迈阿密海滩，提供了进入享乐主义文化的机会，将工作抛到脑后。下图：多风的海滩支持一套完全不同的做法——对自然的敬畏，安静的沉思，环保主义。

（图片来自 https：//www.forbes.com/sites/robertglatter/2021/03/20/miami-beach-declares-state-of-emergency-due-to-spring-break-crowds-announces-8-pm-curfew/？sh=1cea3d0a2a53。）

（图片来自：https：//photos.com/featured/windswept-beach-and-ocean-sasha-weleber.html。）

那么，使一个地方成为对其参与者有吸引力的场景，这不仅取决于餐馆、人和设施的存在或缺失。相反，这取决于各种舒适物、活动和参与者的系统集合，以促进某些共同价值观的形成，以及关联的行动和选择方式。"海滩"作为一个舒适物的意义取决于其所处的具有消费和美学意义的领域，即场景。场景的概念为我们提供了一个宝贵的分析工具，通过它，我们可以将舒适物视为整体的一部分。

以布宜诺斯艾利斯的"La Boca"社区为例，看看这个场景（见图4-4）：五颜六色的房子，艺术家们在出售他们的艺术品，还有人在演奏或跳探戈，这一切都共同表达了自我表达和地方性的价值观，使这个地方具有象征性的意义，从而变得特别。还可以想象下面的场景：一群人在店面的窗户内挥舞双手，运动感应设备根据他们的动作播放音乐。在街上，几十名爱好者在户外即兴打起了油漆仗。楼上的潜水酒吧台球厅里，在闪烁的灯光中播放着沉闷的电子乐，而那些头发颜色鲜艳、手臂上布满文身的人在吃素食。这就是多伦多东部。类似的场景在许多其他城市也存在，比如巴黎的拉丁区、纽约的格林尼治村、旧金山的海特-阿什伯利（见图4-5、图4-6）。

图 4-4 布宜诺斯艾利斯的拉博卡：五颜六色的房子，艺术家们出售他们的艺术品，还有人在玩耍或跳探戈，所有这些共同表达了自我表达和地方性的价值，使这个地方具有象征意义，因此很特别

图片来源：https：//www.viajesyfotografia.com/blog/caminito-y-la-boca-en-las-calles-mas-coloridas-de-buenos-aires/

图 4-5 左图为旧金山海特-阿希伯利街区的场景；右图为纽约市格林尼治村的场景

图片来源：https：//lovingnewyork.es/greenwich-village-west-village/，https：//www.flickr.com/photos/tonythemisfit/4869554814

图 4-6　威克公园的场景。左图：潮人商店前的潮人照片。右图：更多的潮人设施和威克公园节。

三　场景方法的主要原则

本部分主要对场景理论的许多关键要点以及它们如何以及为什么相互结合进行清晰简明概述，特别是供学者、政府官员、企业家、市民和其他感兴趣的读者参考，如何寻求解释一个地区更广泛的变化以及不同地区之间社会差异的比较。

具体而言，新芝加哥学派城市学者确定了三个基本的认识论假设和相应原则。

整体性（Holism）

场景的概念旨在提供对城市文化分析的整体视角。场景分析鼓励我们不仅仅从单一的组成元素或部分去看待城市或地点，比如：（1）物理结构，如书店、公园、自行车道、果汁吧或咖啡馆等；（2）不同种族、阶级、肤色或国籍的人群；（3）活动，如音乐节、广场舞或社会运动。场景分析从整体的角度来看待这些元素以及从中产生的独特意义。在操作层面，场景的整体概念取代了计算某一种舒适物数量的研究策略。

场景中，各种城市舒适物之间存在着各种关系，从而创造了一个具有特定社会文化背景的意义。场景分析研究的正是这种关于地方的整体性社会文化背景，而不是个别的、单独的舒适物。因此，场景的概念有助于将单个舒适物视为更大的整体的一部分。作为场景的潜在元素，文化设施不能被原子化地理解，因为被实践或被消费的是一种整体的体验。在消费单个文化设施的过程中，所涉及的价值将文化设施和它们的消费者捆绑在更大的整体（场景）中。

简言之，场景研究与过去关于舒适物研究之间的本质性区别，就是囊括了更加多样和广泛的舒适物，并且评估它们通过各种组合所代表的象征性意义[①]。

关系性（Relationality）

要实现对舒适物、参与者和活动的整体性视角，首先要明确地识别这些组成部分之间的各种关系以及这些关系中体现的文化维度。场景分析进一步通过多元文化维度捕捉社会中多种潜在过程和因果关系的关联性。

第一，多过程视角（Multi-process Perspective）。

在城市研究和社会科学领域，长期以来存在着用单一的基本过程来解释世界的倾向，比如创意阶层、信息经济、全球化、后工业化等。在承认所有这些过程的重要性的同时，场景的概念使我们更深入地思考这些过程发生、相互作用和相互渗透的关键问题。通过强调至少 15 个场景维度在每个地方的持续存在，场景的认识论可以为我们提供一个工具，用于识别不同但显著的过程之间的关系。场景理论的文化元素周期表使我们能够比较全球化（本地与全球的）、波希米亚主义（传统与新奇的、越轨与保守的）、合理化（理性与非理性的）、"麦当劳化"（企业与独立的）等宏观社会过程。更重要的是，通过将这些过程落实到

---

① Silver, D. A., Clark, T. N., *Scenescapes. How Qualities of Place Shape Social Life* University of Chicago Press, 2016, p. 33.

具体的城市空间中、识别这些过程发生在何处，场景方法还明确捕捉了愈加重要的休闲和消费的社会过程，但并不取代其他平行的过程。相反，场景过程与工作、居住和行动主义等其他社会过程是平行且关联的。换句话说，场景方法强调多重关联和重叠的过程和模型。

第二，多因果（Multi-causality）。

社会科学中最著名的辩论之一是关于马克思主义的，它起源于黑格尔：马克思的唯物主义将黑格尔的唯心主义进行了"重置"。这个隐喻意味着有两种宏观的因果机制：唯物主义和唯心主义。然而，在19世纪末，社会科学发生了变化，从阿尔伯特·爱因斯坦到查尔斯·桑德斯·皮尔斯等人的哲学著作看，世界越来越多地被描述为具有概率论特点，而不仅或不再仅被描绘为决定论特点。这种变化意味着许多因素影响着人们的日常决策，例如，在餐厅菜单上选择什么样的食物。这个看似简单的选择实则取决于菜品的价格、图片、他人的选择、这家餐厅的知名度、社交媒体的评价等众多因素，且这些因素都可以同时存在。

多因果性与多过程视角有关但不同。例如，人们可以将世界看作由多个基本过程组成，而不是将这些过程归因于一个单一原因，比如全球化、技术、经济增长等。场景方法强调多个相关因果因素在多过程世界背后的作用：没有单一因素或因果机制可以决定社会现实的复杂性。相反，研究者将场景与其15个不同维度添加到因果模型中，以及传统因素如土地、劳动力、资本、教育等。此外，场景可以位于因果模型的任一端，以复杂的方式与多个过程和因素相互作用。例如，场景与就业或教育等传统因素一起，可能是迁移和政治参与过程的驱动因素；或者场景是经济或人口因素的结果，如特定社会群体和机构的集中分布。场景还可能构成了重要的交互因素，放大技术产业集群对当地经济发展的影响。

研究者在讨论场景的15个维度时，明确地提出了一个观点：生活不可由单一原因理解。相反，每个场景都有多个维度，即便其中一些维度（如传统主义、地方主义或邻里关系等）在影响社会行动方面可能会更具影响力。一个简单的替代方法是为15个维度中的每一个维度给出1

到 5 的分数，代表在这一价值维度上由弱到强的区分。结合整体主义原则，对所有维度的综合评分显示出一个地方在某一维度上可能得分较低以及具体有多低，而不是仅仅假设只有一个或两个维度可以说明问题。

情境性（Contextuality）

场景的情境性原则强调了多层次分析和研究的可比性。正如邻里和家庭对居住和遗传进行了情境化，职业对成就和工作进行了情境化，场景为个体提供了特定的社会情境，让人们能够基于对着装、饮食、音乐、艺术等方面的感知方式进行互动。

第一，多层次分析（Multi-levels of Analysis）。

在场景分析中，文化敏感性被明确且一致地在多个层次的分析中进行情境化。场景的概念并不假设一个固定的空间单位；相反，它可以灵活地应用于社区、城市、区域或国家。我们建议将场景的分析和比较嵌套在多个分析层次中进行。例如，使用"中国村庄"这个术语立即涉及两个分析层次：国家，即中国，以及一个小的地方单位，村庄。更准确地说，如果我们考虑中国所有的村庄，我们可以使用一般性的术语"村庄"。但是，如果以场景的方式进行思考，这就意味着要了解每个村庄的名称，因为它们有所不同，并与其所处的县、市、省份、国家等多个层次相连接。换句话说，通过对地方、国家和地区等多个层次进行情境化，可以更有意义地对村庄层面的场景进行研究和比较。

这些分析层次与之前提到的多因果性和多过程视角密切相关。相比之下，国家、省份与村庄作为分析层次的重要性如何？场景分析不仅鼓励以这种方式思考，而且还提供了如何使其更加精确和具体的方法。它使我们能够捕捉并综合不同地理尺度上的地方和全球因素：社区、州、地区和全球[①]。根据舒适物的文化和象征意义的组合，一个城市可以同

---

① Cary Wu, Rima Wilkes, Daniel Silver and Terry Nichols Clark, "Current Debates in Urban Theory from a Scale Perspective: Introducing a Scenes Approach", *Urban Studies* 56（8），2018，pp. 1487-1497.

时承载在多个分析层次中有意义的场景。例如，如果一个城市拥有大量的世界500强企业和国际航班，那么它很可能承载着一个全球性场景；同样，如果一个城市集中了政治和政府机构，那么它可能呈现出一个在国家层面上显著的政治场景。因此，场景分析可以捕捉到社区场景、国家场景、地区场景和全球场景，以及由较小场景之间的互动所创造的大场景。新芝加哥学派的场景研究是多层次的，同时将个人置于社区中，而社区相互联系并与周围城市及更广阔的世界相连。

第二，可比较性（Comparability）。

要想对自己的情况进行情境化，首先必须将其与他人的情况进行比较。因此，可比性是情境性原则的核心，他们强调如何从一开始就使场景研究具有可比性。更一般地说，他们的数据之所以有趣，恰恰是因为它们使比较成为可能。如果不能与其他城市以及全国平均水平进行比较，我们将不知道所看到的是什么。上升、下降、高、低、一致、不稳定的含义都是相对的，如果无法将其与其他地方、过去和现在进行比较，你甚至无法真正理解眼前的现象。从亚当·斯密（Adam Smith）和查尔斯·库利（Charles Cooley）到埃米尔·涂尔干（Emile Durkheim），这是社会理论中的一个经典观点：如果不通过别人的眼睛来感知自己，你就无法感知自己。

这就是他们坚持强调以广泛比较为基础进行数据收集的原因：他们的目标不是为了做大而做大，而是因为比较是智慧和自我理解的起点。因此，他们会建议系统地对城市文化进行编码和测量，使用相对标准化的15个场景维度框架，使村庄、城市、地区甚至国家可以进行比较。诚然，正如他们在以前的作品中强调的那样[1]，这15个维度无法涵盖世界各地场景文化意义的全部复杂性。相反，它们可以被明确和不断地重新解释和修订，特别是在不同国家背景下。尽管如此，它们作为一个

---

[1] 〔加〕丹尼尔·亚伦·西尔、〔美〕特里·尼科尔斯·克拉克：《场景：空间品质如何塑造社会生活》，祁述裕、吴军等译，社会科学文献出版社，2019，第55~99页。

有效而至关重要的共同基准，可以供国际场景学者推进有意义的比较研究。

然而，具有可比较的数据是以一套相似的文化维度去思考、去测量的案例比较研究的前提条件。例如，考虑如何测量和比较两个社区之间的具体差异，其中一个更具地方性和传统性，而另一个更具国际性和创新性。在理想情况下，如果研究者恰好对两个社区非常了解，就可以凭借个人经验自信地描述这些场景维度上的差异。但通过关于日常活动和舒适物的标准化数据可以进行统计分析，可以更精确地显示社区之间本土性或传统性的差异，或者可以询问居民或一部分关键知情人（Informant）打麻将或跳广场舞等的频率。也许一些问题可能已经包含在以前的综合调查问卷中，然后就可以将这两个社区与数百或数千个社区的调查结果进行比较。许多标准化人口普查和调查问卷正在世界上诸多国家进行，比如世界价值观调查（World Value Survey）、国际社会调查计划（International Social Survey Program）、中国综合社会调查或美国综合社会调查（General Social Survey）等，这些都是场景分析的重要数据来源。通过这种方式，我们可以更加明确地比较本土性或其他维度在国际或国内区域之间的差异。

四　数据与方法

综上所述，整体性、关系性和情境性是场景理论最基本的三个认识论原则。然而，作为一个实证研究计划，我们还需要确定一组与这些理论设想相匹配的方法论原则，包括研究方法、数据和学习合作等方面。

多数据来源（Multiple Data Sources）

为了全面、准确地捕捉城市的整体社会文化背景，场景分析必须尝试在各种数据类型之间进行校准。过去的场景研究使用了数百种数据类型，从照片到社交媒体信息，从问卷调查到"专家消息来源"。实际上，场景分析强调同时采用多个数据来源，因为它们可以同时结合并加强其中任一来源。正如在下一部分将讨论的那样，构建全面的舒适物数据库是场景分析方法中对城市设施进行综合性和关联性分析的第一步。为了构建这样一个覆盖范围最广、最精确的数据库，关键是通过"对照表"（Crosswalk File）合并多个舒适物数据来源。此外，结合定性和定量的场景数据也尤为重要。例如，结合特定场景的定性观察，可以对特定国家和文化背景下场景维度的含义进行修订或扩展，并进一步指导对大规模定量数据的解读。同样，国家或地区统计数据可以将个案的翔实描述置于更广泛的社会背景中，从而使更有意义的概括和案例的"可比性"成为可能。

多方法（Multi-methods）

多方法与多数据来源原则有关但又有所不同。虽然定量数据通常对应定量方法，反之亦然，但也存在明显的例外。例如，访谈是一种定性数据来源，但可以使用定性或定量方法进行分析。更一般地说，结合多个数据来源是为了更好地描述世界，而采用多种方法是为了更好地解释它。就像需要多个数据来源来互相验证其有效性一样，需要多种方法来评估不同分析结果的一致性，并相互补充，以构建最终的解释模型。

在广义上，多方法原则是寻找将定性和定量方法结合的方式。例如，可以将相当直接的定性来源（如观察、访谈和轶事）与标准测量数据（如该地区的人口统计数据）结合起来。这种方法在其他研究中很常见，在我们的场景理论中则占据核心位置。整体性和关联性是场景的核心原则，它们恰好结合了这些方法：我们对城市舒适物的符号意义进行定性解释和编码，同时对大量舒适物数据进行定量统计分析，以构建特定地区的整体场景轮廓。

共同进步和相互学习

尽管许多场景学者对场景的理解有所不同，但随着他们继续研究不同类型的场景，试图理解它们，比较观点、比较方法和比较数据，就会发现场景概念的强大之处，以及它何以能够比许多过去的观点提供更好的理解。场景理论不试图取代过去的社会科学和政策制定理论与分析方法，而是希望与它们相结合，更加连贯地整合出一种更适合当下的方法。

五　场景分析指南

场景的选择

场景的选择并不存在什么既定的标准。不同研究所关注的场景类型和规模有很大的差异。它可以是一家咖啡馆或一家社区茶馆、一条街道、购物广场、热闹的社区，或像成都那样的城市。根据你最感兴趣的话题，你可以选择关注一个空间单位、一个特定的现象，或者某种社会过程。从这个角度来看，你的选择案例可能包含不同内容。

在本章中，新芝加哥学派提出了各种场景分析的方法。你可以选择定量视角并进行统计分析，使用各种空间单位的大数据或"小数据"。你也可以做定性研究，专注于一个或几个案例研究。你还可以结合这两种方式。实际上，场景分析强烈鼓励结合各种数据来源和研究方法，以便深入我们试图解释的文化现象的最深处。

简单的规则是，你选择的案例和研究主题必须是有趣的。是什么让它有趣？对于案例的简单描述（Simple Description）往往是不足的，因为它无法说明一般的社会情况。因此，为了使一个案例有趣，就需要解释案例反映的某种更加普遍的现象，例如，为什么一些区域发展得更快，什么因素吸引创意阶层来到城市，什么类型的社区有利于共同体的形成。

此外，对于一个案例的研究将如何提升我们对于城市动态和社会生活的认知，或改善我们既有的研究方法和结论？诚然，你不需要完整回答上述每一个问题再开始研究，这也不切实际。但是，我们认为明确并细致地思考这一系列问题将有助于场景的选择以及研究的推进。

从舒适物开始

当你确定了研究的场景,下一步就是观察其中的舒适物(Amenities),如咖啡店、美容院、自行车道、茶馆等。舒适物是什么?尽管国际学者在不同研究阶段和领域提出了不同定义,但总体来看,舒适物的核心属性并没有太大差异,即能给居民带来舒适和愉悦体验的事物,包括设施、活动与服务等,并且这些事物能够提升地方生活质量。

城市中的清新空气、美丽公园、特色美食街等都能起到类似作用[1]。但是,并不是每个舒适物都同样契合场景分析。美术馆、咖啡店、书店可能比加油站和停车场能揭示更多的文化意义。因此,研究者必须决定在场景中包含什么舒适物以及包含多少,就像导演必须决定在镜头中包含什么一样。太多场景会搅乱局面,太少则不能充分捕捉一个地方的活动和实践特点。一个合理的解决方案是囊括最广泛的舒适物类别——从歌剧院到广告公司,从鲶鱼餐厅到律师办公室,以识别定义当地场景中多样化的活动和实践[2]。当然,无论是出于特定的理论框架还是具体的政策要求,研究者可能想聚焦一部分最重要的舒适物。但是无论如何选择,你都需要知道选择的原因和目的是什么。

接下来,我们可以开始寻找舒适物的数据来源。有很多的可能性,所以要四处寻找!你可以使用公共登记册挖掘丰富的网络资源,或者观察和记录你住所周围的店铺和活动。每种方法都有其优点和缺点,如果你能意识到它们的优势和局限性,并遵循一套基本的研究规则,那么所有的方法都是可取的。

公共登记册

关于商业活动的官方登记册(如美国的商业登记册 BIZZIP、波兰

---

[1] 吴军、王桐、郑昊:《以舒适物为导向的城市发展理论模型——一种新的国际城市研究范式》,《国际城市规划》2022年第7期。

[2] Silver, D. A., Clark, T. N., *Scenescapes. How Qualities of Place Shape Social Life*, University of Chicago Press, 2016, p. 33.

的 REGON、欧盟的 NACE、全球的 ISIC）似乎是最明显的选择。这种数据来源的最大优势是符合客观性，并且在国际上具有一定的可比性。每个从事商业活动的实体都有义务进行注册，并拥有由国际机构编纂的注册号码，这就提供了可比性。然而，这类数据库的最大弱点是商业分类的类别过于宽泛，几乎没有告诉我们某个实体所提供的商品或服务的文化性质。

黄页

我们过去经常使用的一种数据来源是电话簿（美国黄页 Yellow Pages，波兰的 Polskie Książki Telefoniczne，等等）。黄页中的舒适物类别比公共登记册丰富许多，但其数据来源不太可靠，因为黄页往往只包括那些决定付费登记的实体。因此，各种商业实体在这个数据库中的代表性参差不齐。

照片

数字永远不会说谎，图像也是如此。一张照片有时可能比数据传达的信息多得多。使用照片！你可以去散步，自己观察市容，拍摄照片来记录场景数据，然后对照片材料进行编码。显然，通过这种方式收集的数据量是有限的，但它的可操作性较高，对于几个城市或几个街区来说，更容易做到。这种方式最大的优点在于收集的数据是百分百准确和可靠的，毕竟这是你用自己的眼睛观察到的。一个进阶的方法是地理编码（Geocoding），确保在你拍照时打开地理定位功能（如通过智能手机），然后通过地理编码软件（如 ArcGIS）读取位置数据和代码，以制作场景地图。这些照片可以作为案例研究或更复杂的量化分析的良好开端。

专栏 4-1　视觉社会学（Visual Sociology）

视觉社会学作为社会学的一个分支领域，已经发展出使用视觉材料作为独特数据来源的研究方法。视觉方法常常被用来理解和解释图像，不仅包

4 要义：场景理论的科学方法准则　149

括摄影，还包括电影、录像、绘画、素描、拼贴、雕塑、艺术品、涂鸦、广告和漫画。这是一种新颖的定性研究方法，源于人类学和社会学中使用的传统民族志方法。比如照片随笔，即将一系列静止的照片与文字一起呈现。韩国的 Chad Anderson 就采用视觉方法进行场景分析。在 Anderson（2015）的研究中，研究人员拍摄了 826 张照片，涵盖了松岛新城的所有 520 种舒适物。然后根据照片中舒适物类型和数量对其逐一编码，进行场景分析。

松岛新城场景照片示例

合法性

戏剧性

真实性

——摘自 Anderson, Chad. "The Scene of New Songdo", *Asian Journal of Cultural Policy* 2 (2), 2015, pp. 1-17

数字地图

数字地图（如百度、高德和谷歌提供的地图）提供了世界各地成百上千种舒适物类别，而这个数据来源正在被场景学者们广泛开发。通过观察并记录电子地图上一个区域内的舒适物类别和数据，足不出户就可以概览一个区域整体的场景风貌，同时使得系统性的国际比较分析成为可能。比如，西尔（Silver，2022）通过系统性获取并分析 Google Places 数据，将其与各地 Yelp 点评分类合并，在世界范围内获得更加全面的舒适物数据和一致地理分析单位，对部分国际城市进行了初步的场景分析[①]。

社交媒体（美团、Yelp 等）

有时，舒适物的类别和数量无法全面衡量一个场景的文化意义，因

---

① Silver, Daniel, "Using Google Places to Compare Scenes Internationally", *Scenes (China) Summit*, 2022.

为我们无法洞悉店铺环境和消费活动，包括氛围、互动、情感和意义。社交媒体的数据恰恰弥补了其他数据来源的缺点：透过一家餐厅的评分、评论数量和内容，我们可以较为深入地了解用餐地的场景特点。在社交媒体上，消费者的用餐评论就是场景维度最直观的体现。比如，菜系是地方的还是混合的，装修是前卫的还是传统的，服务是热情的还是冷漠的。同样地，我们可以通过概览一个街区内几家店铺的评论了解这些舒适物组合形成的场景风貌。依靠更加精密的数据分析方法，我们甚至可以抓取整个区域乃至城市舒适物的评论，对其进行词频分析，了解城市场景的整体特征及变化趋势，如 Olson 等的研究[①]。

使用各种数据来源的组合

通过合并多种数据库，可以在各种来源之间取长补短。因此，我们需要准备一个过渡文件，即所谓的对照表，用来合并数据库。例如，在对波兰和西班牙的场景研究中，我们决定合并来自公共登记册（REGON）和电话簿（PKT）的数据。如上文所述，公共登记册的舒适物分类更加笼统，但是更加准确可靠。电话簿数据虽然包含更加具体的分类，但是可靠性偏差。为了取长补短，我们将两个数据来源的舒适物分类进行一一对应，制作一份横道图表格。例如，公共登记册的大类"餐饮活动"对应 PKT 数据中的小类，如中国餐馆、意大利餐厅、希腊餐馆等。以此类推，我们可以将两个数据库中的所有舒适物类别和数量结合起来。

对照表就像归纳元素的集合（Set）和子集合（Subset）：元素是舒适物，而集合是舒适物的类别。这些类别的具体情况不一，因此具体的类别可以分配给更普遍的类别。如表 4-1 所示，一般的舒适物类别"体育用品"（集合）对应着更具体的类别（子集合），如"高尔夫设备、配件""马术运动用具""帆船装备"。其中，"体育用品"的数据

[①] Alexander W. Olson, Fernando Calderón-Figueroa, Olimpia Bidian, Daniel Silver, Scott Sanner, "Reading the City Through its Neighbourhoods: Deep Text Embeddings of Yelp Reviews as a Basis for Determining Similarity and Change", *Cities* 110, 2021.

来自公共登记册，而"高尔夫设备、配件"的数据来自电话簿。然而，在计算场景绩效得分（Performance Score，Pfs）时，我们不能直接合并两个来源的舒适物数量，因为许多"元素"会重复出现：它们既会被算作"体育用品"，也会被算作"高尔夫设备、配件"。因此，我们需要从子集（"高尔夫设备、配件"）和集合（"体育用品"）中的元素数量中计算出特定元素的真实数量。交叉比对（Cross-Walk）有助于将子集类别分配给集合。一旦定义了集合和子集，我们就可以在 Excel 文件中进行计算，即将子集中的元素数量相加，再计算其与集合的元素数量的差别，从而确定每个舒适物的类别和子类别的真实数量。最后，我们将最终的舒适物类别和数量录入一个新数据库，也就是"舒适物数据库"（Amenities Database，见表 4-2）。通过交叉比对（Cross Walk）将不同来源的数据进行组合，我们能够收集更具体的舒适物类别、分析更复杂的组合，同时确保数据的可靠性和准确性。

表 4-1　对照表示例

var #	名称	标签	来源	var #	名称	标签	来源
9004764	G4764	体育用品	PKD	248	golfsprz	高尔夫设备、配件	YP
9004764	G4764	体育用品	PKD	308	jezdzart	马术运动用具	YP
9004764	G4764	体育用品	PKD	1001	zeglsprz	帆船装备	YP

表 4-2　舒适物数据库示例

lp	var#	变量名	标签	来源	城市 1	城市 2	城市 3	城市 4	城市 5
1	9001101	C1101	白酒生产	PKD	0	0	0	0	0
2	9001102	C1102	葡萄酒生产	PKD	0	0	0	0	0
3	9001105	C1105	啤酒生产	PKD	0	0	0	0	0
4	9001811	C1811	报社印刷厂	PKD	0	0	1	0	0
5	9002341	C2341	陶器生产	PKD	1	0	0	1	1
6	900262	C262	电脑生产	PKD	1	0	0	1	1
7	900267	C267	摄影器材生产	PKD	0	0	1	1	0
8	900321	C321	珠宝生产	PKD	0	2	1	1	2
9	900322	C322	乐器制作	PKD	0	0	0	1	1
10	900323	C323	体育用品生产	PKD	0	0	0	0	0

文化维度的抽象

研究者们通常以单一或有限的舒适物衡量城市文化。然而，根据场景理论的三个基本认识论原则（整体性、情境性和关系性）这种研究方法可能会限制人们对文化机制本质及其变化的理解。

具体来说，计算每种舒适物的数量无法让我们从整体上分析城市与文化，即将其视为一个由复杂关系组成的动态系统。同时，当文化被操作化、简化为单个的舒适物时，其整体的象征性意义的背景也就丢失了。因此，我们需要一种工具来捕捉这一背景，需要一种对城市文化进行整体描述和测量的工具，这正是场景分析所要解决的问题[1][2][3]。

如上文所述，场景是具有象征意义的文化消费实践空间。从这个角度出发，我们可以通过文化消费实践的象征性价值来描述并测量场景。场景的概念试图捕捉地点体验中关键的象征性维度，不是仅识别舒适物聚集的地方，而是分析不同的舒适物组合所促进的具体价值、体验和文化意义。这种组合可能具有什么样的意义？

因此，我们必须上升到意义的更抽象的维度来回答这个问题。我们应该选择哪些维度呢？场景理论建立在当前和经典的文化分析之上，并提出了一套场景的语法（Grammar of Scenes），可以比喻为"文化元素

---

[1] Klekotko, M., Navarro, C. J., Silver, D., Clark, T. N., "Dimensions and Cultural Character of the City", *Cultural dimensions of Polish cities and towns*, eds. M. Klekotko, C. J. Navarro, Jagiellonian University Publishing House, 2015.

[2] Navarro C. J., Guerrero G., Mateos C., Muñoz L., "Escenas Culturales, Desingualdades y Gentrifi Cación en Grandes Ciudades Españolas. Los casos de Barcelona, Bilbao, Madrid y Sevilla", *Metamorfosis Urbanas*, ed. J. Cucó, 2012, pp. 109-132.

[3] Silver, D. A., Clark, T. N., *Scenescapes. How Qualities of Place Shape Social Life*, University of Chicago Press, 2016, p. 33.

周期表"①。场景的语法包括三个文化维度：合法性、戏剧性和真实性，每个维度都由5个具体的子维度组成（见表4-3）。

表4-3 场景的15个文化维度

合法性(Legitimacy)	戏剧性(Theatricality)	真实性(Authenticity)
传统的(Traditional)	爱炫的(Exhibitionistic)	地方的(Local)
领袖魅力的(Charismatic)	迷人的(Glamorous)	国家的(State)
实用主义的(Utilitarian)	睦邻的(Neighborly)	族群的(Ethnic)
平等主义的(Egalitarian)	越轨的(Transgressive)	企业的(Corporate)
自我表达的(Self-expressive)	正式的(Formal)	理性的(Rational)

首先，合法性维度描述了指导文化消费实践并使之合法化的价值观与动机。它划定了适当和理想的生活方式，决定了哪些行为方式是好的、哪些是不好的。我们以社会学的经典专著为基础②③④⑤，强调日常实践和场景中隐含的道德价值。文化消费实践的合法性可能来自传统（强调来自过去的权威）、领袖魅力（来自领袖和明星的气场）、自我表达（每个人都有表达自己独特、原创和自发想法的权利）、平等主义（每个人都有平等机会、普遍互惠的价值准则）或实用主义（强调纪律、效率，以及对于未来价值和效益的追求）。

其次，戏剧性维度从表演的角度理解文化消费实践，描述人们在彼此面前扮演角色的性质：他们希望如何被人看待，以及他们如何看待他

---

① 〔加〕丹尼尔·亚伦·西尔、〔美〕特里·尼科尔斯·克拉克:《场景:空间品质如何塑造社会生活》, 祁述裕、吴军等译, 社会科学文献出版社, 2019, 第18~54页。
② Weber, Max, *Economy and Society: An Outline of Interpretive Sociology*, University of California Press, 1978.
③ Bellah, Robert, et al., *Habits of the Heart*, University of California Press, 1996.
④ Elazar, Daniel, "The American Cultural Matrix", in *The Ecology of American Political Culture*. eds. Daniel J. Elazar and Joseph Zikmund II, Thomas Y. Growel, 1975, pp. 13-42.
⑤ Habermas, Jürgen, *The Theory of Communicative Action*, Beacon Press, 1981.

人。社会学文献强调了社会互动的表演性①②以及相互自我展示（Mutual Self-display）的重要性③。在此基础上，他们将戏剧性列为场景的三个文化维度之一。然而，场景理论认为戏剧性同样是多维度的：睦邻的（基于亲密的、"熟"的和接近的关系的行动）、越轨的（向别人展示超越普遍接受的规范的行为模式）、爱炫的（人们关心被别人"看见"和欣赏）、迷人的（人们试图引领潮流，并把时尚传播给别人），以及正式的（遵循严格的规则和礼仪）。

最后，真实性可以被理解为"一种基本的身份感"，也就是文化消费实践中表达和实现的身份内涵。该维度源于大量强调真实性的文献④。在过去关于场景的论述中，真实性的分析通常集中在民族性上，但这个维度具有更广泛的意义，因为场景的戏剧性的"表象"往往与其真实或虚假的"本质"密切相关。因此，继泰勒（Taylor）之后，场景研究认为场景"真实"而非"虚假"的本质可能产生于多种方式，而这些方式对于场景概念的文化传统形成及其后续的发展和繁荣至关重要。每种文化消费行为实际上都是对某种身份的表达以及个人的自我实现。在特定的"舞台"上表演时，个体可以根据当地价值观和传统（地方的）、种族（族群的）、企业价值观（企业的）、国家而非阶级和宗教的公民身份（国家的）或对于个人理性优越性的信念（理性的）来构建自己身份的本质。

---

① Goffman, Erving, *The Presentation of Self in Everyday Life*, Doubleday, 1959.
② Alexander, Jeffrey C, *The Meanings of Social Life: A Cultural Sociology*, Oxford University Press, 2003.
③ Blum, Alan, *The Imaginative Structure of the City*, McGill-Queen's University Press, 2003.
④ Taylor, Charles., *Sources of the Self: The Making of the Modern Identity*, Harvard University Press, 1992; Heidegger, Martin, *Being and Time: A Translation of Sein und Zeit*, State University of New York Press, 1996; Grazian, David, *Blue Chicago: The Search for Authenticity in Urban Blues Clubs*, University of Chicago Press, 2003; Urquia, Norman, "Doin' it Right: Contested Authenticity in London's Salsa Scene", in *Music Scenes: Local, Translocal and Virtual*, eds. Andrew Bennett and Richard Peterson, Vanderbilt University Press, 2004.

如同化学元素周期表，上述合法性、戏剧性和真实性的维度和子维度在社会生活中以不同的比重出现，从而创造不同的场景。每一个场景都鼓励参与者体验不同的生活方式、追求不同的价值并构建不同的身份。比如，自我表达的合法性、越轨的戏剧性，以及地方性的、反理性的、反企业的真实性的结合，创造了一种"波希米亚场景"（Bohemian Scene）。相反，睦邻的戏剧性、传统的合法性以及地方的真实性创造了一种"社区场景"（Communitarian Scene）[1]。除此之外，还有许多具体的场景类型，如"爱乐之城场景"（LaLa Land Scene）、"迪士尼天堂场景"（Disney Heaven Scene）和波德莱尔的斯堤克斯河（Baudelaire's River Styx），其中每种场景都由特定的维度组合形成。不同的个体有不同的社会身份，受不同的动机驱使，扮演不同的角色，因此会寻找不同的场景。

量化文化维度

场景理论的主要目标之一是对任一空间单位的文化特征进行定量测量。为了做到这一点，需要对空间的象征性意义进行量化。因此，一种被称为"场景数学"的策略被开发出来，将难以捉摸的文化价值和印象转化为可统计分析的数字。研究者创建了5分制的场景编码规则，对每个舒适物在15个维度上给予适当的赋分。赋分为5意味着该维度所代表的文化价值是该舒适物的本质。换言之，这种舒适物的存在是为了让消费者实现这些价值。另外，赋分为4意味着舒适物为实现这一维度的文化价值服务，但该维度不是其消费体验最重要的方面，也不决定舒适物本质。赋分为2意味着舒适物所提供的消费体验与该维度的价值背道而驰，但并不完全排除这种价值。如果舒适物不仅与该维度的象征意义相反，而且排斥这种意义，我们对其赋予1分。给那些与该维度无关的舒适物赋予3分，也就是说，该维度既不属于舒适物的消费体验，也不

---

[1] Silver, D. A., Clark, T. N., *Scenescapes. How Qualities of Place Shape Social Life*, University of Chicago Press, 2016, p.33.

与其相矛盾。如果我们无法确定一个舒适物在某维度的赋分，那么就赋分为99，作为数据分析的缺失值。表4-4是一个为各维度赋分的示例。

表4-4 各维度赋分示例

var#	变量名	标签	来源	传统性	实用性	自我表达性	平等性	领袖魅力性	爱炫性	越轨性	迷人性	正式性	睦邻性	地方性	族群性	企业性	国家性	理性
495	Medest	医学美容	YP	2	2	3	2	3	4	3	4	3	3	3	3	3	3	2
509	models	模特机构	YP	3	3	3	2	3	5	3	5	3	3	3	3	4	3	2
514	music-ians	音乐家、乐队	YP	3	2	5	3	4	3	3	3	3	3	3	3	3	3	2

编码过程是场景研究中最耗时的阶段，通常需耗时数月。舒适物编码往往由几人或数十人组成的编码员团队完成。编码员必须"能说场景的语言"，他们是将舒适物"翻译"成15个场景维度意义的关键。因此，编码员必须全面了解场景理论及维度的定义。他们会得到一份编码员手册（Coders' Handbook），其中详尽说明了各维度的定义和编码过程。他们的任务是给每个舒适物在15个维度分别赋分。完成第一轮编码后，团队应该对所有编码进行一致性分析（Inter-coder Reliability），从而确定成员间争议较大的舒适物维度赋分。然后，对有分歧的舒适物进行分析，并进行小组讨论，明确地讨论差异的来源，尽量达成共识。当所有的分歧都得到讨论和澄清，并且每个舒适物编码都满足了一致性标准，编码就大功告成，其结果是编码数据库（见表4-5）。

表4-5 7个随机城市的15个文化维度的表现得分（编码数据库示例）

	传统性	实用性	自我表达性	平等性	领袖魅力性	爱炫性	越轨性	迷人性
城市1	3.19	3.05	2.90	3.03	3.07	2.75	2.70	3.08
城市2	3.18	2.82	2.94	3.02	3.15	2.76	2.70	3.05
城市3	3.23	2.93	2.95	2.97	3.14	2.75	2.70	3.07

续表

	传统性	实用性	自我表达性	平等性	领袖魅力性	爱炫性	越轨性	迷人性
城市 4	3.23	2.87	3.00	2.94	3.13	2.82	2.70	3.10
城市 5	3.21	2.79	3.04	2.99	3.13	2.80	2.73	3.10
城市 6	3.25	2.77	3.01	2.95	3.15	2.83	2.73	3.10
城市 7	3.15	2.89	2.99	3.01	3.11	2.81	2.69	3.14

	正式性	睦邻性	地方性	族群性	企业性	国家性	理性
城市 1	3.09	3.21	3.05	3.05	2.94	3.13	3.19
城市 2	3.04	3.32	3.05	3.03	3.01	3.11	3.04
城市 3	3.11	3.28	3.06	3.03	3.00	3.14	3.09
城市 4	3.00	3.27	3.00	3.03	3.05	3.15	3.08
城市 5	3.01	3.28	3.03	3.06	3.02	3.09	3.03
城市 6	3.05	3.28	3.04	3.04	3.00	3.11	2.98
城市 7	3.04	3.22	3.00	3.02	3.04	3.14	3.07

首先，通过对舒适物的文化价值进行编码，我们得以将城市空间的物理架构转化为一幅场景概况图（Scene Profile）。其次，我们需要将这些编码应用于社会现实，比较不同的城市和地区。为此，我们开发了几种不同的分析方法，每一种都能揭示场景的不同方面。

首先，绩效得分（Pfs）是场景的基本衡量标准，即某类舒适物的数量和某场景维度赋分的乘积，除以分析中包含的所有舒适物的总数量。Pfs 从 1 到 5 不等，它告诉我们文化维度在定义特定空间特征方面的表现和"强度"，这是位于其中的所有舒适物的价值和意义相互作用的结果。因此，如果我们想确定一个具体城市或区域在多大程度上表达了"越轨性"的价值，具体的步骤如下：（1）对所有的舒适物在"越轨性"维度上进行编码；（2）用每一种类型的舒适物的数量乘以其 Pfs；（3）计算所有舒适物"越轨性"赋分；（4）最后将所得的 Pfs 总和除以舒适物的总数。

定量场景分析

在获得每个场景维度的绩效得分（Pfs）后，我们可以继续对场景进行更复杂的量化分析。定量场景分析主要命名模式有三种：文化概况

(Profiles)、维度（Dimensions）和类型（Types）[1][2]。

第一种也是最简单的分析方式是描述一个城市的文化概况。为此，我们需要汇总指定城市在 15 个维度的 Pfs，并观察不同维度之间分数的特定组合。我们可以在图表上用两个轴来说明，其中 X 轴表示 15 个场景维度，Y 轴表示城市在这些维度上的赋分（从 1 到 5）。通过比较几个城市（或城市中的几个街区）的概况，我们可以确定一个特定的城市与其他城市的区别。为此，我们建议对 Pfs 进行集中（Centering），并分析不同城市在特定维度得分的偏差（示例见图 4-7 和图 4-8）。

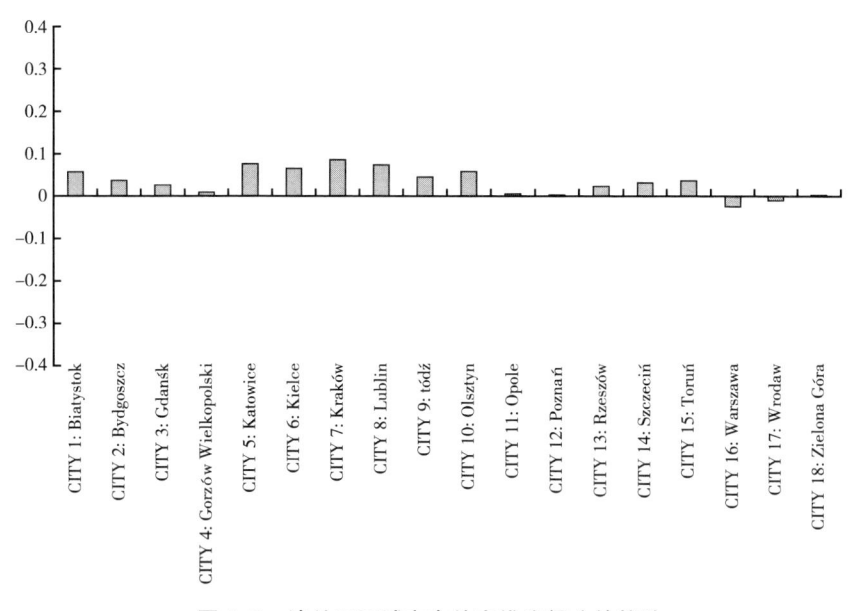

图 4-7　波兰不同城市在特定维度得分的偏差

---

[1] Navarro C. J., Guerrero G., Mateos C., Muñoz L., "Escenas Culturales, Desingualdades y Gentrifi Cación en Grandes Ciudades Españolas. Los casos de Barcelona, Bilbao, Madrid y Sevilla", *Metamorfosis urbanas*, ed. J. Cucó, 2012, pp. 109-132.

[2] Klekotko, M., Navarro, C. J., Silver, D., Clark, T. N., "Dimensions and Cultural Character of the City", *Cultural dimensions of Polish cities and towns*, eds. M. Klekotko, C. J. Navarro, Jagiellonian University Publishing House, 2015.

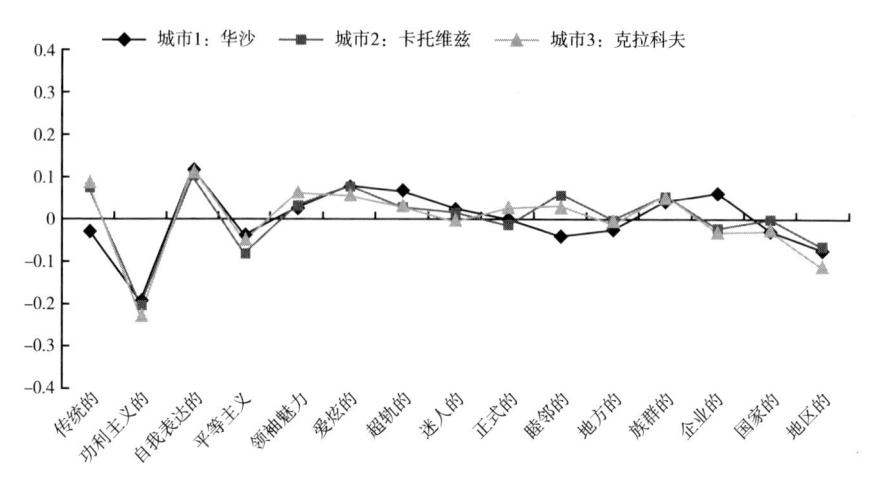

图 4-8　三座城市在 15 个维度上的差异

第二种分析方式旨在确定城市的文化维度。为此，研究者需要对所研究城市在特定维度的 Pfs 进行主成分分析（PCA），计算出 15 个场景维度中最接近和相排斥的几个维度组合，并根据主要的组合特征创建连续性的尺度（Scale）。分析得到的"合成维度"是特定维度的集合体。这样一来，15 个维度就被少数（2~4 个）维度集合所取代，每个集合都表达了一种特定的价值组合。通过这种方式，我们可以了解到哪些价值对城市之间的差异起到了最大的作用。我们能够识别区域内场景的分化主轴及其相互关系。主成分分析应分两个阶段进行。首先对每个子维度开展主成分分析。然后对所有子维度间产生的主成分进行另一轮分析，以确定最终的主因子。

专栏 4-2　主成分分析

主成分分析（Principal Component Analysis，PCA）是一种常用的数据降维（Dimensionality Reduction）和特征提取方法，用于处理高维数据并揭示其内在结构、发现数据的关键特征，同时最大限度地保留原始数据的多样性。它通过找到数据中最重要的特征,即主成分,来实现这一目标。主成分是原始特征的线性组合,其选择是基于数据的协方差矩阵(Covariance Matrix)。通过找到协方差矩阵的特征向量和特征值,可以确定主成分的权重。该方法可用于各种学科领域,如社会学、统计学、机器学习、图像处理等。

——整理自 Cosma Rohilla Shalizi, *Advanced Data Analysis from an Elementary Point of View*, Cambridge University Press, 2021

例如,在对波兰和西班牙的研究中,我们得到了两个类似的主成分(因子1和因子2),以及连续性的尺度。其中,因子1反映了文化独特性和传统主义(Distinction-convention)的划分,而因子2反映了特殊主义和普遍主义(Particularism-universalism)的划分。因此,我们得到了两个具有普遍性的场景尺度或轴线,并且可以根据任何城市或地区的因子数值将其放置在两条轴线上,以了解其文化维度的独特和传统程度以及特殊和普遍程度。其中,因子1反映了典型的发展轨迹,即从小型的、同质的、紧密的农村社区到大型的、异质的和匿名的城市,正如罗伯特·雷德菲尔德经典的"礼俗-城市连续体"(Folk-urban Continuum)概念所描述的。这一发现展示了场景理论在理论和实证方面的强大,因为它可以获得有理论依据和经验证实的概括。

专栏4-3　聚类分析

聚类分析(Cluster Analysis)是一种数据分析方法,用于将一组对象或观测值划分为不同的组(Group)或簇(Cluster),使得同一组内的对象彼此之间更加相似,而不同组之间的对象差异较大。聚类分析的目标是发现数据中的内在结构和模式,将相似的数据点组合在一起,形成具有相似特征的簇。通过聚类分析，我们可以识别出数据集中隐藏的类别或群组，从而提供对数据的更深入理解。

——整理自 Everitt, B., Landau, S., Leese, M., *Cluster Analysis*（5th edition）, Wiley, 2010

第三种分析方式是确定城市的文化类型。为此，研究者将从主成分分析中获得的因子值作为变量，对其进行聚类分析。通过上述主成分分析，人们可以用捕捉到的 2 个维度综合体（或尺度）构建一个矩阵，再根据所有研究的城市和地区的因子值，将其放置其中。具体地，因子 1 形成了具有独特性—传统主义两极的 X 轴，而因子 2 形成了具有特殊主义—普遍主义两极的 Y 轴。

现在，每一个城市都可以定位在两个轴上，也就是两个轴所形成的矩阵中。接着，我们通过聚类分析识别矩阵中具有相似位置的城市和地区，并提取出相应的类别。因此，聚类分析能有效识别文化价值接近的城市或区域，帮助我们提炼更为普遍的文化类型。如图 4-9 所示，对波兰上百个城市地区进行聚类分析，根据识别的三个分组，提炼出三种普遍的场景：社群主义（Communitarian）、多元主义（Pluralistic）、传统主义（Conventional）。社群主义场景的特点是生活方式的高度常规化和文化身份的高度特殊化。多元主义场景在文化上是独特的，包括广泛的文化认同，既有特殊主义也有普遍主义。传统主义场景位于特殊性—传统主义轴线的传统主义部分和普遍主义—特殊主义轴线的普遍主义部分。然后，我们可以通过收集各区域的人口、经济概况以及社会政治现象数据，与场景类型进行相关性分析，来描述以这种方式确定的场景类型。例如，在大城市可以找到多元主义的场景，而在小城镇可以找到社群主义的场景，这些类型与人口规模相关。

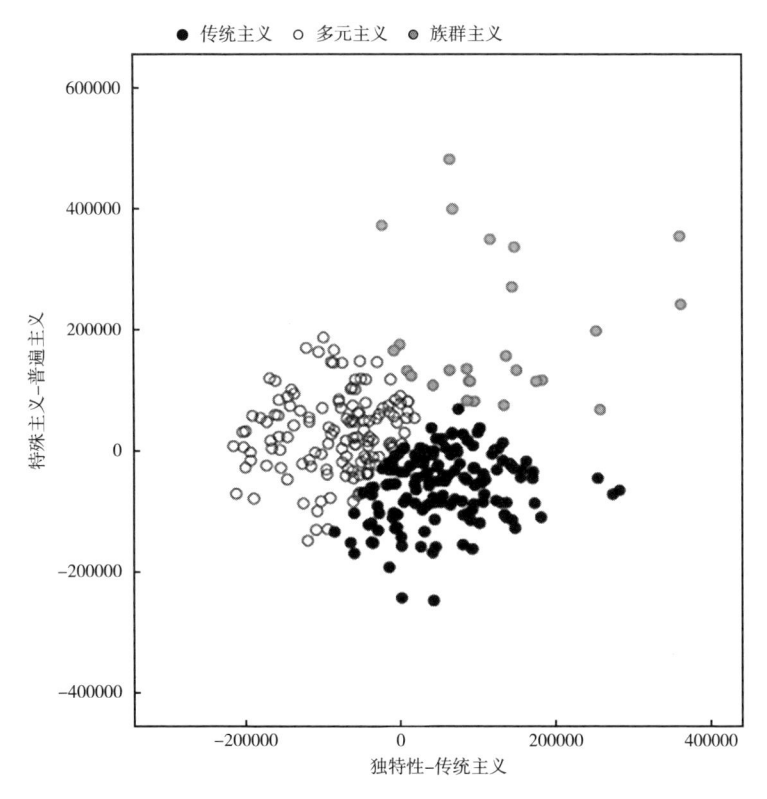

图 4-9　对波兰城市地区的聚类分析

定性场景分析

虽然场景理论能系统性地量化和比较空间的文化特征，但是这并不局限于定量数据和分析。有时，一些现象只能通过实地调研来捕捉。当我们发现一个新的现象时，试图在某种程度上对其进行定性描述（Description）是很正常的，因为我们不确定其背后的关键过程在哪里、如何以及为什么发挥着作用。然而，这并不意味着我们的研究局限于描述性。通过比较案例研究，使用国际参考资料，结合不同的数据来源和观察方法，我们可以寻找更具普遍性的发现。案例研究越多，数据就越丰富，我们就可以进行更深刻的比较和更大胆的归纳。定性研究的一个重要规则就是我们往往不需要重新开始,而是以过去研究为基础,寻找更普遍的结论。

专栏 4-4 定性研究

定性方法是一种科学研究方法,用于获取深入的理解和揭示研究对象的复杂性和丰富性。相较于定量方法,定性方法更注重描述、解释和理解现象的质性特征,而不仅仅是对数量和频率的测量。与定量方法结合使用时,定性分析可以帮助研究者剖析数据的深层次意义。它的目标是通过收集和分析非结构化或半结构化的数据,如访谈、焦点小组、观察、历史分析、文本分析和参与式观察等得到的数据,来揭示被研究对象的内在意义、背后的原因和复杂的社会交互。定性方法有利于解释问题的"人性"一面,识别难以量化和具象化的因素,如社会规范、社会经济地位、性别角色、种族和宗教。定性方法可以帮助研究者深入了解现象的本质、获得新的洞察力,并在理论和实践中做出贡献。

——整理自 Mack, N., Woodsong, C., MacQueen, K., Guest, G., Namey, E., *Qualitative Research Methods: A Data Collector's Field Guide*, Family Health International (FHI), 2005

异常个案分析

我们将以异常个案分析(Deviant Case Analysis)为例,为定性场景研究提供一种思路。异常个案分析是一种典型的定性研究方法,它聚焦与过去研究的特定假设或解释相矛盾的特殊案例(Molnar, 1967)。保罗·拉泽斯菲尔德(Paul Lazersfeld)指出,这种研究"通过完善实证研究的理论结构,提高其研究结果的预测价值"。对异常的个案进行分析,可以帮助修正和改进现有的理论,比如对城市发展的理解以及场景的明确作用。作为异常个案分析的典范,李普塞特、特罗和科尔曼利用国际印刷工会(International Typographical Union)的异常个案来挑战米歇尔斯（Michels）的"寡头铁律"（Iron Law of Oligarchy）①。同样，继其开创性著作《新教伦理与资本主义精神》，马克斯·韦伯进一步研究了巴勒斯坦、印度和中国的古代历史，并将其与西方历史进行对比，试图说明为什么西方的"资本主义精神"的异常个案没有出现在其他地方。

如何判定一个案例是异常的？我们怎么知道它在某些方面是异常或反常规的？以中国成都市为例，如表4-6所示，在2021年春节期间，成都的游客数量几乎是同期上海的3倍。参考此前5年的年均游客数量，尽管成都的数字在整体上落后于北京和上海，但是其增长率明显高于北京和上海（见图4-10）。为什么成都能比中国最重要的两大城市吸引更多的游客？成都及其场景有什么独特之处？我们可以从成都案例中吸取哪些更为普遍的经验？

表4-6　2021年春节期间（2月11日~2月17日）成都、北京和上海的旅游数据

	游客和参观者(百万人)	旅游收入(10亿元)
成都	14.476	12.76
北京	6.632	4.25
上海	5.92	6.62

数据来源：各市文化和旅游局。

我们可以从很多角度回答这类问题，但结合对场景的关注，中国场景研究团队与成都市政府领导、规划师、基层工作人员合作，分析场景在成都的发展中的重要作用。为了回答这一关键问题，我们需要结合许多不同的方式来描述具体的过程，包括经济、生活方式、娱乐、生态、科技等。成都的答案是通过场景对这一系列因素进行整合，以寻求更加

---

① Seymour Martin Lipset, Martin A. Trow, James S. Coleman, *Union Democracy—The Internal Politics of the International Typographers Union*, The Free Press, 1956.

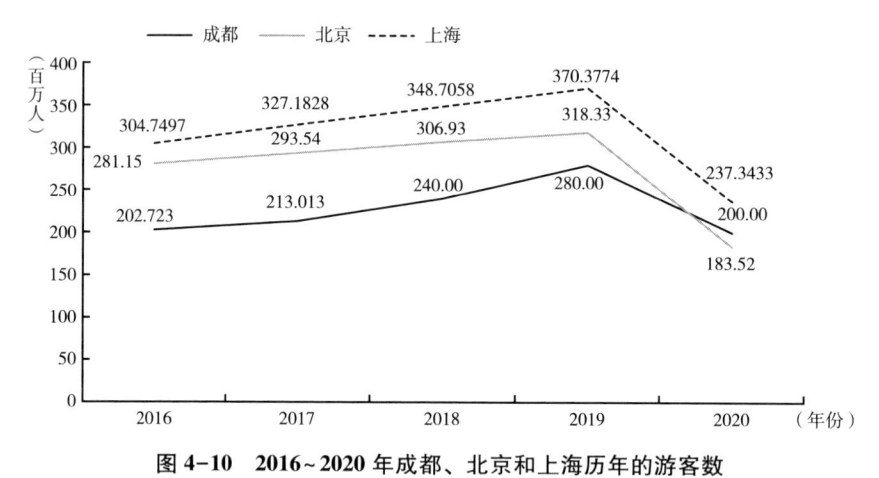

166　场景文化力：新芝加哥学派解读城市发展

图 4-10　2016~2020 年成都、北京和上海历年的游客数

数据来源：各市文化和旅游局。

全面系统的城市规划。自 2017 年以来，成都率先将场景概念运用于城市政策制定之中，提出并实施了全球首个"场景营城"城市发展战略。针对成都发展过程中遇到的关键痛点和需求，成都场景营城的概念体系中提出场景政策的四个关键创新——应用场景、消费场景、社区场景和公园场景。多维度场景营造和场景系统建设更强调多个政府部门、多方社会主体有效配合协作。因此，成都将场景思维运用于机构创新与部门重构之中，建立新经济发展委员会、公园城市建设管理局、城乡社区发展治理委员会等新机构，推动部门之间的联动与协作。通过这些创新举措，成都已经系统性地将场景纳入其整体政策设计和创新，并将场景营造应用于城市的生产、消费和治理，这在全球是独一无二的。这些新的成都场景在过去几年中产生了巨大的城市"蜂鸣"（Buzz）效应，吸引了众多来自中国和世界各地的居民和游客。

从社会科学的角度来看，成都可以被认为是一个"不同寻常的案例"——超乎寻常的城市案例，在与北京和上海这样的重要城市竞争当中迅速崛起，大放异彩。从场景的视角来看，成都"场景营城"的创举更使其成为重要且超乎寻常的城市案例。场景营造可能是成都近年来迅猛发展的关键因素之一，而识别这一因素只是研究的开始。我们必须思考更具体的问题：这些场景是什么样的？它们在哪里？由什么组成？这些场景究竟是如何产生蜂鸣效应、吸引游客并带来增长的？这些过程在不同案例中是普遍相似还是明显不同？哪些过程比其他过程更有效？我们如何从这些案例中归纳关于成都和由场景驱动城市增长的更普遍的理论？

为了回答这些问题和充分捕捉并且归纳这些过程，我们需要深入成都的一些新兴场景中去，走访不同的社区和街道，记录舒适物的分布和组合，观察其中的文化消费实践和活动，倾听居民和游客的声音，并以整体的场景视角剖析其中的文化和象征价值，就像波德莱尔笔下的巴黎的漫游者（Flaneur）。这种研究无法依赖冷冰冰的数据和复杂的定量分析来实现，特别是考虑到这些场景日新月异的变化，我们需要时效性更强的第一手资料。因此，我们要首先从日常活动的场景中细致地收集定性材料，并进行"定性场景分析"。本节将为此提供一种大概的研究思路。

第一，选择你的"案例"。这一步伴随着几个重要的问题：这个场景是一个异常个案吗？更具体地说，这个场景有什么独特之处使它脱颖而出？也许，这个崭新的场景引起了全市乃至全国的关注，如一个非常规的购物中心或前卫的艺术展览。也许，这是一个普通而传统的场景，虽然很少引起外界的注意，但对当地的社会结构至关重要，比如邻里的广场或胡同。这两类场景都可能是极有价值的案例。更进一步说，过去的相关研究聚焦了哪些方面？又忽略了什么？根据场景多层次分析的原则，定性场景的分析层面也是灵活的，比如城市层面、街道/社区层面，还有特定的舒适物或空间层面。

第二，结合文献材料、实地观察、访谈和照片等，按照场景的5个关键组成部分对案例进行翔实的描述（Thick Description）：地点、舒适物、参与者、文化消费实践以及象征符号与文化意义。第一是地点，描述该场景的地理、历史、社会和文化背景。我们需要考量一系列问题：它位于这个城市的什么区域？这个社区的主要特点是什么？周边的情况如何？这里最近有什么变化和发展？第二是舒适物的类型和组合，包括居民楼、餐馆、购物中心、企业、政府组织、公共空间等，密切关注这些舒适物的数量和位置、相对密度、多样性及近期的变化。第三是场景参与者的种族、收入、年龄、职业、消费特征等信息。这一部分可以通过采访、问卷调查以及区域人口普查等多种渠道进行测量。当然，我们需要区别不同的参与者群体，比如游客、居民、管理者、商家，因为他们与场景的关系有着显著的差异，可能影响不同的场景动态。第四是场景中的文化消费实践活动，包括这些活动的类型、数量、规模、参与者的特征和组织。第五是社区、舒适物、参与者和活动的整体结合所孕育的文化意义与象征符号价值是：是否有场景的参与者所共享的关键价值，或者说有多种相互竞争的价值。

如果选择在一个较小的范围内关注一个特定的舒适物或空间，可以考虑相应地调整上述四个关键组成部分，同时仍然坚持整体性的场景原则。比如，如果你关注的场景是一个公共图书馆，那么可以设计一套相应的微观场景架构，比如图书馆所处的街区或社区、其提供的多元文化内容、具有不同需求的用户、图书馆活动的组合及其培养的价值观。

第三，仔细勾勒出场景的布局后，你可能已经收集了足够的材料来识别和评估场景的文化维度。这在很大程度上依赖于对 15 个场景维度的理解和解释，以及如何与定性研究材料紧密结合，得出特定场景在各个维度上的评价。本章已经较为详细地解释了这些维度。其中，我们强调的一个关键原则是尽量直接使用受访者的观点，而不只是根据研究者的理解进行转述。记录下受访者确切的语句，向读者解释其重要性，并与关键概念相连接。认真倾听他们所言所写，无论是日常对话还是正式采访，无论是诗歌和歌曲中优雅的句子还是浮夸的广告，无论是政府政策文件中的正式声明还是社交媒体上的兴奋表达。这些都是获取和评估可用的定性数据来源的方法，而这些来源可能演变成更大规模的定量分析数据库，用于分析不同亚群体（Subgroup）、亚文化（Subculture）和社区或地区的场景特征。

第四，我们需要从场景维度的特征和组合中得出结论，并从异常个案中寻找更为普遍的经验和见解。哪些维度是最突出的？哪些场景的组成部分是案例成功的关键？该场景的成因及其对于所在区域的意义是什么？它是否揭示了更为普遍的场景动态？这一部分是相当开放的，可以具体针对你的研究问题和发现进行总结。

总之，测量、描述和比较场景是非常有趣的，但寻找场景的影响更加有趣。通过对城市文化提供可重复和可比较的度量方法，场景理论有助于理解经济增长、择居行为、选举等复杂的城市进程。城市场景和文化维度的概念已经在美国、加拿大、中国、韩国、西班牙、法国和波兰等地得到了广泛应用。

这些国家已经积累了丰富的数据库并获得了有价值的结果，这些结果被用于经济学、社会学、政治科学、城市规划以及公共政策的发展。城市场景的动态与当地发展的各种指标之间的关系已经在大多数国家得到证实，尽管在许多具体细节上的强度有所不同。这些场景组成部分以此方式揭示了许多重要现象，包括人口按年龄群体的变化、创意阶层迁移、总就业岗位和各个行业的经济增长、房地产市场的运作情况（如租金水平和变化）、社区变化和"绅士化"过程、可持续交通方式（如公共交通、自行车等）、公民组织类型、居民投票偏好、健康生活方式、文化消费行为或城市社区实践等。

场景理论和城市文化维度概念所采用的测量方法可能会引起学者的疑问和异议，其中最主要的疑虑涉及变量选择的主观性和依赖"专家评判者"（Expert Judge）的编码方式，以及数据的有限可用性。我们不能忽视这些重要的异议。诚然，许多轻量级的城市文化现象可以用定性方法描述，但很难用统计分析和定量指标捕捉[①]。然而，研究方法的选择总是一种权衡：我们接受某些缺陷，以便获得其他方法所不具备的优

---

① Klekotko, M., Navarro, C. J., Silver, D., Clark, T. N., "Dimensions and Cultural Character of the City", *in Cultural Dimensions of Polish Cities and Towns*, eds. M. Klekotko, C. J. Navarro, Jagiellonian University Publishing House, 2015.

势。重要的是要意识到所采用策略的局限性，保持警惕，并尽一切努力减少这些弱点，同时寻求解决方案来发展和改进方法。最初定量导向的场景理论和文化维度概念正在不断被定性案例研究和历史分析所补充。改进场景的测量策略并克服其弱点的过程中需要各国学者之间的合作和交流。这种国际合作已经在以芝加哥大学场景项目（The Scenes Project）中发展了十余年。

主要观点回顾

场景有几种含义。传统含义中，一种是强调人们对某一特定活动的共同兴趣，另一种则强调特定地点的独特特征，通常是某个街区或城市。第三种含义是关于地方的美学品质，这也是场景理论的重点内容。

使一个地方成为对其参与者有吸引力的场景不仅取决于餐馆、人和设施的存在或缺失。相反，还取决于各种舒适物、活动和参与者的系统集合，以促进某些共同的价值观，以及某些行动、存在和选择的方式。

场景方法有两个认识论原则。一是整体性，场景中，各种舒适物之间存在着各种关系，从而创造了一个有特定的社会文化背景的意义，场景研究聚焦这种关于地方的整体性社会文化背景，而不是个别的、单独的舒适物。二是关系性，要达到对舒适物、参与者和活动的整体性视角，首先要明确地识别这些组成部分之间的各种关系以及这些关系中体现的文化维度，涉及多过程、多因果、多情境性。

舒适物是什么？是能给居民带来舒适和愉悦体验的事物，包括设施、活动与服务等，并且这些事物能够提升当地人们的生活质量。清新空气、美丽公园、特色美食街等都能起到类似作用。但是，并不是每种舒适物都契合场景分析，比如美术馆、咖啡店、书店可能比加油站和停车场能揭示更多的文化意义。因此，研究者必须决定在场景中包含什么舒适物以及包含多少，就像导演必须决定在镜头中包含什么一样。太多场景会搅乱局面，太少则不能充分捕捉一个地方的活动和实践特点。

5 比较：场景研究的国际进展

在本章中，我们将聚焦梳理近年来场景研究的国际最新进展，阐释场景理论对于国际城市研究、文化与城市发展的重要意义，尤其是对各个国家或地区关于场景研究主要的、新近的代表性成果的梳理与比较。为了更加清晰呈现国际场景研究，我们会从静态和动态两个视角来梳理，静态是指场景研究的共时性，强调同一时间不同区域场景之间的差异，以及这种差异对于当地发展的不同影响；动态是指场景研究的历时性，关注场景跨时间的纵向演变，并且比较这种演变在不同区域的速度和特点及其作用影响和结果。在此基础上，我们从理论进展、方法创新和新的进展等方面对近期国际场景研究展开讨论。最后，总结目前国际场景研究的不足之处，并对未来的场景研究进行思考，在总体意义上去探讨新芝加哥学派城市研究团队提出的场景理论如何从文化动力（Culture Dynamics）视角来重新审视后工业时代的城市发展转型。

一、场景研究的两种取向：静态与动态

"比较"是新芝加哥学派场景研究的核心。美国艺术与科学院院士、《美国社会学杂志》（AJS）的主编、芝加哥大学社会学系教授安德鲁·阿伯特（Andrew Abbott）在分析芝加哥学派城市与社区研究传统时指出："社会事实是定位（Located）的事实"。他较为准确地描述了芝加哥学派的基本研究取向，即不断地试图将抽象的过程定位于具体的

时间和地点，并且比较研究了各单一过程之间的关系以及整体关系网络。这一点同样适用于新芝加哥学派的场景研究。

具体而言，安德鲁·阿伯特指出，芝加哥学派不仅强调单独社会事实的"位置"，更强调社会事实之间的空间和时间关系：在静态的空间层面，每一个社会事实被其他背景事实所包围和影响，是周围空间生态的产物；在动态的时间层面，每个社会事实都由一个与过去背景相关的过程产生，有特定的发展和变化逻辑①。比如，帕克（Park）和伯吉斯（Burgess）的《社会学的科学导论》（*Introduction to the Science of Sociology*，1921）提出"接触"（Contact）、"冲突"（Conflict）、"同化"（Assimilation）和"适应"（Accommodation）等概念，同时，描述了一个群体与其周围群体之间的相互影响，以及这种影响的时间过程②。因此，我们不能仅仅关注单一的现象，必须研究在时间和空间上相互关联的现象。

换言之，从更加宏观的实证和理论视角出发，明确地识别个体现象之间的差异和关系，可以帮助我们更深入地理解微观或地方的社会现象。虽然芝加哥学派的实证研究大多是基于单个区域或社区的，但是即便在小规模的个案研究中，这种情境性（Contextuality）的理论视角也贯穿全过程。比如，佐尔博（Zorbaugh）的《黄金海岸与贫民窟》（*The Gold Coast and the Slum*，1929））描述了芝加哥近北区（Near North Side）不同社区群体的行为之间的紧密关联。这种关联意味着我们不能分析任何独立的群体，而必须明确地分析这些群体所处的整个互动领域（Interactional Field）③。

可见，跨越单一案例和现象的比较性视角是芝加哥学派城市与社区研究的核心关切。新芝加哥学派场景研究继承并拓展了芝加哥学派城市

---

① Abbott, Andrew, *Department and Discipline: Chicago Sociology at One Hundred*, University of Chicago Press, 1999, pp. 196-197.
② Abbott, Andrew, *Department and Discipline: Chicago Sociology at One Hundred*, University of Chicago Press, 1999, p. 201.
③ Abbott, Andrew, *Department and Discipline: Chicago Sociology at One Hundred*, University of Chicago Press, 1999, p. 200.

与社区研究对于地方情境（Local Context）和比较视角的强烈关注。场景理论构建起一套一般性的理论与分析框架，明确地分析并衡量城市文化在社会空间中的具象特征及其与城市发展重要变量的关联关系，还将定位于不同空间和时间的文化现象联系起来，并对其系统性的比较分析。

在这一整体的理论导向下，我们可以将当前的国际场景研究区分为静态（共时性）与动态（历时性）两类。一方面，学者们以静态的视角分析不同区域场景之间的差异，以及这种差异对于各地发展的不同影响。通常，这也是场景研究的第一步。另一方面，我们可以采用动态的视角分析场景本身的纵向演变，并且比较这种演变在不同区域的速度和特点及其作用影响和结果。

我们可以在一个时间点对比多个地方的场景类型，研究和比较城市或社区的文化维度及其对于区域动态的影响。通过系统地分析这些差异的构成或组成部分，从文化象征意义上将一个地方与另一个地方区分开来。在这个过程中，可以从地方文化的差异中提炼出新的经验指标，如领袖魅力、自我表达、平等主义等文化维度，并且加入标准的人口统计学主要变量，为进一步比较分析各个维度提供参考。

丹尼尔·西尔和特里·克拉克所著的《场景：空间品质如何塑造社会生活》正是这种静态的场景比较研究的范例。具体而言，他们在书中汇总了新芝加哥学派城市学者们首个跨美国和加拿大36000个邮编区域的场景研究数据和成果。该书的第三章、第四章和第五章分别从经济增长、居住模式、政治参与三个方面验证了场景对于城市发展的影响，成为后续国际场景研究的重要灵感和基础。因此，我们有必要简略地介绍书中的部分主要观点。

第一，丹尼尔·西尔和特里·克拉克论述了场景与经济增长的关系，将场景视为一种新的生产要素，加入城市发展动力模型来检验其贡献大小。他们发现，与教育、人口密度、技术等其他主要因素相比，场景是经济增长的一种新的重要驱动力。值得注意的是，鼓励自我表达和迷人魅力的"波希米亚场景"有助于创意发展和经济增长。不过，这种效应会因周边场景是社群主义（传统乡村结成的关系纽带）还是城市主义（城市性）而效果不同：社群环境下的波希米亚场景能有效地刺激增长，而城市环境中的波希米亚场景则效果甚微[1]。

第二，他们还分析了场景对于居住行为的影响，发现不同类型的场景吸引着不同的社会群体。这一发现有力地挑战了当今美国社会黑人与白人、民主党与共和党二元对立的"社会分裂"理论。相对于决定社区差异的传统变量（如种族、宗教与收入等），场景理论描绘了一个更具交叉性（Crosscutting）和多元化（Pluralistic）的社会图景：种族、宗教、阶级、政治倾向、受教育程度与各种场景维度交叉形成了一系列广泛的重叠因素，或是一个"交叉矩阵"，进一步影响着人们选择在哪里居住以及如何安家[2]。

第三，他们还讨论了场景对于选举和新社会运动的影响。他们发现，地方的文化和政治特征之间存在明确的联系，而这些联系的强度在1996~2012年的总统选举中增强了两倍。比如，共和党在更加传统、本地和睦邻的社区更加成功；新社会运动则集中在有密集的、城市化的、受过教育的、艺术的、多样化的、自我表达的、步行便利的场景的社区，尤其是自我表达与步行便利并存的区域[3]。总的来说，场景视角下的政治动态并不像主流媒体所描述的那么一目了然，就像红蓝交替的共和党与民主党阵营的分布图，而更加取决于地方情境与本土文化的偶然性。

---

[1] 〔加〕丹尼尔·亚伦·西尔、〔美〕特里·尼科尔斯·克拉克：《场景：空间品质如何塑造社会生活》，祁述裕、吴军等译，社会科学文献出版社，2019，第169页。

[2] 〔加〕丹尼尔·亚伦·西尔、〔美〕特里·尼科尔斯·克拉克：《场景：空间品质如何塑造社会生活》，祁述裕、吴军等译，社会科学文献出版社，2019，第241页。

[3] 〔加〕丹尼尔·亚伦·西尔、〔美〕特里·尼科尔斯·克拉克：《场景：空间品质如何塑造社会生活》，祁述裕、吴军等译，社会科学文献出版社，2019，第311页。

> **专栏 5-1　"波希米亚场景"有助于创意发展和经济增长**
>
> 　　当代波希米亚群体对艺术家的浪漫形象和美学至高无上的承诺，并不会干扰文化产业的工具性利益（Instrumental Interest）。相反，波希米亚的意识形态特征有利于这些行业，因为其维持了一批潜在的劳动力，这些劳动力在很大程度上承担了自我的再生产成本。
>
> 　　新波希米亚（Neo-Bohemian）社区通过在娱乐区域集聚就业机会，帮助有抱负的艺术家补贴他们的创作追求，从而使这一切成为可能。新波希米亚社区的地方生态将这些机会与适当的居住、工作和展示空间相结合，为艺术活动创造了一个平台，这些活动随后可能被跨地区的企业利益所利用，后者自行招募人才并吸纳这些环境中的文化产品。这确实发生在20世纪90年代芝加哥的柳条公园（Wicker Park）。例如，音乐行业的星探经常搜寻这个社区，与当地许多乐队签订唱片合约。同样，一些当地优秀艺术家的作品也在大西洋两岸的知名的营利画廊展出。在这种情况下，我们可以用一种不寻常和违反直觉的方式来审视新的波希米亚艺术家，将其视为文化生产过程中的"工人"，而不是叛逆的天才或现代生活的英雄。
>
> 　　——摘自 Lloyd，Richard D.，*Neo-Bohemia：Art and Commerce in the Postindustrial City*，Routledge，2010. p. 161

　　自《场景：空间品质如何塑造社会生活》英文原著出版以来，被陆续翻译成了中文、韩文、波兰文、法文等多种语言，各个国家的场景研究者们在借鉴书中场景方法与案例后，探究场景在不同国家和文化情境下对于城市发展的不同影响。

　　不过，基于《场景：空间品质如何塑造社会生活》开展的研究往往是"共时性"（Synchronic）的，因为其采用的场景数据更多来自静态的舒适物数据库。比如，《场景：空间品质如何塑造社会生活》结合了美国黄页（Yellow Pages）和BIZZIP两种数据来源。这一庞大的数据库由新芝加哥学派城市研究团队耗时数年收集、校对和整理，囊括了

500个舒适物类型和近400万个数据点①。不过，这其中的大部分数据缺乏跨时间的对比，仅反映了全美国在一个时间点的舒适物分布和场景特征。因此，基于该数据库及类似数据的研究，往往将不同场景类型与经济发展或居住模式的变化相联系，而其中场景本身则被假定为相对稳定。不过，实质上来讲，变化和动态应根植于场景的基本概念之中。

随着后工业城市的文化转向，文化、艺术和消费在城市生活和发展中扮演着愈加重要的角色，而正是这种巨大而深刻的社会变化催生了场景的概念和研究视角②。放眼城市的各个角落，社区之间的舒适物、活动和生活方式正孕育着一个个鲜明的场景。

具体而言，丹尼尔·西尔和特里·克拉克还特别讨论了场景的潜在变化："是的，场景会变化，甚至移动，有时还非常显著。纽约各式各样的场景迁移到布鲁克林就是一个非常强有力的例子"③。但是他们也认为，相较于个人和舒适物的迁移，场景的变化要缓慢很多，因为场景是"生态层面"而并非"个人层面"的现象。此外，他们分析可用的纵向场景数据发现，场景维度的同比变化相对较小。比如，美国2001~2011年每年的场景变化不足5%。这也是大部分研究将场景作为自变量而将经济发展、人口变化等作为因变量开展研究的主要原因。最后，鉴于数据来源的便捷性，绝大多数后续的场景研究都采用了类似的静态视角。

然而，我们也不难发现，丹尼尔·西尔和特里·克拉克的数据止于2011年。诞生于如此重大的社会变革的场景不会是静止的，场景的研究方法也不断地更新和进步。随着科技的发展以及亚文化与消费方式的日益更新，城市中的舒适物与活动及其构成的场景也经历着重要的或加

---

① 〔加〕丹尼尔·亚伦·西尔、〔美〕特里·尼科尔斯·克拉克：《场景：空间品质如何塑造社会生活》，祁述裕、吴军等译，社会科学文献出版社，2019，第373页。
② Daniel Silver, Thiago Silva, Patrick Adler, 庞亚婷，《场景的演化：四种社会发展模式在场景中的应用》，《武汉大学学报（哲学社会科学版）》2022年第5期。
③ 〔加〕丹尼尔·亚伦·西尔、〔美〕特里·尼科尔斯·克拉克：《场景：空间品质如何塑造社会生活》，祁述裕、吴军等译，社会科学文献出版社，2019，第195页。

速的革新与进化。

尤其需要注意的是,这种演变的速度和特征不能一概而论,而取决于地方情境,在不同的社区、城市和国家有潜在的差异。近年来,中国飞速的城市化发展以及伴随的舒适物的迅速增长,和文化消费活动的多样化(比如奶茶店、健身房、密室逃脱的兴起,餐厅的多样化等),就为这种加速场景演变现象提供了有力的证据。

随着大数据与计算方法(Computational Methods)的发展和成熟,全面收集纵向场景数据、开展跨区域的比较研究成了可能。在新时代背景下,许多研究(如 Jang 和 Kim,2019;Silver 等,2022;Mateos-Mora 和 Moya,2022)愈加关注场景变化的模式:为什么一些场景(包括其中的舒适物、活动与价值等)会发生变化,而另一些场景则保持静止?这些变化是如何发生的?它们又如何影响了其他的城市发展因素?

可以说,场景的概念化和实证分析正在趋向结合静态的空间比较和动态的纵向对比,在空间和时间上对文化现象进行系统性的定位和比较。以静态的视角分析不同区域场景之间的差异及其对本地发展的不同影响,而采用动态的视角则是分析场景本身的纵向演变。

静态场景研究

场景在城市生活中作为因变量和自变量均出现过,因此,横向的场景研究可以分为两个主要方面。一方面,一些场景可能是城市生活特征的结果,比如,消费和娱乐设施聚集的区域会形成活跃的消费或零售场景;另一方面,类似地,艺术家云集的街区往往会创造波希米亚场景。因此,这种研究主要将场景视为因变量,他们往往聚焦一些具体的场景类型的特征,包括分布、维度特征以及相关人群特点,并且分析这类场景形成的原因。

丹尼尔·西尔(2017)与张元浩(2011)等学者分别分析了加拿大与韩国的主要场景类型和特征。西尔根据加拿大所有区域的场景绩效得分的因子分析以及每种组合特征的定性分析,提出了加拿大的五种主要场景以及每种场景的文化特征。这五种场景分别是礼俗社会与法理社会（Gemeinschaft vs Gesellschaft）、浪漫主义（Romanticism）、雷诺阿的《包厢》（*Renoir's Loge*）和国家性（L'état）[①]。

专栏 5-2　浪漫主义（Romanticism）

诗人诺瓦利斯（Novalis）写道："世界必须被浪漫化，平凡［赋予］更高的意义，已知的［赋予］未知的尊严，有限的［赋予］无限的外表。"弗里德里希·席勒（Friedrich Schiller）将这种浪漫精神、艺术和自然联系起来："艺术是自然的右手。后者只给了我们生命，前者使我们成为人"。内在的表达而不是外在的一致性，有机的而不是人为的，特定的而不是抽象的，自发的和独特的而不是计划的和传统的——自现代主义出现于 19 世纪中期，这些主题都定义着其中的浪漫主义的极点（pole）。它们为现代主义中更"资产阶级"或"建制派"的维度提供了一种持久的对立面，其"黑色西装"是"我们苦难时代的必要外衣……连衣裙和长礼服不仅具有表达普遍平等的政治美感，而且还具有表达公众灵魂的诗歌美感"。浪漫主义场景充满了放松理性的精神，远离功利主义的压力，与自然交流。

——摘自 Silver, Daniel,"Some Scenes of Urban Life", *in The SAGE Handbook of New Urban Studies*, SAGE Publications Ltd., 2017

专栏 5-3　雷诺阿的《包厢》（Renoir's *Loge*）

《包厢》是法国画家雷诺阿的名画，描绘了剧院里的一对优雅的夫妇。这幅画象征着令早期印象派画家着迷的新兴场景。在他们的眼中，随着中

[①] Silver, Daniel., "Some Scenes of Urban Life", *in The SAGE Handbook of New Urban Studies*, SAGE Publications Ltd., 2017, p. 417.

产阶级在巴黎时尚社会的魅力、盛况和戏剧性中占据一席之地，现代资产阶级生活的壮观和戏剧性也随之形成。与19世纪的巴黎一样，雷诺阿的《包厢》所展示的当代加拿大场景融合了迷人和正式的维度，同时淡化了越轨行为——晚礼服和高级时装将夜晚变成了一个完美的场合，在这里，被边缘化的人、不完美的事物和粗糙的边缘被打磨成优雅而轻松的美丽的闪亮形象。

——摘自 Silver, Daniel, "Some Scenes of Urban Life", *in The SAGE Handbook of New Urban Studies*, SAGE Publications Ltd., 2017

礼俗社会场景与法理社会场景代表了两组大相径庭的维度：一个代表社区生活的传统性、本地性、睦邻性，另一个代表城市生活的功利性、理性和企业（合作）性。而"雷诺阿的《包厢》"场景（简称"包厢"）的特点则是高度的迷人性和正规性，以及较低的越轨性，代表了中产阶级所青睐的盛装晚宴、时尚品牌和歌剧演出。

接着，西尔描述了每类场景的地理分布以及促成该场景形成的主要因素。比如，"包厢"场景在精品店、鞋店、珠宝店、室内设计师、剧院、广告公司和电影制片厂集中的地区最为集中。此外，"包厢"场景与城市的核心指标（如人口密度和步行便利，以及大学毕业人群的比例）呈现出显著的联系①。

作为当前实证研究中为数不多的国际比较研究，张元浩等对比了芝加哥、首尔和东京的场景与人口特征和房租的关系。他们提出了四类经典的场景：（1）社群场景，代表更传统和睦邻的场景；（2）前卫/异国场景，代表自我表达、越轨和民族场景；（3）商业场景，代表功利性和企业场景；（4）酷炫场景，代表自我表达、迷人和正式场景。研究发现，四种场景与区域特点的关系在三个城市中有着复杂的

---

① Silver, Daniel, "Some Scenes of Urban Life", *in The SAGE Handbook of New Urban Studies*, SAGE Publications Ltd., 2017, p.422.

相似性和差异①。

比如，酷炫场景在首尔和芝加哥均出现了与大学毕业人群增长成正相关关系，而商业场景则不同，在首尔与大学毕业人群增长成正相关关系，在芝加哥却相反。再如，社群场景在三座城市中均呈现了与租金负相关的关系，而前卫场景则与租金成正相关关系。酷炫场景所代表的三种维度在各地与房租呈现出不同的关系。在芝加哥，正式性与租金呈负相关，而在首尔和东京，这种关系则相反。张元浩等推测，这是因为正式的剧院和餐馆在芝加哥有着悠久的历史，故而更集中于城市中租金成本较低的老城区。

专栏5-4 全球城市的场景动态：首尔、东京和芝加哥

《全球城市的场景动态：首尔、东京和芝加哥》由首尔市政府委托和资助、首尔发展研究所发布，由张元浩教授、克拉克教授以及米莉·拜伦（Miree Byun）编著。该报告比较了首尔、东京和芝加哥在城市发展、市民参与和民主进程方面的情况。

他们引入了场景的概念，这是影响一个地方经济、社会和政治活动的特定生活方式。他们测量了首尔、东京和芝加哥的每个行政区的场景特征。从各国的人口普查和黄页等多个数据来源收集了数百个舒适物变量，并通过ArcGIS地图对当地区域的场景类型进行对比。他们详细介绍了睦邻的场景、功利主义场景和波希米亚型场景等类型。西方主要理论强调：

第一，市民参与是推动合法性的主要因素；

第二，波希米亚是推动创新的因素。

不过，研究者还需要根据亚洲的社会和文化背景对这两个假设进行修订。解决方案是构建一个多层次的解释性框架，明确文化、政治和经济动态如何相互交织，形成不同但各自变化的组合。

---

① Wonho Jang, Terry Clark, Miree Byun, "Scenes Dynamics in Global Cities: Seoul, Tokyo, and Chicago", *Seoul Development Institute*, 2011, p. 72.

通过分解波希米亚元素的组成部分，他们发现，受儒家和家庭文化影响，韩国青年往往在家庭场景表现出谦恭和传统的特点，而在个体和匿名化的场景中表现出更强的自我表达和越轨性，从而形成一种独特的双面性波希米亚场景。

因此，亚洲或韩国的波希米亚场景确实是存在的，但是其特点和分布与西方大相径庭，而这种场景模式也许并不局限于韩国。场景的概念有助于更准确地把握文化模式的变化和国际差异，能够帮助政策改变社区和城市，以及新城市模型的构建。

——摘编自 Wonho Jang, Terry Clark, Miree Byun, "Scenes Dynamics in Global Cities: Seoul, Tokyo, and Chicago", *Seoul Development Institute*, 2011

相较于西尔和张元浩等学者对于多种场景的广泛研究，西尔与克拉克、Jeong、Clark 与 Jeong 聚焦了一类特定场景的特征。西尔与克拉克关注由一类舒适物所组成的具体场景——民族性场景（Ethnic Scenes）。具体而言，他们分析了民族性场景的分布和特征，尤其是民族性舒适物与当地人口以及其他文化维度的关系。

研究发现，民族餐厅和人口的民族构成在许多方面有着重要的关联和重合：一方面，对于古巴裔、非裔和爱尔兰裔群体来说，民族餐厅与当地人口民族特征的关联最为密切，而华裔、法国裔和希腊裔群体则正好相反。另一方面，拥有多样化和世界性（Cosmopolitan）民族餐厅的场景往往与城市性（Urbane）场景有着紧密的关联。这类民族性场景具有独特的社区潜力：它们往往吸引着多元民族和受过高等教育的居民群体，是迅速增长的混合和交融的世界性场所，却依然保持了相对可负担的租金①。

---

① Silver, Daniel, Terry Nichols Clark, "Consumer Cities, Scenes, and Ethnic Restaurants", *in The Oxford Handbook of Consumption*, eds. Frederick F. Wherry, Ian Woodward, Oxford Handbooks, 2019, p.22.

类似地，Jeong（2021）对更加具体的咖啡厅场景（Café Scenes）展开了研究，并且结合了定量分析和定性案例研究。她探究了纽约、洛杉矶和芝加哥咖啡厅场景的特征，及其与艺术社区和艺术家群体的关系。不同于 Silver（2017）通过因子分析获取场景类别的做法，Jeong（2021）在进行数据分析之前，对三座城市的主要咖啡厅场景进行了案例研究，并根据定性分析提出了三类理想的（Ideal – Typical）场景类型。

第一，波希米亚风格的咖啡厅场景往往出现在波希米亚街区，以越轨性、民族性和自我表达为特征。

第二，企业风格的咖啡厅场景出现在市中心和商业区，以企业性、国家性和功利主义为特征。

第三，社区风格的咖啡厅场景位于民族街区，以传统性、本地性以及睦邻性为主。

分析三座城市的舒适物和人口普查数据发现，波希米亚风格和企业风格的咖啡厅场景在美国最为普遍，社区性的咖啡厅场景则较为稀少，因为咖啡厅的位置普遍与传统性、本地性以及睦邻性相排斥[1]。接着，她还对不同类别的咖啡厅场景和人口特点进行分析。研究发现，咖啡厅场景与艺术家的聚集有紧密的联系。特别是波希米亚风格和社区风格的咖啡厅与艺术家群体有着紧密的关联，企业风格的场景虽然很普遍，却不能吸引艺术家。

在 Jeong（2021）的基础上，Clark 和 Jeong（2023）[2] 提出了由消费和零售舒适物组成的"零售场景"的概念，并且将 Jeong（2021）对于咖啡厅场景的核心分析扩展到了美国全部的 40000 个邮编区域。研究发现，咖啡厅往往是零售场景中的核心舒适物，因为面包店、书

---

[1] Jeong, Hyesun, "Does Café Culture Drive Artistic Enclaves?" *Journal of Urbanism: International Research on Placemaking and Urban Sustainability*, 2021, p. 12.

[2] Jeong, Hyesun and Terry Nichols Clark, "Retail Scenes", *Streetlife: The Future of Urban Retail*, University of Toronto Press, 2023.

店、音乐商店、健身俱乐部、艺术画廊和超市普遍聚集在咖啡厅周围。这种零售企业的聚集现象进一步说明了消费活动的场景特征：消费者不只是光顾单独的门店，而是消费整个街区的"零售场景"所提供的文化氛围和体验。

场景也可能推动城市生活的发展和改变。例如，一个区域的独特文化风貌可能会吸引一些居民迁居此地，或是生意人在此开店，也可能让另一些居民离开。同时，一些场景维度可能有效地刺激创新创意和经济发展，或是鼓励居民积极参与社区或政治活动。因此，这部分研究主要视场景为自变量，关注某些场景或场景维度如何导致具体的过程和结果，比如人口的迁移、新企业的出现，或是政治运动的产生。

《场景：空间品质如何塑造社会生活》一书汇总了新芝加哥学派城市学者们以场景为自变量的奠基性研究，西尔和克拉克检验了场景在美国和加拿大对于经济增长、居住模式、政治参与的重要影响。由于上文已经总结了书中的主要研究结果，此处不再赘述，而是聚焦学者们在其他国家语境下的探索，以及对于上述场景影响的补充。

首先，学者们（Navarro、Mateos & Rodriguez，2012，Silver，2017；Anderson，2015）在不同国家和地区验证了场景与区域动态的关系。纳瓦罗（Navarro）、马特奥斯（Mateos）和罗德里格斯（Rodriguez）分析了文化场景对于西班牙各城市的收入差异的影响，并且检验了这种影响与人力资本模型和创意阶层模型的关系[①]。他们提出衡量创意阶层和文化消费的指数，并使用多变量回归分析来检验它们对全国各个地区收入的互补影响。研究结果证实了人力资本和创意阶层对于收入差异的影响，但是进一步发现文化场景对收入差异有着同样强大和独立的影响。

[①] Navarro, Clemente J., Mateos, Cristina, Rodriguez, Maria J., "Cultural Scenes, the Creative Class and Development in Spanish Municipalities", *European Urban and Regional Studies* 21 (3), 2012, pp. 301-317.

特别地，场景能够解释创意阶层的分布特征、解释区域收入差异，并强化创意阶层对这些差异的影响[①]。

类似地，西尔（Silver，2017）与安德森（Anderson，2015）聚焦场景对于人口动态的影响。西尔初步分析了四类加拿大场景对于大学毕业生比例变化的影响。研究发现，大学毕业生在"包厢"场景和浪漫主义场景中增长最多，在国家场景中最少，而该效应独立于人口、租金、种族和人口密度的影响。安德森分析了韩国松岛新城的场景与人口增长的关系。研究发现，功利主义和爱炫性是与人口增长最相关的场景特质，而企业性与人口增长负相关。此外，如果场景的企业性没有被平均的爱炫性和高于平均水平的功利主义所平衡，那么一个地区的整体城市发展可能会受到阻碍。

将目光转向中国，吴军、郑昊、王桐等（2021）研究了波希米亚场景与城市创意发展（Creative Development）的关系。基于中国 65 个主要城市的舒适物数据，文章采用树状模型、普通最小二乘法（OLS）和截断回归分析，研究了波希米亚文化场景与中国城市创意发展之间的关系以及区域差异。他们采用 5 项专利数量和创意人才数据衡量城市创意发展，并从大众点评网挑选了 27 种舒适物来代表波希米亚场景。结果表明，中国城市的波希米亚文化场景的主要维度是自我表达和领袖魅力，而波希米亚文化场景明显促进了城市创新创意的发展。具体而言，领袖魅力对城市创新创意力的影响比自我表现更强。此外，中国的波希米亚文化场景还存在着明显的地区差异。

除区域发展外，有的学者还关注了场景与社会地位、社会平等性的关系。一个区域的场景和文化特征会否影响社会的公正性和包容性？场景的分布是否由当地居民的收入和地位决定？Navarro 和

[①] Navarro, Clemente J., Mateos, Cristina, Rodriguez, Maria J., "Cultural Scenes, the Creative Class and Development in Spanish Municipalities", *European Urban and Regional Studies* 21 (3), 2012, p.313.

Muñoz（2017）①、Klekotko（2019）探讨了场景与社会不平等的关系，而 Jaffre（2022）聚焦场景对包容性的促进作用。

具体而言，Navarro 和 Muñoz 分析了街区的社会经济构成与文化场景特征之间的关系，以及这种关系在西班牙不同城市的差异。Mateos-Mora 等（2022）、Navarro 和 Muñoz 采用了从传统性到创新性的连续场景指标来衡量当地场景的特点。他们收集了所研究国家所有超过 10 万人口的城市中每个街区的舒适物数据，以及居民的职业和收入水平。分析发现，在大规模的城市中，场景的创新性与居民的社会经济地位呈现出正相关的关系。

换言之，大城市中社会地位较高的居民往往聚集在具有创新性特征的场景中，而社会底层的居民聚集在传统性场景中。相反，在小规模或人口更加多元化的城市中，这种正向关系呈现出了明显的减弱。相比之下，Klekotko（2019）为场景发展与不平等现象的联系提供了定性佐证。根据对柏林市 Neukölln 区的案例研究，她发现城市的不平等是地方创新和打造平等主义身份不可或缺的资源②。因此，城市中的平等主义场景是排他的，是由文化差异和社会不平等所创造和维系的：移民和社会底层人群为场景的平等主义标志提供了物质以及社会证明，并使其在外界看来更加真实可信。

Jaffre 探究了如何通过场景促进经济和社会包容性。他分析了"自下而上"和"自上而下"的文化场景，并且将法国的两个城市作为两类场景的典型案例进行了比较：巴黎自古以来都是法国"自上而下"文化政策的中心，并且拥有全国最多的"自上而下"文化舒适物。相

---

① Navarro, Clemente J., Lucia Muñoz, "Contextualizing Scenescapes: City and Neighbourhood Effects: Towards a Comparative Agenda for Cultural Scene", in *Latin Scenes: Streetlife and Local Place in France, Spain, and the World*, Emerald Publishing, 2017.

② Klekotko, M., "Urban Inequalities and Egalitarian Scenes: Relationality in Urban Place-Making and Community-Building and Paradox of Egalitarianism", in *Inequality and Uncertainty*, 2019, p. 138.

反，几十年来，马赛的发展几乎独立于国家文化政策，因此，更强调地方和"自下而上"的文化动力。分析两座城市的文化舒适物、就业数据以及移民人口，结果发现，"自下而上"的场景更有利于就业和创新，并且呈现出对移民人口更高的社会和经济包容度。[①]

诚然，以因变量和自变量对场景实证或经验研究进行分类并不是绝对准确或详尽无遗的，而只是呈现近年来大量而多样国际研究成果的一种方式。许多研究结合了这两种导向，既关注某种场景的形成原因，又分析了该场景对于区域发展的影响。比如，西尔、克拉克和纳瓦罗（Navarro）的早期研究分离出波希米亚场景的一些主要决定因素，并且发现波希米亚场景对芝加哥经济增长的影响与其在纽约和洛杉矶的影响不同。

虽然西尔（Silver，2017）与Jeong（2021）都聚焦了特定场景的具体特征和分布，但是也同样分析了该场景对于不同群体（如大学毕业生和艺术家）的吸引作用，也就是场景对于区域发展的独立影响。

动态场景研究

揭示场景和城市的变化

张元浩和金尚铉（Jang & Kim，2019）的研究是首批针对场景变化开展的研究之一。他们采集了韩国首尔2013年、2015年、2017年每年40万条黄页数据。基于这些数据，他们将舒适物的分布构建成城市设施网络地图，以分析城市舒适物的分布和密度，并且更详细地掌握城市场景变化的过程。研究发现，首尔各区的场景方面的绩效得分变化不大，但是其网络密度和特征发生了重大变化。

具体而言，他们将场景的变化分为三种主要情况[②]。

[①] Jaffre, Maxime, "Comparing top-down vs. bottom-up urban scenes in different French cities: What impact on social and economic inclusion?" Scenes (China) Summit 2022.

[②] Sanghyeon Kim, Wonho Jang, "The Change in Density and Network Characteristics of Seoul Urban Scenes", *Community Studies* 20 (1), 2019, p. 86.

第一种情况是城市场景类型的变化不大，但构成场景的舒适物设施网络密度变化较大，如江南区场景。这种情况可以理解为城市场景的强度相似，只是具体成分不同。

第二种情况是城市场景的特点变化显著，但构成场景的舒适物设施网络密度变化不大，如西大门区的自我表达场景。虽然区域内的场景得分有所变化，其网络构成也发生了较大变化，但较为稳定的网络密度意味着门店的频繁开闭。这种转变多发生在相似地点、相似场景的企业被多次设立时。

第三种情况是城市场景得分和网络密度的变化均不显著，如麻浦区的自我表达场景。在这种情况下，舒适物的密度有所差异，但作为区域主轴的商业类型变化不大，其分布也没有太大变化。与前两种情况相比，可以理解为该区域城市空间的物理变化相对较小。

场景变革的模式

西尔等学者不仅描述了城市的场景变化动态，而且对其原因和模式进行了理论化探讨。他们聚焦美国三座大城市1998~2016年的场景数据。研究发现，在这18年间，三地的文化、美学、设计、教育、体育、娱乐等领域的舒适物和活动显著增加。从场景维度来看，三地的自我表达、爱炫性和迷人性得分均有增长，其中洛杉矶在自我表达方面增长最快，而纽约在爱炫性和迷人性上增幅最大，芝加哥则相对缓慢[1]。西尔等学者进一步根据社会学经典发展理论，对场景的变化过程进行了理论化，并且用数据进行验证。具体而言，他们提出了场景变化的"4D"模型：发展模式（Development）、分化模式（Differentiation）、防御模式（Defense）和扩散模式（Diffusion）。

第一，发展模式源自滕尼斯—马斯洛—英格尔哈特定理（Tönnies-Maslow-Inglehart Theorem）的现代性理论，表现了场景的现代化转变：

---

[1] Daniel Silver, Thiago Silva, Patrick Adler, 庞亚婷,《场景的演化：四种社会发展模式在场景中的应用》,《武汉大学学报（哲学社会科学版）》2022年第5期。

随着区域的教育和收入水平提高，该区域在自我表达、迷人的和理性的三个场景维度得分也有所增加，而其社群维度的传统主义、睦邻和平等主义得分有所下降①。

第二，分化模式来自涂尔干的社会专业化理论，解释了场景的专业化细分，以及舒适物的结构性变化。研究发现，三地商业密度增加的区域也表现出了更高的分化度，而这种分化与其他的变量（如种族、教育、收入和人口密度）没有确定的关系②。

第三，扩散模式源于塔尔德（Tarde）、希尔斯（Shils）等人，解释了场景变化的原因，包括"自下而上"推动的 C 形变化机制，和"自上而下"的推动的 S 形变化机制。四种舒适物扩散过程的实证分析验证了两种扩散模式，并且描述了其扩散趋势的场景特点③。

第四，防御模式源自斯廷施凯姆（Arthur Stinchcombe）的冲突理论和帕森斯（Parsons）的功能性理论，聚焦场景如何随着参与者的变化而变，尤其是当地人如何应对新来者的挑战以保护当地场景的现有特征。他们聚焦一个位于多伦多的商业街区，分别分析了该区域新来者和本地人青睐的不同舒适物的使用频率变化。研究发现，随着新来者购物和时尚活动的"压力"（Tension）增加，当地人餐馆、酒吧和夜生活组成的"结构"（Structure）活动也随之增加，这印证了场景的防御模式④。

---

① Silver, Daniel, Thiago Silva, Patrick Adler, "Changing the Scene: Applying Four Models of Social Evolution to the Scenescape", *Wuhan University Journal（Philosophy and Social Science）* 75（5），2022, p. 53.
② Silver, Daniel, Thiago Silva, Patrick Adler, "Changing the Scene: Applying Four Models of Social Evolution to the Scenescape", *Wuhan University Journal（Philosophy and Social Science）* 75（5），2022, p. 55.
③ Silver, Daniel, Thiago Silva, Patrick Adler, "Changing the Scene: Applying Four Models of Social Evolution to the Scenescape", *Wuhan University Journal（Philosophy and Social Science）* 75（5），2022, p. 63.
④ Daniel Silver, Thiago Silva, Patrick Adler, 庞亚婷，《场景的演化：四种社会发展模式在场景中的应用》，《武汉大学学报（哲学社会科学版）》2022 年第 5 期。

场景变化的结果

我们不仅可以通过动态场景研究剖析和模拟场景的变化，而且可以将场景的变化作为自变量，探究其对于城市和社会发展的影响。在一项正在进行的研究中，Mateos-Mora 和 Moya 分析了场景的变化如何影响健康生活方式的传播。他们借助 Mateos-Mora 等人（2022）得到的 2001年和 2011 年西班牙场景导向指标数据，衡量十年间场景在创新性和传统主义两端之间的变化，并且对该变化的程度以及几次全国健康调查问卷的结果，包括健康行为（如健康饮食、吸烟、运动、饮酒等）和受访者信息（年龄、收入、职业等），进行多层次分析。①

经过初步的定量分析他们发现，向创新性发展的场景与健康生活方式指标有着显著和正面的关联。关于场景变化对于各阶层人群的不同影响的进一步分析发现这种对于健康生活的促进作用在中产阶级和低收入人群中最强，而在高收入人群中则微乎其微。可见，场景的变化对于人们生活方式的影响是深远而复杂的，而当前的相关研究却少之又少，这或许是未来场景研究的重点课题。

二 走向场景和城市空间的动态视角

近年来，随着城市发展的全球化、多元化和信息化，城市化和城市发展的相关理论也经历了迅速发展。比如，本书第二章详细介绍了帕克开创的经典芝加哥学派的城市理论（人类生态学等），以及 20 世纪末兴起的洛杉矶城市学派与纽约城市学派。同时，很多其他具有影响力的理论框架也出现在城市研究领域，如世界体系理论②、政治经济理论与

---

① Zapata-Moya, Angel and Cristina Mateos-Mora, "Scenes and Healthy Lifestyles in Spain", *RN37 Conference - Research Network 37: Urban Sociology*, European Sociological Association (ESA), Berlin, 2022.

② Wallerstein, I., *The Modern World System*, Academic Press, 1974.

增长机器理论[1][2]、全球城市理论[3]、消费城市理论[4]、创意阶层理论[5]文化分析与城市作为娱乐机器理论[6][7]、城市集群理论[8][9]。新芝加哥学派的城市学者们将场景理论带入这场更加复杂和多元的城市理论争鸣中，将其与其他城市和社会理论对比相结合，论证场景理论如何赋能21世纪以来的国际城市研究和城市发展。

场景"调和"城市理论争鸣

场景理论为多样化的城市理论提供了切实可行的、统一的研究单位尺度，并且能够有效促进国际范围的城市比较研究。吴志明等学者指出，全球范围内城市的多样化发展孕育了多元的城市理论框架。然而，这些理论在城市的规模、水平、关系方面存在着高度的分歧，而这种分歧阻碍了城市理论的进步。

换言之，城市学者们应该斟酌以下问题。

第一，研究什么城市；

第二，从哪个地理层面开展研究；

第三，城市与其他过程（如文化、经济、政治和消费等）的关系。

---

[1] Castells M., *The Urban Question: A Marxist Approach*, Edward Arnold, 1977.
[2] Molotch H., "The City as a Growth Machine: The Political Economy of Place", *American Journal of Sociology* 82, 1976, pp. 309-332.
[3] Sassen, S., *The Global City*, Princeton University Press, 1991.
[4] Glaeser, E. L., Kolko, J., Saiz, A., "Consumer City", *Journal of Economic Geography*, 2001, 1 (1).
[5] Florida RL., *The Rise of the Creative Class and How It's Transforming Work, Leisure, Community and Everyday Life*, Basic Books, 2002.
[6] Clark, T. N., "The City as an Entertainment Machine", *Research in Urban Policy* 9, 2004.
[7] Silver, Daniel, Clark, Terry Nichols, Navarro, Jesus C., "Scenes: Social Context in an Age of Contingency", *Social Forces* 88 (5), 2010, pp. 2293-2324.
[8] Farias I., "The Politics of Urban Assemblages", *City* 15, 2011, pp. 365-374.
[9] Clark, N. T., Cary Wu, "Urbanization Theorizing", *in Handbook of Classical Sociological Theory*, eds. Abrutyn S., Lizardo O., Springer Cham, 2021, p. 421.

新芝加哥学派场景理论提供的一般性概念工具有助于解决城市理论在这三个方面的分歧，在不同的地理水平上研究不同规模和层次的城市，以及研究城市与地缘政治、文化、历史、经济、社会等之间的具体关系①。

首先，面对城市规模的争论，场景理论为不同大小、处于不同地理位置或不同发展层级的城市提供了统一的分析单位，也就是场景②。因此，每个城市，无论大小或发展阶段的不同，都具有其独特的场景，也包含了与其他城市类似的区域性和全球化的场景。

其次，面对宏观、中观和微观层面城市研究的争论，场景理论能有效地综合不同地理层次之间的本地和全球因素。场景分析可以区分一个城市中的本地性场景、国家性场景和全球性场景，并且比较城市之间的不同层次场景的差异。

最后，场景理论能够解决关于城市关系的争论，因为场景正是产生于物理结构、居民、活动、治理结构以及地方和全球生活方式的特定关系及其组合。以场景为单位的城市研究自然地包含了这一系列复杂的关系的组合结果，并且进一步明确地研究场景如何塑造微观层面的个人价值取向和行为，以及宏观层面的社会、经济、政治和文化指标。

场景营造视角下的城市化

除了为当代城市研究提供统一的研究尺度，场景理论还提供了一种动态化和差异化的分析视角，以更加敏感并且精确地捕捉国际范围内的城市化过程的特点和差异，并且强调城市化对于居民的影

---

① Wu, Cary, Rima Wilkes, Daniel Silver, Terry Nichols Clark, "Current Debates in Urban Theory from a Scale Perspective: Introducing a Scenes Approach", *Urban Studies* 56 (8), 2018, p. 1.

② Wu, Cary, Rima Wilkes, Daniel Silver, Terry Nichols Clark, "Current Debates in Urban Theory from a Scale Perspective: Introducing a Scenes Approach", *Urban Studies* 56 (8), 2018, pp. 7-8.

响。特里·克拉克和吴志明指出,当前的城市化理论普遍假定城市化是一个单一且同质化的过程。因此,实证研究主要关注驱动这一过程的因素和后果①。

然而,随着国际化和文化因素在城市化进程中发挥着愈加重要的作用,城市面临着更加多元化的发展模式。城市化包含了很多过程,其中个人品位、多元文化、工作和迁移等多因素互相渗透和影响,而这些多维度和多层次的过程表明,城市化可能会以不同的形式出现在几乎每个地方。当今的城市研究需要采用多变量(Multivariate)、多因果关系(Multicausal)的分析视角,以更加明确地研究不同区域城市化的差异以及这些不同城市化模式的动态,而场景理论有助于分析这些新的现象和过程。

他们还认为,在场景视角下,可以将城市化视为一种动态的场景营造(Scenes-making)过程。这一视角强调了不同城市场所作为场景的意义,以及它们对居民的价值观、活动、生活方式和生活品质的影响;城市不再是一个固定的、有边界的定居点,而是一个包含着舒适物、居民、活动、价值观等多个组成部分的动态过程②。换言之,当我们以场景营造的视角重新审视城市化现象,城市化就成了一个有意义的、积极的过程,这为全球范围的城市化研究开辟了多种途径。

通过研究场景如何连接地方和全球进程,城市化研究不仅可以继续关注城市化发生的原因和方式,还可以剖析城市化如何塑造社会生活。例如,丹尼尔·西尔和特里·克拉克用一系列场景子维度构建了"社群主义与城市性"(Communitarianism—Urbanity)指标(场景组合体),以体现城市化的区域特点。自我表达性、理性、越

---

① Clark N., Terry, Cary Wu., "Urbanization Theorizing", *Handbook of Classical Sociological Theory*, eds. Abrutyn S., Lizardo O. (Switzerland: Springer Cham, 2021), (p428).
② Clark N., Terry, Cary Wu., "Urbanization Theorizing", *Handbook of Classical Sociological Theory*, eds. Abrutyn S., Lizardo O. (Switzerland: Springer Cham, 2021), (p.429).

轨性等方面得分较高的区域属于城市性，而本地性、睦邻性和传统性区域则偏社群主义①。他们将这一指数与人口密度、城市规模等经典人口变量同时加入回归模型进行分析，构建了美国邻里的城市与社群主义分布图。

美国南部和中西部地区表现出强烈的社群性，这种社群性具体体现为较低的自我表达和越轨性，以及较多的睦邻性传统主义；波士顿—华盛顿和湾区—圣地亚哥地区的场景维度则正好相反。可见，仅仅依靠种族、宗教等传统的城市指标，是无法衡量这种城市化的细微差异的。韩国首尔大学的张元浩教授等学者和西班牙塞维利亚大学社会学和城市政策中心主任纳瓦罗教授、马特奥斯教授等学者分别将类似的场景指标应用于韩国和西班牙，得出了类似的结果。内瓦达和克莱科特科于2012年发现西班牙文化场景的地理分布与城市和区域规模无关，却与当地的文化资源关联紧密。

再者，有的研究系统性分析场景指标与其他变量（如人口密度）的关系，并比较这种关系在不同城市和国家间的差异，有助于进一步分析城市与社群的意义如何影响并改变居民的行为，并且捕捉城市化进程中新的组成部分。这种多维度、多变量、组合性的视角能有效地帮助分析日渐复杂的城市化和城市发展现象，并且避免基于单一因素的简化论（Reductionism）或决定论（Determinism）。我们可以通过考虑哪些变量在相互结合时首先发生变化，来更精确地研究城市化的特点和原因。比如，种族或阶级等一般性概念可以被进一步分解成一系列的子维度，并通过分析相关维度的变化来确定种族与阶级变化的来源②。同时，我们可以通过研究这些子维度在不同场景中的碰撞和组合来检验城市化的后果。

---

① Clark N., T., Cary Wu., "Urbanization Theorizing", *in Handbook of Classical Sociological Theory*, eds. Abrutyn S., Lizardo O., Springer Cham, 2021, p.431.

② Clark N. T., Cary Wu., "Urbanization Theorizing", *in Handbook of Classical Sociological Theory*, eds. Abrutyn S., Lizardo O., Springer Cham, 2021, p.433.

因此，我们认为，作为一种新的理论和分析工具，场景研究能有效弥补当今城市化研究对于国际和地方差异考虑的不足，同时考虑抽象的"城市性"概念的变化，以及城市化对于居民的观点和意愿的具体影响①。

三 方法的创新：数据与研究设计

自《场景》一书问世以来，国际学者对新芝加哥学派场景研究方法，包括数据、研究设计和分析方法，进行了持续的探索和创新。场景的研究方法并不是固守不变的，而是开放的、不断改进的。此外，尽管英文版《场景：空间品质如何塑造社会生活》一书的舒适物数据库所包含的舒适物非常全面，几乎涵盖了美国和加拿大所有地区，它终究只能提供一个区域和一个时间点的场景写照。因此，为了进一步推进国际场景研究，学者们需要开拓其他国家和地区的场景数据库，并且检验类似的场景研究方法在其他文化语境下的适用性和有效性。值得注意的是，《场景》的舒适物数据库采集于十余年前，而且主要是静态的共时性数据，面对日新月异的城市发展以及舒适物及其代表场景的不断演变，该数据库的时效性也日益变弱。

传统研究方法的本土化更新

马特奥斯（Mateos）等学者与安德森（Anderson）等学者均尝试将新芝加哥学派城市研究团队的传统场景研究方法应用于其他国家，并对其进行了部分本土化改良。首先，马特奥斯等沿用传统的舒适物数据的收集和赋分方法对西班牙场景开展分析。他们在西班牙全国 800 个本地工作系统（Local Work Systems，LWS）区域中收集了 2001 年和 2011 年

---

① Wu, C., Ong, J., "A Scenic Walk through Brenner's New Urban Spaces in Toronto", *International Sociology* 36（5），2021，p. 742.

西班牙国家经济活动分类中 26 种舒适物的数据,并且沿用了舒适物赋分的流程及每个区域中场景维度绩效得分的计算方法。

不过,在处理场景数据的过程中,他们没有直接对每个区域内 15 个场景维度的绩效得分进行分析,而是根据绩效得分的分布创建了一个统一的场景指标体系,以体现场景的区域分布特征。他们指出,不同国家的文化风貌往往由传统性(或社群主义)和非传统性(或创新性)之间的连续体构成[1]。基于此,他们计算出全部区域的场景维度得分后,创建了一个连续性的指标体系来表明一个区域文化场景的主要取向,名为"文化场景导向指标"(Cultural Scenes Orientation Indicator)。

其中,他们通过主成分分析(PCA)计算出了 15 个场景维度中最接近和相反的几个维度组合,并根据主要的组合特征创建了一个连续性的尺度(Scale)。该尺度的两端分别是创新性和传统主义。具体来讲,该指标的创新端主要由迷人、越轨和自我表达构成,传统端则包括本地性、民族性、传统主义和平等主义[2]。

为了证明场景分析的独特意义,他们检验了场景与另外两种主流文化地理分析["文化园区"(Cultural District)与"文化社区"(Cultural Neighborhood)结果的差异]。"文化园区或产业"(Cultural Districts or Industries)侧重关注区域内与文化、创意或创新相关的经济活动,以及这些活动在经济发展方面产生的不同影响。"文化或创意社区"(Cultural or Creative Neighborhoods)则更关注区域内文化活动的社会组成,尤其是艺术家和创意阶层对于当地生活方式的塑造作用。研究发现,文化场景分布图与另外两种分析的结果存在着显著的差

---

[1] Cristina Mateos-Mora, Clemente J. Navarro-Yañez, María-Jesús Rodríguez-García, "A Guide for the Analysis of Cultural Scenes: A Measurement Proposal and Its Validation for the Spanish Case", *Cultural Trends* 31 (4), 2022, p. 360.

[2] Cristina Mateos-Mora, Clemente J. Navarro-Yañez, María-Jesús Rodríguez-García, "A Guide for the Analysis of Cultural Scenes: A Measurement Proposal and Its Validation for the Spanish Case", *Cultural Trends* 31 (4), 2022, p. 363.

异，文化场景分布图更强调一个地区所提供的文化消费机会的性质，以及伴随的消费体验与生活方式。

专栏5-5 "文化园区"、"文化社区"与"文化场景"

特点		视角		
		文化园区 (Cultural District)	文化社区(Cultural Neighbourhoods)	文化场景 (Caltural Scenes)
基本研究问题		生产什么？	谁住在那里？	什么文化风格？
研究设计	什么 (What?)	经济活动	职业群体和生活方式	文化消费机会
	谁 (Who?)	公司及其员工（文化创意产业）	艺术家、新波希米亚群体	由其文化实践定义的社会群体（居民或游客等）
	活动特点	生产	创造力、社交能力和创新能力	文化实践（文化消费）的发展
地域/空间 (Territory)	将其视为 (As…or)	生产空间：生产活动的位置	居住空间：社会关系位置	文化的空间：场所
研究方法	风格 (Style)	广泛比较："文化园区"的类型及其影响	案例研究（民族志）：大城市街区的新波希米亚生活方式（艺术家） 广泛比较："创意阶层"的位置和影响	案例研究：具体的文化场景（新波希米亚、音乐等） 广泛比较：不同类型文化场景的位置及其影响
类型	根据什么定义	占主导地位的经济部门	占主导地位的社会群体	文化实践的特点

——摘自 Cristina Mateos-Mora, Clemente J. Navarro-Yañez & María-Jesús Rodríguez-García, "A Guide for the Analysis of Cultural Scenes: A Measurement Proposal and Its Validation for the Spanish Case", *Cultural Trends*, 31 (4), 2022, p. 357

安德森在将场景研究方法应用于韩国的过程中，对舒适物的收集方法进行了创新。在对韩国松岛新城场景的研究中，安德森创新性地采用了视觉社会学的研究方法，即使用照片作为原始数据进行分析。他在松岛新城拍摄了826张照片，其中涵盖了当地的所有舒适物设施（共520种）[①]。然后，根据照片中出现的舒适物类型和数量，以及安德森（2010）编制的韩国舒适物场景绩效得分编码簿（Codebook），对区域内的场景进行分析。

不难发现，相比于黄页等官方数据渠道，通过照片获取场景数据有助于确保舒适物信息的完整性和时效性，却很难在大范围内（如全市或全国）进行系统性的收集和分析，因此，这种方法更加适合小范围场景研究或案例研究。

类似地，研究者也可以通过电影、诗歌、演讲、网络论坛等渠道更加灵活和有创意地收集场景数据。大数据以及定量分析方法的发展或将促进此类备选数据来源的系统性收集、整理与比较分析。

赋能历时性场景分析：大数据和计算方法

鉴于大多数场景研究对于静态舒适物数据的依赖，多伦多大学丹尼尔·西尔团队对新的舒适物数据库尤其是社交媒体和消费平台的大数据以及计算方法进行了探索，以开展针对场景的变化和动态趋势的系统性研究。

首先，奥尔森（Olsen）等学者聚焦消费点评网站Yelp[②]的评论数据，开发了一种通过分析Yelp评论来了解城市街区的整体特征及变化的新方法。过去，基于社交媒体的数据分析面临一项普遍的挑战，那就

[①] Anderson, Chad, "The Scene of New Songdo", *Asian Journal of Cultural Policy* 2 (2). 2015, p.8.
[②] 美国最大点评网站，类似我国的大众点评网。

是评论数据较为零散，直接分析可能无法发现隐藏的趋势[①]。为此，他们提出了一种深度自动编码方法（Deep Autoencoder Approach），将每个街区范围的 Yelp 消费点评文字嵌入降维空间进行分析，以促进街区之间的相似度对比以及跨时间的纵向对比。分析 Yelp 平台所提供的多伦多 24000 个舒适物和 500000 条点评数据发现，这种新的分析方法能有效地通过消费者的评论来识别真实的邻里边界、捕捉街区场景的逐年变化趋势以及相关的宏观城市变化。

Silver 与 Silva 在 Olsen 等人和 Silver 与 Silva 的基础上，依据斯廷施凯姆的功能主义（Functionalism）模型分析 Yelp 数据，探究街区场景的变化模式以及其背后的复杂因果结构。他们采用 2008~2018 年美国和加拿大 6 座主要城市的 Yelp 数据，创新性地结合每个 Yelp 评论的舒适物、地理位置以及发表评论的用户信息，提炼出个人的舒适物"偏好档案"（Taste Groups），对每个街区的"当地人"和"新来者"进行识别，以检验并理解街区场景的变化趋势和性质[②]。

比如，面对舒适物设施的变化或新消费群体的涌入，可以分析当地消费者是否对这种变化采取了抵抗，并评估这种抵抗或防御行为在什么情况下更容易成功。通过进一步对舒适物偏好档案进行场景维度编码，并且囊括更多地区的评论数据，未来的研究可以采用类似的方法分析和比较不同区域场景的动态特征。

使用密度和网络特征识别场景分布

一般来讲，场景分析方法通过传统市政或邮编区域内的舒适物

[①] Olson, Alexander, Fernando Calderon-Figueroa, Olimpia Bidian, Daniel Silver, Scott Sanner. "Reading the City through Its Neighbourhoods: Deep Text Embeddings of Yelp Reviews as a Basis for Determining Similarity and Change" *Cities* 110, 2021, p. 1.

[②] Silver, Daniel, and Thiago H. Silva, "Complex Causal Structures of Neighbourhood Change: Evidence from a Functionalist Model and Yelp Data" *Cities* 133, 2021, p. 1–7.

数量来计算场景绩效得分。然而，在一些情况下，绩效得分可能无法全面地衡量区域的场景特点。两个区域的绩效得分可能很接近，但是其规模却参差不齐，而各区域内舒适物的密度和分布也可能存在显著的差异。

比如，如果首尔、东京和釜山的迷人性场景得分分别为3.065、3.075和3.050，我们很难解释这三个城市的迷人程度有多大差异，以及这种差异意味着什么①。再如，区域A和区域B各有两座商场、三家咖啡店和一家书店。但是，区域A处于城市边缘区，面积很大，这些舒适物分散在区域的各个角落。相反，区域B位于市中心，面积较小，而所有舒适物集中在一个核心商业区。但是由于两区的舒适物的数量相同，他们的场景得分也相同，这无疑忽视了重要的区域场景差异。

针对这种问题，金尚铉和张元浩与坂本先生（Sakamoto）提出采用密度和网络特征，更加精确地甄别和比较场景分布的特征。具体地，金尚铉和张元浩沿用了传统的黄页和商业信息数据，分别收集了韩国首尔10个行政区域三年（2013年、2015年、2017年）每年40万条黄页数据。相较于传统分析方法，他们不仅计算了每个街区的舒适物数量，而且将城市舒适物设施的分布转换为网络关系和密度图，更详细地掌握了城市场景变化的过程②。

具体而言，他们将舒适物类别和地址转换为位置信息，使用Kakao Developer API提取每个舒适物的纬度和经度。然后，对转换后的经纬度坐标值按舒适物行业类别进行重新分类，用于寻找行业间的相对距离。为了进行精确的距离测量，他们使用Vincenty公式获得企业之间的相对距离，该公式计算了空间上两点之间的距离。最后，通过整合行业间的相对距离和首尔各自治区的平均相对距离，创建了表示舒适物行业间相

---

① Sanghyeon Kim, Wonho Jang, "Understanding the cultural characteristics of each region in Seoul using the concept of urban scene", *Community Studies*, 2018, 19 (3).
② Sanghyeon Kim, Wonho Jang, "The Change in Density and Network Characteristics of Seoul Urban Scenes". *Community Studies* 20 (1), 2019, pp. 72-78.

对接近度（Proximity）和密度的网络地图。

金尚铉和张元浩认为，相较于传统的场景分析方法及其对于舒适物数量的依赖，使用网络地图展示场景动态有两大优势：

第一，在韩国这样服务业特征较弱的国家，传统的场景分析不足以体现城市的文化特征。将舒适物设施的分布模式抽象为网络图，可以很好地判断每个场景是密集的还是分散的，而这通过分析舒适物数量并不能够完全体现。通过这种方式，我们可以根据不同区域的场景密度和分布特点，选择性地开展深入的案例研究，对定量的研究进行定性补充[1]。

第二，网络图能有效地识别每个区域的核心舒适物设施。传统场景分析强调根据国际标准的编码簿（Codebook）来判断和比较城市的舒适性设施的文化意义。这种方法虽然有利于大范围的区域和国际比较，但是很难辨别哪类舒适物对于一个区域的文化特征起到了关键作用，尤其是两个场景维度得分相近的区域。此外，通过纵向数据追踪核心舒适物的变化也非常有意义。

类似地，Sakamoto 尝试使用六边形的网状单位（Mesh Unit）对传统的地理区域进行再分类。作者提出，邮政编码区域（Zip Code）是美国人口普查局提供舒适物的最小单位。然而，对于场景研究来说，其不规则的形状可能无法代表当地的文化现象。为了将数据集调整为更有规律的区域，Sakamoto 将邮政编码、城市区域和六边形网格的地图重叠起来，以找到最小的区域，计算舒适物数据的场景绩效得分。这种做法有效地提升了场景数据的一致性，并且促进了城市、乡村以及国际比较分析[2]。将网状单位应用于文化产业分类数据，她进一步剖析了舒适物与

---

[1] Sanghyeon Kim, Wonho Jang, "The Change in Density and Network Characteristics of Seoul Urban Scenes", *Community Studies*, 2019, 20 (1), p. 87.

[2] Sakamoto, Cristina, *Hexagons, Scenes, Art, and Jobs: The New Urban Geography of Cultural Enterprises and Employment Opportunity*, PhD Dissertation, The University of Chicago, June 2021, p. 72.

就业互相促进的动态关系("鸡与蛋"问题):到底是舒适物促进就业,还是就业促进舒适物的发展?研究发现了艺术产业的乘数效应(Multiplier Effect)和非艺术产业的受众效应(Audience Effect):艺术与高科技职业相互促进,并且呈现出高乘数效应,而传统制造业职业与艺术的相互促进效应较弱。这两种效应解释了艺术和就业之间的互惠关系,因为艺术家需要当地受众(观众)的支持才能进入并留在一座城市,而受众(观众)也可以选择访问或移居到艺术家所聚集的城市①。

激动人心的新进展

西尔等学者通过系统性获取并分析 Google Places 数据,在世界范围内获得更加全面和一致的舒适物数据和地理分析单位。在这项正在进行的研究中,西尔团队探索了谷歌数据与传统场景数据的差异,并且对部分国际城市进行了初步的场景分析,这也使得系统性的国际比较分析成了可能②。

场景和场景变化的机制

不难发现,目前大多数的场景定量研究采用了舒适物设施进行分析,如餐馆、咖啡馆等取自官方来源或社交媒体的数据。这种对舒适物的一贯和整体的强调无疑是恰当的,因为舒适物是场景研究方法中的"通向场景的窗口"③。然而,场景的其他关键组成部分和机制,即行动

---

① Sakamoto, Cristina, *Hexagons, Scenes, Art, and Jobs: The New Urban Geography of Cultural Enterprises and Employment Opportunity*, PhD Dissertation, The University of Chicago, June 2021, p.266.
② Silver, Daniel, "Using Google Places to Compare Scenes Internationally", Scenes (China) Summit, 2022.
③ 〔加〕丹尼尔·亚伦·西尔、〔美〕特里·尼科尔斯·克拉克:《场景:空间品质如何塑造社会生活》,祁述裕、吴军等译,社会科学文献出版社,2019,第100~157页。

者（Actor）、活动、政策和技术创新，可能无法直接通过舒适物数据体现，但它们在创造、维持或改变一个场景的过程中相互影响，并且发挥着重要的作用。因此，我们有必要明确地识别并讨论这些组成部分和机制，作为未来实证和理论研究的方向。

行动者是场景的关键和基本的组成部分，是场景的第一个关键机制。第一，不同的行动者以不同的方式影响着场景。国家或政府行动者是场景的监管者。包括国家级别的行动者，如文化部门和主要政党，他们围绕场景提出和转变整体政策；也包括地方行动者，如公共交通、规划机构和治安部门，他们直接执行国家政策或根据当地情况调整政策。第二，个人和家庭是场景的访客和居民。他们的行为包括迁移、旅行、娱乐、锻炼、消费，决定了一个场景的基本结构。第三，私人企业和舒适物（如公司、餐馆、商店等）是在一个场景中为消费者提供审美和生活方式体验的关键行动者。第四，中介组织（Intermediate Organization）是居民和政府之间的纽带，代表并倡导场景所在的国家、个人和企业的不同且经常冲突的利益。这些组织包括非营利的艺术团体、环保组织和社区组织等。

场景的第二个关键机制是活动，这些活动可以由上述四类行动者中的任何一个领导或共同创造，如购物、散步、旅行、野餐、广场舞、艺术节、游行、抗议等。重要的是，场景维度和活动可以相互结合，并且进一步产生独特的场景，加强区域增长，促进共同的审美动态。例如，西尔和克拉克（Silver和Clark，2016）发现，步行上班增强了当地真实性对人口增长的影响。

第三种机制是政策，由国家或地方政府发布或由居民和中介组织倡导。政策可以在维持、振奋、改变和创造场景方面发挥决定性作用。例如，将公共汽车或地铁的运营时间延时至凌晨或更晚，增加公共照明和灯光表演，并保持某些公共空间和消费设施在夜间的开放，可能会大大促进夜生活场景中的购物、餐饮和散步活动。同样，巴黎市在塞纳河边添加了大量的公共音乐和体育设施，创造了独特的河流场景[①]。

第四个机制是技术创新，特别是互联网和数字技术的快速发展和传播。与场景有关的活动、价值和经验越来越多地与互联网产生审美联系。比如，人们常常以上传照片、发布评论和帖子的方式，来表达个人消费体验、游行、宗教仪式、对政策制定者的挑战，以及对新社会问题（如环境主义、女权主义、种族正义）的关注。一方面，线下场景的消费和审美活动提供了戏剧性的热门拍摄地和网红体验场所，形成社交媒体上新的标签，并获得更广泛的公共关注。另一方面，网上的帖子和评价同时吸引居民和游客到附近的商店消费、散步和聚会，从而进一步增强了这些场景的影响力和独特体验。未来的研究可聚焦互联网和数字平台如何塑造场景的动态。例如，Boy 和 Uitermark 详细说明了 Instagram[②]如何影响不同用户群体在阿姆斯特丹的城市空间中的分布和聚集模式[③]。场景的四个变化机制之间的关系如图 5-1 所示。

明确地识别并结合这些机制，可以促进场景动态的分析和理论化，如发展、扩散和防御等过程。场景的变化，如现有舒适物的专业化或新舒适物的扩散，可能会面临当地的阻力，因为当地行动者的不同组合可能会争取保护本土性场景和真实的生活方式。我们可以根据上述机制对这种场景的"防御"模式进行实证研究。例如，夜生活场景的出现以及伴随的深夜派对、唱歌和舞蹈活动，可能会引发需要在第二天早上工作的早睡当地居民对当地相关行动者的投诉以及有组织的抗议。

类似的过程也可能由国家行动者推动，例如艺术活动、竞争性的邻里游行乐队以及波希米亚式的自行车骑行和音乐之夜等活动，会引起国

[①] Frish, Martha and Terry Nichols Clark, "River Scenes: How Rivers Contribute to More Vibrant Urban Communities", *Planetizen*, 22 Apr. 2022, https://www.planetizen.com/features/116825-river-scenes-how-rivers-contribute-more-vibrant-urban-communities.

[②] 国外流行的社交媒体网站，类似我国的微博。

[③] Boy, John D., Justus Uitermark, "Lifestyle Enclaves in the Instagram City?", *Social Media+ Society*, 2020, 6（3）.

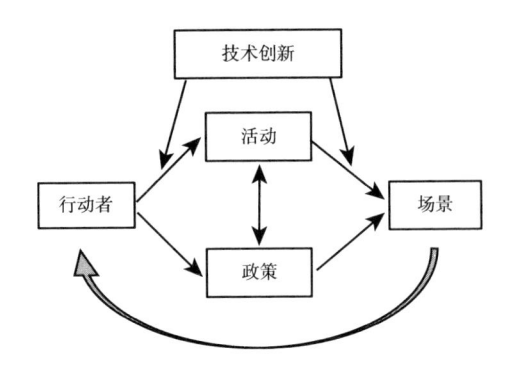

图 5-1　场景的四个变化机制之间的关系

家行动者截然不同的反应。比如，芝加哥的戴利（Daley）市长主动参加了同性恋游行等艺术活动，以显示他对新的选民群体的支持。相反，加拿大的"福特兄弟"① 作为民粹主义政治人物，利用明确的政治竞选和政策来压制城市内的自行车和艺术活动：取消自行车道②、严打街头涂鸦③、削减安大略省艺术委员会的资金④。识别这些不同的机制和新的实证主题是一个持续的过程，同时可能推动对场景过程的一种更加多维度的理解，并激发当前学者正在试图逐渐回应的新的理论挑战。

研究不足的领域

在这里，我们有必要指出目前国际研究的不足，为后续更好地推动

---

① "福特兄弟"指加拿大的政客道格·福特（Doug Ford）和罗伯特·福特（Rob Ford）兄弟，道格·福特曾任安大略省省长，罗伯特·福特曾任多伦多市第 64 任市长。
② Cyclists Accuse Toronto Mayor Ford of 'War on Bikes', May 3, 2012 https://www.bbc.com/news/magazine-17914504.
③ Ford Continues Anti-graffiti Campaign at East-end Restaurant. Apr 17, 2013, 8:56AM EDT. https://toronto.citynews.ca/2013/04/17/ford-continues-anti-graffiti-campaign-at-east-end-restaurant/.
④ Ford Government Cuts Funding to Ontario Arts Council, Impacting Indigenous Culture Fund, Dec 14, 2018. https://globalnews.ca/news/4762100/ontario-arts-council-cuts/.

场景研究提供一些建议。首先，随着场景对于城市和社会动态的显著影响得到不断的验证，学者们正进一步拓宽场景理论和实践研究的边界。比如，继续探索场景作为自变量对于微观社会因素和模式的影响，如人格特质、健康生活、同理心、社会安全感等。如上文所述，越来越多的研究开始探索场景的动态变化及其影响，未来研究或将纵向场景数据应用于当前主要的静态的研究领域（如 Kim 和 Jang，2019），抑或针对新因变量开展多层级分析（如 Mateos-Mora 和 Moya，2022）。可以预见，随着学者们（尤其是西尔团队）在大数据和定量模型方面的探索，这类研究将加速发展。不过，如 Kim 和 Jang（2019）和 Mateos-Mora 和 Moya（2022）指出的，明确的因果机制以及对于具体现象的解释往往是定量场景分析的"软肋"，需要定性分析或案例研究的支撑。如何有效结合定性和定量研究，或将成为未来比较研究的重要课题。

此外，国际比较分析是当前场景研究中的一道鸿沟。截至目前，系统性的国际比较研究比较薄弱。其中，Jang 等（2011）以及在其基础上扩展研究的 Clark 等（2014）的研究是其中比较有代表性的，但是这些研究也仅仅止步于单独国际城市的对比（如芝加哥、首尔和东京）。正如 Mateos-Mora 等（2022）指出的，国际比较研究的一大障碍，就是不同国家语境下舒适物的场景编码，既要采用相对一致的场景维度和定义以确保可比性，又要针对各国家和地区不同的文化情境进行调整。

其次，舒适物的数量可能无法全面反映区域的场景特征，而该问题本身或存在区域差异。诸如舒适物的规模（面积、雇员人数等）、使用频率（开放时间、时间表等）或经济表现（特许经营、当地贸易等）等方面的信息，可能会影响到在编码时可以赋予它们的象征性价值。类似地，Jang 和 Kim（2019）指出，对于服务业特征较弱的国家，舒适物的密度和网络特征能更好地反映其场景的模式。

四 新的方向：视觉思维与文化政策

图片和场景

如前所述，新芝加哥学派旨在将旧芝加哥学派思想与更强烈的审美和艺术敏感性相结合。这一宗旨的主要影响之一，就是更加认真地看待图像、视频、电影和音乐在场景研究中的作用。实际上，场景的出现恰恰对应着近年来视觉图像和声音的重要性的大幅增加，尤其是相对于文本而言。这种爆发式增长有深刻的根源，例如，19世纪伦敦咖啡馆杂志中的卡通或讽刺幽默文章曾受到哈贝马斯的关注。随着19世纪末欧洲审查制度的放松，幽默戏剧、歌舞表演等形式逐渐演变成单口喜剧表演。

电视和互联网的普及进一步推动了这些现象。通过智能手机等设备，大众传媒能够触及比以往更多的观众，吸引普通人和名人将自己打造成品牌，精心打造供公众消费的形象，但通常也向镜头顽皮地眨眼，以制造一种距离感和讽刺感。即使是那些喜欢生活在挪威北部村庄这样偏僻区域的人也可以成为YouTube的明星，将他们的小镇呈现为一个场景，供人观赏、享受和想象。"韩流"（Korean Wave）现象和日本经济规划机构明确寻求利用这些趋势，将政府规划、"文化政策"以及更微妙的营销方式进行组合。

这些都是视觉和音乐场景元素与过去文本或口头陈述占据主导地位的文化相互渗透的例证，产生了更加先进和复杂的新组合。这种日益发展的视觉文化则需要一种新的分析模式，以更深入地理解视觉和音乐作品。

艺术历史学家迈克尔·弗雷德（Michael Fried）开拓了一种方向，特别是在他的重要著作《专注性与剧场性》（1988）[1]中。该书聚焦欧

---

[1] Fried, Michael, *Absorption and Theatricality: Painting and Beholder in the Age of Diderot*, University of Chicago Press, 1988.

洲绘画史，其观点与场景的关键理念密切相关。其中心命题是，这一传统下的画家们试图描绘一种场景，其中的人物完全沉浸在画作中的世界。他们背对观众，阅读书籍，相互交谈或在田野里劳作——就好像他们不在画中一样。画家越能创造这种沉浸感，观众就越能专注于绘画中。他们瞥见了一个看似真实存在的场景，其中没有任何"刻意"的戏剧性表演。

然而，这种克服剧场性的尝试是十分脆弱的。这些画作被巧妙地创作出来以供欣赏，而该过程本身就是一种表演。弗雷德发现，画家们常常以微妙的方式承认这种戏剧性，比如让一个角色稍微转向观众，或者将扑克牌的正面朝向观众（见图5-2），好像在向他们暗示该画作本身就是虚构的。这些细节随着时间的推移变得更加戏剧化，伴随着弗雷德提出的打消剧场性的绝望尝试，例如描绘使参与者不得不完全沉浸其中的史诗般的暴力战斗场面（正如社会学民族志研究者在描述街区暴力场景时，试图向读者展示一个即使观察者不在场也会运作如此的世界[①]）。弗雷德认为，这些试图恢复专注性的努力总是伴随着戏剧性，这在马奈（Manet）的画作中达到了高潮，画作的主人公与观众四目相对（见图5-3）。这加剧了戏剧性：观众注视着画作的同时，画作也注视着观众。

评论家们进一步延伸了这些观察，比如苏珊·桑塔格（Susan Sontag）著名的文章《关于"坎普"的札记》（*Notes on Camp*）。他们突出了艺术作品中大量戏谑的讽刺，及其在多个层面掩饰或揭示艺术家的意图以及对观众的关切。贝尔托·布莱希特（Bertolt Brecht）将类似的思想带入戏剧的领域。他创造了一种戏剧手法（"间离方法"），通过周期性地展示一些荒谬或不协调的元素，提醒观众所看到的一切都是虚构的，不断地让观众脱离沉浸感。

[①] 参见 Van Maanen, John, *Tales of the Field: On Writing Ethnography*, University of Chicago Press, 1988。

图 5-2 《纸牌屋》(*The House of Cards*)，夏尔丹（Chardin）绘于 1740 年

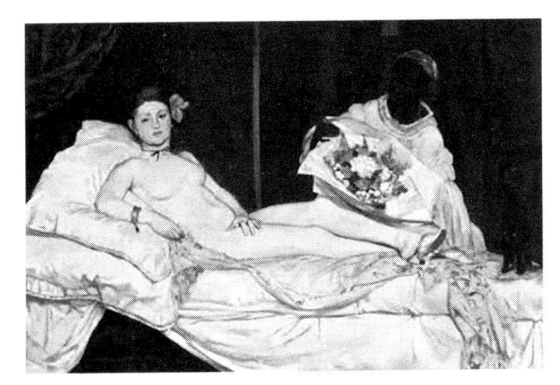

图 5-3 《奥林匹亚》(*Olympia*)，马奈（Manet）绘于 1863 年

欧文·戈夫曼（Erving Goffman）的著作《框架分析》(*Frame Analysis*)将这种戏谑精神引入对于社会生活的研究中。戈夫曼认为，社

会互动是围绕赋予其意义的框架而组织起来的，就像一场布莱希特式的戏剧那样，永不停止[1]。

虽然弗雷德等人的分析无疑存在争议，但其对真实性和戏剧性的关注显然与场景思维一致。这有助于我们理解两者之间微妙而讽刺的相互作用，尤其是当手持智能手机的普通人越来越多地接触到它们。

例如，在洛杉矶的保罗·史密斯粉红墙（Paul Smith Pink Wall），一些人排队自拍，其他人在旁边围观。这些照片通常发布在 Instagram 或其他社交媒体平台。这些照片经常放大拍摄对象，展示他们拿着手机跳跃、大笑，相互注视（见图 5-4 右图）。他们通常表现得像沉浸在自己的世界中，制造出一种真实和亲密的幻觉，仿佛没有意识到正在被人观察。粉红色墙壁的简洁使他们成为照片的中心人物，显得既个性化又精心制作。尽管如此，这些照片通常会微妙地承认其戏剧性的本质，并打破专注性的幻觉。作为一个备受欢迎的背景，这面墙打造了一个充满戏剧性的空间，观众的注视则增加了一层表演，即使他们不在镜头中。当代艺术摄影作品也表现出类似的动态。比如，杰夫·沃尔（Jeff Wall）的作品《公寓里的景色》（*A View From an Apartment*）精心策划了一个日常专注性的场景，该场景表面上看似未经设计，但随着仔细观察，越来越显得经过精心布置。

粉红墙通过展现一层又一层的表演，一跃成为洛杉矶最受欢迎的旅游景点之一，尽管它所提供的只是一张供大家拍照的空白画布和一群观众。随着任何场景的观众规模从现场增加到网上潜在的数百万观众，许多其他视觉风格（虽然不总是迷人的）常常混合在一起，争夺关注。场景特征中最为戏剧性的持续变革之一，就是将城市空间改造成一个纹理丰富的视觉传播领域。当前场景研究的一个主要目标就是通过调整既有的概念和方法来理解这种变革。场景可以通过加深情感

---

[1] Goffman, Erving, *Frame Analysis: An Essay on the Organization of Experience*, Harvard University Press, 1974.

图 5-4　保罗·史密斯粉红墙（Paul Smith Pink Wall），美国洛杉矶

资料来源：https://www.flickr.com/photos/wilburlo/43135872114。

图 5-5　《公寓里的景色》（*A View From an Apartment*），
杰夫·沃尔（Jeff Wall）创作于 2004~2005 年

和暴力来提升戏剧化的程度，比如"9·11"事件中两架客机撞毁纽约世界贸易中心。同一张照片可以通过多种更广泛的文化意义进行解读。一家新闻媒体可以将世贸中心的照片与本土性、睦邻性等场景价值观联系起来，将其定为悲剧。然而，其他媒体可以重新定义这张照片，将其解读为反资本主义的英雄主义，唤起全球平等主义等价值

观。好与坏、快乐与悲伤是塑造不同视角的基本标签,这些视角可以为不同的参与者及其亚文化呈现完全不同的内容。

文化政策

场景研究不断从人文思维中汲取灵感,包括瓦格纳、波德莱尔等艺术家、作家。这两位作家之所以至今仍影响深远,部分原因在于他们对于正确和道德的认识与许多人截然相反。定量社会科学中鲜有以他们为主要灵感的研究,尽管波德莱尔通过沃尔特·本雅明的作品启发了许多观察城市消费动态演变的观察者。对场景研究而言,这些灵感不仅涉及研究内容,还涉及场景的各种阐述形式,如写作、表演、歌唱、电影或混合的表达形式。波德莱尔的诗歌特别强调了新的"现代生活英雄",如花花公子、闲逛者或波希米亚人。但它也指向了一种以这些人物为模型的思维和写作方式。作为场景分析者,我们可以像闲逛者在城市中漫游一样,在主题之间切换,了解其特点,然后继续研究下一个主题。弗雷德、桑塔格、戈夫曼以及 Instagram 上的粉红墙照片所强调的专注性和戏剧性的多层混合也是如此。

《场景》一书旨在实现这种运用多框架审视世界的总目标,而实现该目标的一种方式就是以专栏的形式加入许多具体的微案例。它们来自新闻、哲学、小说、诗歌等文学作品的主题。大多数专栏很短,从两行到二十行不等。这些专栏在《场景》中起到了重要的作用。它们通过生动的案例说明许多抽象概念,这些案例大多来自时事和富有想象力的文学作品。它们提供了阐释抽象观念如何在实践中运作的微案例研究,以及对比学术写作必需的枯燥性与记者和文学作家的风趣幽默的机会。这些专栏还有一个重要的美学功能,这与它们在页面上的物理外观有关。专栏在正文的线性叙述中加入了短暂的停顿,为读者提供了反思正文中含蓄但未明确探讨的微妙联系的机会。我们还尝试了各种类型的可视化、图表和图片。目标是通过丰富的表现手法来构建与主题相关的展示方式。在《场景文化力》中也穿插了类似的专栏和图片,继续发扬这一风格。

这种多元主义超越了分析者，而且越来越多地定义了文化规划。因此，在中国和一些其他国家，文化旅游和文化政策等概念愈加突出，政府和规划对消费和生活方式的重视程度不断提高。国家规划目标和城市政府愈加精妙地通过营造强大的场景来吸引游客、居民和资本。有些决策看似是个人的决定，并且由市场因素驱动，比如从农村搬到大城市。但在大多数国家，我们会发现混合或组合的决策过程，既不完全由个体或市场驱动，也不完全由政府驱动。一些引人注目的决策过程则显而易见，比如北京为2008年奥运会修建了重要的建筑地标，后来演变成了人文景观，这是一个极其成功的戏剧性、迷人和超凡魅力的场景，它向全球的奥运观众展示，中国如何改变过去相对朴素的奥运会形式（见图5-6）。

图5-6　2008年北京奥运会开幕式在标志性的国家体育场（俗称"鸟巢"）举行

图片来源：https://commons.wikimedia.org/wiki/File：2008_Summer_Olympics_-_Opening_Ceremony_-_Beijing,_China_%E5%90%8C%E4%B8%80%E4%B8%AA%E4%B8%96%E7%95%8C_%E5%90%8C%E4%B8%80%E4%B8%AA%E6%A2%A6%E6%83%B3_-_U._S._Army_World_Class_Athlete_Program_-_FMWRC_%284928410875%29.jpg）

不过，许多场景政策正在以不太容易被人注意到的方式实施。场景分析师正在识别国家规划目标与其他因素之间的紧密关系。比如，减少空气污染的政策将工厂的烟囱塑造成污染的象征，但是这与其过去的象征意义恰恰相反，因为烟囱的场景曾经象征着活跃的经济生产和增长。即使在遥远的过去（1800年前后），伦敦还是一个烟雾弥漫的城市，而巴黎的情况恰恰相反。然而在后工业时代，工厂越来越不受欢迎，取而代之的是新的服务和娱乐型产业，如餐厅、咖啡馆和食品市场。由于在建筑和生活方式方面有更加积极的规划和审美关切，巴黎成为一个更为突出的全球典范。巴黎对消费和生活方式的关切得到了伦敦的戏剧性模仿。世界各地的规划者、建筑师、顾问和各种社会科学家正在更加明确地阐述和讨论营造不同类型场景的必要性。他们正在试图营造当地的独特场景，有时将其与雄心勃勃的新公园建设计划等政府政策明确地联系起来，有时则交给私营企业或个人来实施。

文化的演进

本章确定了场景分析中一个非常重要的研究主题，即时间。场景理论涵盖了动态、演变和变化。然而，许多过去的模型在很大程度上静态地分析场景。它们假设地方场景相对稳定，然后检查其他变量的后续变化，如经济增长或迁移等。场景是一种从动态和持续的社会和文化变化中产生的新兴现象，而对于一个建立在这一命题之上的理论来说，这种对于时间的忽视是具有讽刺意味的，好像我们的概念被困在一个它们并不完全适合的框架中。

本章综述了试图纠正这一问题的后续研究。在有了更长期的精细数据的情况下，我们正在将经典社会科学的变化模型应用于场景分析，探究发展（收入增加和教育水平提升）、差异化（专业化发展）或扩散（思想和实践通过迁移或模仿的传播）等过程如何改变场景（Silver, Silva, and Adler 2022）。即便如此，将场景建模为因变量还不够。场景既是原因（自变量）又是结果（因变量），一个更完善的模型需要同时考虑两个方面。

反馈和演化的经典思想指向这个方向，但我们很难正式对其进行建模。图 5-7 展示了一个简单的场景演化和反馈模型，建立在文化和城市演化研究的方法基础上（Henrich 2016, Silver, Adler & Fox, 2022）。

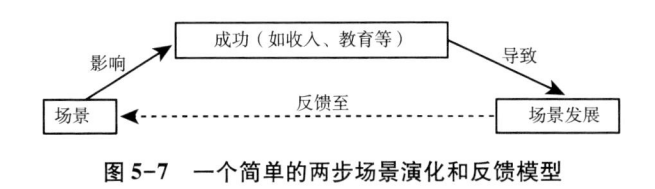

图 5-7　一个简单的两步场景演化和反馈模型

在这个模式中，成功的案例往往会被采纳，进而迅速传播。更具体地说，具有特定文化风格（如自我表达、迷人魅力或传统），且更成功（如超过预期的收入或教育提升）的场景将导致该类型场景的增长，最后反馈到最初的场景，形成一个连续的循环，其中场景的持续影响和增长既是原因又是结果。从概念上讲，我们可以将这张图看作一系列推论或大类下的不同层次的小类别，这是一个古老的中国传统，就像在深入剖析街道或街区等微观区域时，能够发现并衡量更微观、具体且具差异性的活动和亚文化一样。中国知网（CNKI）上出自多位不同作者之手的 300 多篇文章都以这种方式探讨了一个地区的特定场景，试图寻找驱动该场景的基本动力，为更宏观的研究提供基础。

图 5-7 显然是一个过于简化的模型，但它为一系列初步分析提供了有用的起点。具体来说，我们使用 2000~2016 年的邮政编码数据（商业登记册），同时计算每年的场景绩效得分（具体细节请参阅 Silver、Silva 和 Adler，2022）。当前的分析涵盖了自我表达和传统维度的结果，但我们还研究了迷人魅力、企业性、平等主义、睦邻性和理性主义。同时，我们获取了 2000 年、2010 年和 2016 年有关收入和教育的数据。如图 5-8 所示，第一步采用固定效应回归分析（Fixed Effects Regression Analysis），分析 2000~2010 年每个场景维度对收入和教育的影响。这确定了场景维度的变化对于收入或教育的影响，同时控制了该

地区随时间推移保持稳定的所有特征。然后，我们从这些结果中提取残差。在残差较高的地方，场景的增长导致了收入或教育的高于平均水平的增长。第二步分析残差对随后 2010~2016 年相同场景维度增长的影响。为此，我们计算 2010~2016 年每个邮政编码区域内场景维度的变化，并对残差导致的变化进行回归分析。

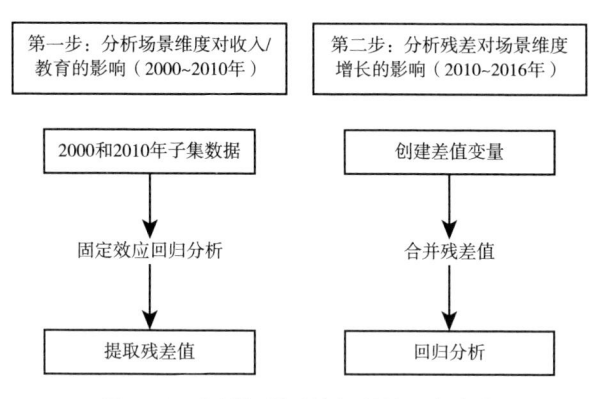

图 5-8 分析场景反馈机制的两个步骤

如果文化演化的反馈过程成立，那么导致超出预期的收入或教育增长的场景类型（更高的残差）在未来将出现更大的增长（残差对后期增长的积极影响）。

对自我表达等"都市化"场景维度的分析呈现出相当一致的结果，如图 5-9 所示。同样的关系模式适用于迷人性和企业性。

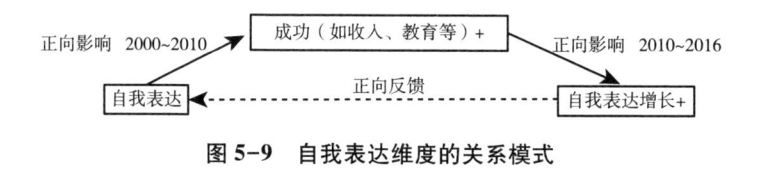

图 5-9 自我表达维度的关系模式

然而，传统性和平等主义等社群主义价值观呈现出了相反的关系，如图 5-10 所示。

图 5-9 和图 5-10 总结了上述的两步文化演化模型的结果。以图 5-

图 5-10 传统性维度的关系模式

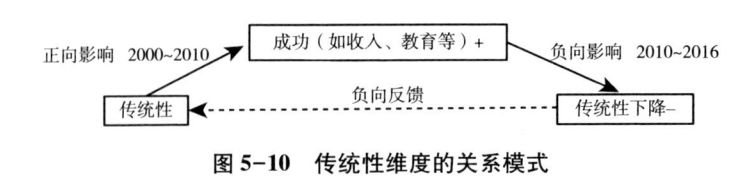

9 为例，在自我表达导致 2000~2010 年高于预期的收入和教育增长的邮政编码区域（固定效应回归中的残差更高），随后自我表达场景会经历增长（残差预测自我表达的正向变化）。迷人魅力场景也是如此。然而，传统主义（以及平等主义）场景呈现出相反的过程：2000~2010 年残差对收入和教育的积极影响导致了 2010~2016 年传统主义场景的衰退。"传统性下降"意味着 2016 年的场景绩效得分相对于 2010 年出现下降。

图 5-10 表明，在传统（和平等主义）场景导致收入和教育增长加剧的地方，这些场景反而会走向衰退。

因此，直接且简单的文化演化模型广泛适用于更具城市性的自我表达和迷人魅力场景：刺激收入增长的同时，它们本身也会经历增长。然而，对于传统场景，这种"成功"通常是一种失败。

进一步分析表明，在传统性导致最高收入增长的区域，城市性场景将进一步增长，而传统和平等主义场景则将减少，如图 5-11 所示。

图 5-11 继续分析了上述文化演化模型的第二步，重点关注传统场景。在传统性引发了超出预期收入增长的邮政编码区域中（来自第一阶段固定效应回归的残差），垂直线右侧的点所代表的城市性场景维度（自我表达、企业性、迷人魅力和理性主义）会出现增长，而垂直线左侧的点代表的平等主义和传统性则会出现下降。

图 5-11 中垂直线右侧上方的深色圆点显示了自我表达维度，即文化演化模型第二步的因变量，在 2010~2016 年的变化。x 轴显示 OLS 回归系数；正值在实心垂直线的右侧，负值在左侧；具有统计显著性的结果不会接触 0 所在的垂直线。位于 y 轴的自变量是第一步的残差，传统

传统性场景的演化模型（收入）

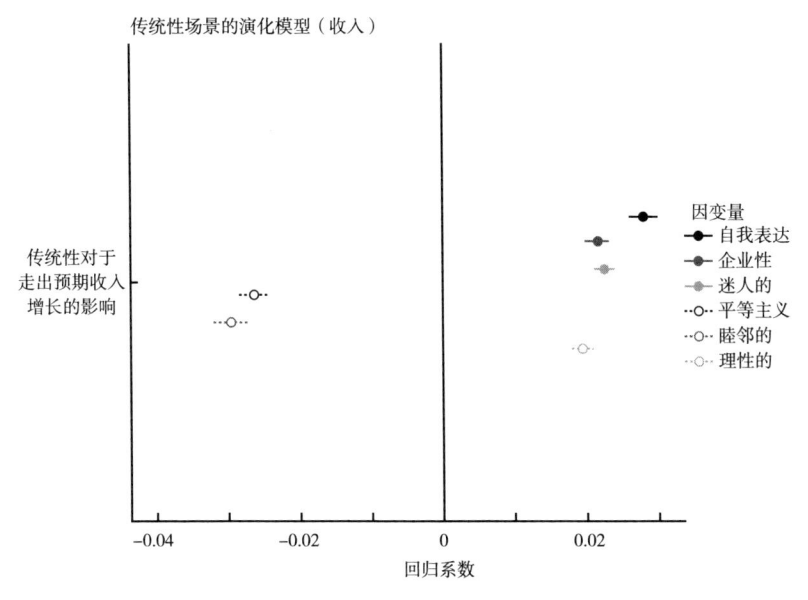

图 5-11 传统性对于超出预期收入增长的影响

场景是预测收入增长的变量。这是只有一个预测变量的简单模型。因此，垂直线右侧上方的深色圆点显示了这个残差明显的正向作用。换言之，它表明在传统场景引发了 2000~2010 年极高的收入增长的邮政编码区域中，这些地区的自我表达维度也会随后增长。空心圆点和浅色圆点则表明，这些地区的魅力、企业精神和理性主义维度同样经历了的增长，尽管平等主义、睦邻性等传统维度则相对下降。

这些结果表明，我们需要进一步反思简单演化模型中"成功"的概念。如果我们将传统场景的"成功"定义为维系其核心价值观和社区导向的原则，那么其经济上的"成功"往往导致了一种失败，即那些刺激经济发展的场景反而将逐渐走向衰退。在经济方面的成功可能与文化保护方面的成功相对立。这一现象可以被视为更广泛的社会学模式的一部分，即经济发展的压力可能稀释或改变传统的文化实践和价值观。另外，在传统价值观导致低于预期的收入增长的地区，传统、社群主义或平等主义价值观可能会得到更有力的保护。如果没有与较高收入水平相关的经济压力,这些价值观也许会免受现代化或全球化的挑战。

上述结果展示了许多整体趋势,当然我们也发现了一些关键的"偏差案例"。在这些案例中,传统场景既刺激了经济增长,又维系了其核心维度。一些社区组织起来捍卫当地的文化习俗;另一些则倡导传统与创新的结合,推动文化遗产旅游等。上述结果是系统地识别类似场景动态的起点,以了解为什么有些情况遵循一般模式,其他情况则不然。

主要观点回顾

新芝加哥学派场景研究传承了早期芝加哥学派城市研究基本取向,即不断地试图将抽象的过程定位在具体的时间和地点,并比较研究单一过程之间的关系以及整体关系网络。新芝加哥学派不仅强调单独社会事实的"位置",更强调社会事实之间的空间和时间关系:在静态的空间层面,每一个社会事实被其他背景事实所包围和影响,是周围空间生态的产物;在动态的时间层面,每个社会事实都由一个与过去背景相关的过程形成,有着特定的发展和变化逻辑。简言之,场景理论构建起一套一般性的理论与分析框架,明确地分析并衡量城市文化在社会空间中的具象特征及其与城市发展核心变量的关联关系,并将定位于不同空间和时间的文化现象联系起来,对其进行系统性的比较分析。

场景理论为多样化的城市理论提供了切实可行的统一的研究单位尺度,并且能够有效促进国际范围内的城市比较研究。比如,场景理论能够解决城市关系的争论,因为场景正是产生于物理结构、居民、活动、治理结构以及地方和全球生活方式的特定关系及其组合。以场景为单位的城市研究自然地包含了这一系列复杂的关系的组合结果,并且进一步明确地研究场景如何进一步塑造微观层面的个人价值取向和行为,以及宏观层面的社会、经济、政治和文化指标。在众多的国际场景比较研究中,学者们对比了芝加哥、首尔和东京的场景与人口特征和房租的关系，提出四类经典的场景：（1）社群场景，代表更传统和邻里关系的场景；（2）前卫/异国场景，代表自我表达、越轨和民族场景；（3）商业场景，代表功利性和企业场景；（4）酷炫消费场景，代表展示性、魅力和正式场景。这四种场景与区域特点的关系在三个城市中有着复杂的相似性和差异。

最新的国际场景研究不仅描述了城市的场景变化动态，而且对其原因和模式进行了理论化探讨，聚焦美国纽约、洛杉矶、芝加哥三座大城市在1998~2016年的场景数据，研究发现，在这18年间，三地的文化、美学、设计、教育、体育、娱乐等领域的舒适物和活动显著增加。从场景维度来看，三地的自我表达、爱炫性和迷人性得分均有增长，其中洛杉矶在自我表达方面增长最快，而纽约在爱炫性和迷人性上增幅最大，芝加哥则相对缓慢。目前大多数国际场景研究采用了舒适物设施进行分析，如餐馆、咖啡馆等取自官方来源或社交媒体的数据。这种对舒适物的一贯和整体的强调无疑是恰当的，因为舒适物是场景研究方法中的"通向场景的窗口"。但是，场景的其他关键组成部分和变化机制，即行动者（Actor）、活动、政策和技术创新，可能无法直接通过舒适物数据体现，但它们在创造、维持或改变一个场景的过程中相互影响，并且发挥着重要的作用。明确地识别和结合这些机制，可以促进对场景动态的分析和理论化，如发展、扩散和防御等过程。

6 场景营城：
中国特色城市理论探索

中国特色城市理论探索是我们撰写此书的重要目标之一。要实现这个目标，一方面需要聚焦中国城市发展实践与经验，另一方面还需要做到以全球城市、国际化眼光来看待我们的城市及其发展。因此，介绍与归纳进入 21 世纪以来国际城市发展规律与城市研究前沿成果变得越来越重要。作为人文社会科学领域的首个城市学派，早期的芝加哥学派城市研究者们提出的人类生态学理论对于分析社区与城市发展动态具有开创性意义。新芝加哥学派的场景研究吸收了芝加哥学派社区研究中对地方情境的重视及其对城市文化保持的敏感性，结合时代变迁形成了一个全新的城市理论。场景重新定义了城市经济与社会生活。作为本书的最后一章，文章聚焦中国场景研究和实践经验。特别是"场景营城"概念的提出，是来自对新时代中国城市发展模式的观察、对以人为核心的新型城镇化的新思考，关注的是以场景营造城市，不断增强城市的宜居舒适性品质，并把这种城市品质转化为人民群众可感可及美好生活体验。

一 场景理论的本土化历程及其特点

本部分使用中国知网学术期刊数据库为资料源，以"场景理论"为主题词进行检索，最终收集到从 2008 年到 2023 年 6 月的 318 篇文献，这些文献中的大部分是在 2017 年后产生的，采用文献计量分析法，运用 CiteSpace 软件绘制相关图谱，并对其中被纳入核心期刊数据库的 100 余篇主要文献进行详细分析。

中国场景研究最早可追溯到《都市生态学术传统的传承：芝加哥社会学派与社会研究》一书，书中对场景理论进行了最初最简的介绍与解读[1]。从 2012 年到 2014 年，不同的学者从管理学、社会学、经济学等多个角度开始陆续把场景视作一种文化动力系统地介绍到中国，并展开了场景与房价、择居、消费和文化产业等实证探索[2][3][4]。随后对场景的讨论与前期不同，学者们并没有"就场景而论场景"，而是在生产者、居住者与消费者三种不同视角下审视城市空间变化与发展之间的不同关联，从而凸显场景作为一种由消费者审视空间带来的体验与符号意义的重要性[5]。

2015 年开始，学者们将场景理论视作利用文化因素推动城市发展研究的新视角[6][7]，提出了城市发展的文化动力模式。从消费城市到创意阶层再到城市场景，文化动力模式继承场景研究的基本思路，根据中国社会环境与制度背景做出拓展与延伸，是场景理论在中国最早的理论创新与发展。有学者认为，从生活文化设施、多样性组织、文化实践以及由三种元素集合而成的场景探寻新型城镇化背景

---

[1] 赵铁：《都市生态学术传统的传承：芝加哥社会学派与社会研究》，广西人民出版社，2008，第 58 页。
[2] 吴迪、高鹏、董纪昌：《基于场景理论的中国城市居住房地产需求研究》，《系统科学与数学》2011 年第 3 期。
[3] 徐晓林、赵铁、〔美〕特里·N. 克拉克：《场景理论：区域发展文化动力的探索及启示》，《国外社会科学》2012 年第 3 期。
[4] 赵铁：《中国—东盟合作框架下广西文化产业创新发展战略研究》，博士学位论文，华中科技大学，2012 年。
[5] 吴军、夏建中、〔美〕特里·N. 克拉克：《场景理论与城市发展——芝加哥学派城市研究新理论范式》，《中国名城》2013 年第 12 期。
[6] 吴军：《场景理论：利用文化因素推动城市发展研究的新视角》，《湖南社会科学》2017 年第 2 期。
[7] 吴军：《城市社会学研究前沿：场景理论述评》，《社会学评论》2014 年第 2 期。

下中国城市发展与转型的新逻辑、新思维,这也是对中国城市发展问题的一种学术关切和回应①。

2016年,国家行政学院〔2018年与中央党校合并,组建新的中央党校(国家行政学院)〕科研部主办"建设文化场景,培育城市发展内生动力"学术论坛。这是国内首次以中国场景研究为主题的专业性学术研讨,论坛产生了一系列的研究成果,显著提升了场景理论在中国的学术影响。从理论层面上,有的研究探讨场景理论的特点和价值,提出场景理论中国化的主要思路②;也有研究通过总结场景理论在世界各国的实践应用,分析其对中国研究的启示以及分析场景如何促进经济发展③④。在某种程度上,这些研究都有一个共同的主题,那就是场景理论中国化探索如何更好服务于中国城市发展。《东岳论丛》(CSSCI)、《湖南社会科学》(北大中文核心)等期刊曾以场景为选题两次推出了一系列学术论文成果,其中既有对公共文化空间与文化参与的实证研究⑤,也有以文化视角切入,分析针对文化场景的价值传播及其文化创意培育⑥;此外,植根于场景理论的文化属性,也有学者提出,场景理论是利用文化因素推动城市发展研究的新视角⑦。

2019年,《中国文化产业评论》(CSSCI)以"文化场景研究"为

---

① 吴军:《文化动力:一种解释城市发展与转型的新思维》,《北京行政学院学报》2015第4期。
② 祁述裕:《建设文化场景 培育城市发展内生动力——以生活文化设施为视角》,《东岳论丛》2017年第1期。
③ 〔美〕特里·N.克拉克、李鹭:《场景理论的概念与分析:多国研究对中国的启示》,《东岳论丛》2017年第1期。
④ 〔美〕丹尼尔·A.西尔、〔美〕特里·N.克拉克、马秀莲:《回归土地,落入场景——场景如何促进经济发展》,《东岳论丛》2017年第7期。
⑤ 陈波、侯雪言:《公共文化空间与文化参与:基于文化场景理论的实证研究》,《湖南社会科学》2017年第2期。
⑥ 范玉刚:《文化场景的价值传播及其文化创意培育——城市转型发展的文化视角》,《湖南社会科学》2017年第2期。
⑦ 吴军:《场景理论:利用文化因素推动城市发展研究的新视角》,《湖南社会科学》2017年第2期。

主题刊发了一系列论文，其中不乏应用场景理论进行实证案例分析的研究，如对艺术区创新活力机制的分析[1]，对文化创意产业园的社群参与分析[2]，也包含了文化场景与城市发展动力的研究[3][4]，也有针对国外城市文化场景的类型和建设路径进行总结并针对我国实际情况提出建议的研究[5]，以及从政策角度入手，思考如何利用城市场景吸引人才的研究[6]。可见这些研究的重点在于关注中国城市发展过程中文化场景的作用及其产生的动力机制，间接桥梁可能是人才，也有可能是艺术区、文化创意产业园等。

2021年以来，场景理论的中国本土化发展与创新进入了"快车道"。《武汉大学学报》（哲学社会科学版）（CSSCI）以"文化场景与文旅融合"为主题组稿，系列文章中，既有从理论出发，总结出社会发展模式在场景演化中的应用方面的研究[7]，也有以黄河国家文化公园为依托，借助场景完成对其空间生产肌理与运行机制的分析方面的研究[8]。到这一时期，场景理论在中国的发展已经不仅仅局限于简单的理论引介与应用，而是向主题与案例方面的创新性应用迈进，整体来看，发展创新的趋势逐渐显现。除此以外，场景理论与城市发展动力的关联分析迎来了新的发展。

---

[1] 崔艳天：《场景理论视角下艺术区创新活力机制研究》，《中国文化产业评论》2019年第1期。

[2] 李鹭、赵岠：《新自由主义VS社群主义：如何利用场景培育文化创意产业园的社群参与》，《中国文化产业评论》2019年第1期。

[3] 郭嘉、卢佳华：《城市发展中的亚文化场景建构——一项关于北京后海酒吧街的民谣音乐文化的研究》，《中国文化产业评论》2019年第1期。

[4] 吴军：《文化场景营造与城市发展动力培育研究——基于北京三个案例的比较分析》，《中国文化产业评论》2019年第1期。

[5] 刘柯瑾：《国外城市文化场景类型及其创建路径》，《中国文化产业评论》2019第1期。

[6] 陆筱璐、范为：《城市人才政策的思考与优化：场景视角下的人才吸引方案》，《中国文化产业评论》2019第1期。

[7] Silver D，Silva T，Adler P，et al：《场景的演化：四种社会发展模式在场景中的应用》，《武汉大学学报》（哲学社会科学版）2022年第5期。

[8] 陈波、庞亚婷：《黄河国家文化公园空间生产肌理及其场景表达研究》，《武汉大学学报》（哲学社会科学版）2022年第5期。

比如，场景理论在与"蜂鸣"理论和"蜂鸣生产能力"理论的融合中构建了更加稳定、新颖的范式[1]，在舒适物对城市发展起到关键作用的背景下，以舒适物为导向的城市发展理论模型应运而生[2]。再如，结合创意经济时代背景，场景理论被应用到对城市创意社区的维度分析和场景设计中[3]；结合移动互联网及物联网发展的时代背景，场景理论也被运用到对虚拟文化空间的研究中[4]。

2022年，《现代城市研究》（北大中文核心）聚焦基于中国国情与实践产生的"场景营城"理念，以"场景营城理念与实践"为主题，围绕"场景如何与城市发展发生关系"等话题展开学术探讨，分别从场景作为学术概念如何融入城市政策[5]、场景与城市消费（如建设国际消费中心城市[6]及消费场景识别[7]）、城市夜间场景的发展创新路径与城市发展新动力[8][9]等方面展开分析，试图进一步分析场景作为城市发展动力的作用机制，从场景营城的逻辑推动中国城市实现高品质的生活目标和高质量的发展路径。

---

[1] 齐骥、亓冉、〔美〕特里·N.克拉克：《场景的"蜂鸣生产力"》，《山东大学学报》（哲学社会科学版）2022年第4期。

[2] 吴军、王桐、郑昊：《以舒适物为导向的城市发展理论模型——一种新的国际城市研究范式》，《国际城市规划》，2022年7月8日．http：//kns.cnki.net/kcms/detail/11.5583.TU.20220707.0838.001.html。

[3] 陈波、吴云梦汝：《场景理论视角下的城市创意社区发展研究》，《深圳大学学报》（人文社会科学版）2017年第6期。

[4] 陈波、彭心睿：《虚拟文化空间场景维度及评价研究——以"云游博物馆"为例》，《江汉论坛》2021年第4期。

[5] 营立成：《从学术概念到城市政策："场景"概念的政策化逻辑——以成都为例》，《现代城市研究》2022年第10期。

[6] 吴军、王修齐、刘润东：《消费场景视角下国际消费中心城市建设路径探索——以成都为例》，《现代城市研究》2022年第10期。

[7] 周恺、熊益群：《基于无监督聚类方法的城市消费场景识别研究：以长沙为例》，《现代城市研究》2022年第10期。

[8] 齐骥、陆梓欣：《城市夜间旅游场景高质量发展创新路径研究》，《现代城市研究》2022年第10期。

[9] 张必春、雷晓丽：《夜生活场景提升城市发展新动力的作用机制研究——基于35个城市样本数据的实证分析》，《现代城市研究》2022年第10期。

2023年，专著《场景营城：新发展理念的成都表达》由人民出版社出版。这是国内首部以场景为视角梳理城市创新实践经验的著作。场景营城是成都近年来贯彻新发展理念、推动城市高质量发展的生动实践。该书聚焦应用场景、消费场景、社区场景、公园场景等具体维度，介绍了成都推进场景营城过程中的政策脉络、实践机制、经验做法等内容，展现了成都以场景营造城市、不断把宜居舒适性的城市品质转化为人民可感可及美好生活体验的生动实践，为中国城市的规划、建设与治理提供了新方法、新思维。该著作与作者此前的译作一样，受到城市研究和决策界较密切的关注，引发了诸多讨论（见图6-1）。

中国场景研究呈现的主要特点

目前来看，中国场景研究领域论文与著作增势明显，研究方法更加开放与包容，研究主题与学科更加多元。从研究取向上看，大致可以概括为六类：场景与城市发展作用机制、场景与文化产业及政策、场景与城市规划及治理、场景与社区治理及营造、场景与乡村振兴、场景与消费中心城市建设等。

第一，场景与城市发展作用机制。

场景理论的关键意义在于揭示城市发展动力的转变，探讨场景作为城市发展推动力的可能性。随着时代的发展，创意阶层成为城市发展的关键资源，而由文化舒适物构成的场景能够吸引城市的创意阶层，作为文化动力的主体推动城市的发展。对于城市发展研究而言，场景理论既有新的概念、数据收集方法，也有分析框架和策略，已经构成相对完整的体系，为集聚城市发展动力、实施创新驱动发展战略提供了可借鉴的分析工具[1]。关于场景与城市发展作用机制探讨，有研究从文化消费入手，认为都市文化设施与经济发展之间存在着密切的关

---

[1] 祁述裕：《建设文化场景　培育城市发展内生动力——以生活文化设施为视角》，《东岳论丛》2017年第1期。

图6-1 《解放日报》2019年3月30日刊载对《场景：空间品质如何塑造社会生活》主要翻译者、《场景营城：新发展理念的成都表达》的作者之一吴军专访

系，从侧面印证后工业社会条件下场景理论所具有的学术价值、社会功能和文化动力意义[1]，而文化动力秉持"让城市生活更美好"的理念，在探寻城市发展与转型的新动力来源的同时，也在尝试构建一种新的指示器以衡量城市发展[2]。

第二，场景与文化产业及政策。

与城市发展转型相同，为了应对全球化、个体化、中产阶级化以及文化消费需求增长等挑战，城市公共政策也需要不断地做出调整。舒适物视角下，城市发展政策存在明晰的转向：城市越来越注重对居民和高端人力资本的吸引力；以制造生产为主导的活动越来越被以消费和审美为导向的活动所代替；城市从注重为生产企业提供政策激励转向注重为大众提供舒适的公共物品[3]。场景理论的提出在高层城市政策和当地城市政策两个层面上为城市更新与转型政策的制定提供了参考，有助于城市性格与城市品位的塑造[4][5][6]。此外，场景理论能够在一定程度上弥补文化产业集群理论的不足，并在文化产业集群建设运营中给予政府决策者和企业实践者以理论借鉴，推动中国文化产业健康发展[7]。除此之外，基于文化场景理论主观认识体系的解释框架，公共空间的塑造、改造等问题也成为重要的主题之一。既有研

---

[1] 徐晓林、赵铁、特里·N.克拉克：《场景理论：区域发展文化动力的探索及启示》，《国外社会科学》2012年第3期。
[2] 吴军：《文化动力：一种解释城市发展与转型的新思维》，《北京行政学院学报》2015第4期。
[3] 马凌：《城市舒适物视角下的城市发展：一个新的研究范式和政策框架》.《山东社会科学》2015年第2期。
[4] 吴军、特里·N.克拉克：《场景理论与城市公共政策——芝加哥学派城市研究最新动态》，《社会科学战线》2014第1期。
[5] 吴军：《城市社会学研究前沿：场景理论述评》，《社会学评论》2014年第2期。
[6] 吴军、焦永利：《新型城镇化过程中城市气质的保护与塑造研究》，《中国名城》2014第10期。
[7] 詹绍文、王敏、王晓飞：《文化产业集群要素特征、成长路径及案例分析——以场景理论为视角》，《江汉学术》2020年第1期。

究将公共文化空间与居民文化参与率联系起来①，也有研究以城市街区公共文化空间为切入点，建立中国城市街区公共文化空间建设的基础维度与评价标准②，或者在场景视域下从理论维度对城市创意街区的空间营造展开分析③。

第三，场景与城市规划及治理。

有学者创新性地把场景理论运用到中国历史城镇保护与更新研究中。当前中国历史城镇的保护与更新存在要素保护孤岛化、更新动力单一化等问题，急需新的理论体系以提供解决问题的思路与方法。有学者基于场景理论整体性、多元性、动态性的内涵特征，以贵州省土城历史文化名镇为例，探讨了场景在历史城镇保护与更新中应用，并且构建了以"场景特征识别、场景测度分析、场景策略提出"为逻辑主线的研究框架。④ 他们认为，一方面，在遗产保护研究语境下，文物保护单位、历史街巷、历史建筑、老字号店铺等各类物质及非物质文化遗产构成了场景要素中重要的舒适物体系。另一方面，场景在整体、动态过程中促进了历史遗产的内涵彰显与文化价值的凝聚传达，形成历史要素的整体性保护与发展框架，促进文化遗产的管理和振兴，实现历史文化活态传承。从非物质文化遗产出发的典型研究，有学者关注场景理论视角下的传统武术的保护与开发、场景理论视域下大运河非遗生活性保护的问题与策略建议⑤；有学者基于场景理论研究体育非物质文化遗产保护的构成要素、运行机制

---

① 陈波、侯雪言：《公共文化空间与文化参与：基于文化场景理论的实证研究》，《湖南社会科学》2017年第2期。
② 陈波：《基于场景理论的城市街区公共文化空间维度分析》，《江汉论坛》2019年第12期。
③ 钟晟：《场景视域下城市创意街区的空间营造：理论维度与范式》，《理论月刊》2022年第9期。
④ 李和平、靳泓、特里·N.克拉克等：《场景理论及其在我国历史城镇保护与更新中的应用》，《城市规划学刊》2022年第3期。
⑤ 郭新茹、陈天宇、唐月民：《场景视域下大运河非遗生活性保护的策略研究》，《南京社会科学》2021年第5期。

与实践方略①；有学者基于场景理论研究重庆山地城市街巷更新，尤其是山城步道品质的提升规划②。

第四，场景与社区治理及营造。

社区环境是场景的五要素之一，场景理论与社区的营造、更新与发展问题有很深的渊源③。作为解决空间如何聚集人力资本和新兴产业的城市研究范式，场景理论为城市社区更新提供了新思路。城市与社区是增长机器与娱乐机器的结合体，即文化增长机器④。创意经济时代背景下，场景理论的维度体系和分析框架也被应用于对城市创意社区的分析和设计中⑤。近年来，成都市通过场景营造探索出社区更新的在地化路径，部分学者剖析场景视角下成都城市社区更新的目标与问题，从实践中归纳了成都城市社区更新的场景营造框架⑥。

第五，场景与乡村振兴。

对于中国场景研究而言，乡村场景研究是不可忽略的一个领域。20世纪90年代以来，中国农村经济快速发展与农村地区的文化建设滞后之间的矛盾日益凸显，农村文化建设问题也逐渐成为学术界关注的重点。原有的城市场景理论在修正和本土化的过程中，也被应用到农村文化建设领域，学者们希望借助场景理论的文化内涵，助力中国乡村公共文化空间的建设。有学者借鉴场景理论的分析框架，对当代中国农村公

---

① 宋博、张春燕、丁冠榕：《基于场景理论的体育非物质文化遗产保护运行机制与实践方略》，《体育文化导刊》2022年第11期。
② 黄瓴、王婷：《重庆渝中区山城步道品质提升规划：基于场景理论的山地城市街巷更新研究》，《北京规划建设》，2021年第1期。
③ 庞春雨、李鼎淳：《场景理论视角下社区老年文化建设探索》，《学术交流》2017年第10期。
④ 吴志明、马秀莲、吴军：《文化增长机器：后工业城市与社区发展路径探索》，《东岳论丛》2017年第7期。
⑤ 陈波、吴云梦汝：《场景理论视角下的城市创意社区发展研究》，《深圳大学学报》（人文社会科学版）2017第6期。
⑥ 赵炜、韩腾飞、李春玲：《场景理论在成都城市社区更新中的在地应用——以望平社区为例》，《上海城市规划》2021第5期。

共文化空间进行解释与设计①；有学者基于场景理论对农村内生公共文化资源优化聚合与服务创新进行研究②，对中国农村居民的文化参与状况进行分析与评价③，构建了乡村文旅融合价值表达分析框架④；还有学者认为可以通过场景构建引导新时代农村社区发展，提出基于场景理论的新型农村社区建设思路⑤。

总之，从场景理论被引介到国内以来，场景理论的本土化研究持续至今未曾间断。国内学者在理论研究之外，更致力于利用场景理论来解答中国城乡发展转型问题，产生了一系列有重要价值的结论与观点。发展至今，除去以上主题和领域外，场景研究也在人才流动、创新产业、历史文化街区保护与开发、城市与乡村书店空间构造、品牌研究、城市消费发展与文旅融合、场景规划促进城乡发展等方面迸发出了学术活力。

第六，消费场景与消费中心城市建设。

"消费场景"概念是城市空间研究的新课题，它重新诠释了现代社会中消费与城市空间的关系、经济生产和社会生活的关联。⑥ 2021年《中华人民共和国国民经济和社会发展第十四个五年规划和2035年远景目标纲要》明确提出："营造现代时尚的消费场景，提升城市生活品质。"消费场景是以消费为导向的场景，而不是纯粹的自然地理景观，组成消费场景的核心元素是以消费为导向的舒适性设施、服务和活动等

---

① 傅才武、侯雪言：《当代中国农村公共文化空间的解释维度与场景设计》，《艺术百家》2016年第6期。
② 陈波、刘波：《农村内生公共文化资源优化聚合与服务创新研究——基于场景理论的分析》，《艺术百家》2016年第6期。
③ 陈波、丁程：《中国农村居民文化参与分析与评价：基于场景理论的方法》，《江汉论坛》2018年第7期。
④ 陈波、刘彤瑶：《场景理论下乡村文旅融合的价值表达及其强化路径》，《南京社会科学》2022年第8期。
⑤ 文雷、郭静怡：《乡村振兴战略背景下新型农村社区建设研究》，《学习与探索》2019第12期。
⑥ 吴军、叶裕民：《消费场景：一种城市发展的新动能》，《城市发展研究》，2020年第11期。

元素的系统集成。

从当前城市消费实践来看，相较于传统消费行为与活动，"在哪里消费"和"消费什么"越来越重要，二者之间的关系越来越紧密。这反映了当前中国消费者对消费空间的美学品质诉求新特点。比如，在历史街区咖啡屋里喝咖啡和在其他地方喝咖啡，城市场景不同，情感体验也会不同；在历史街区场景中喝咖啡，消费者为一杯咖啡所支付的价格中，就包含了历史街区场景中所蕴含的怀旧价值，此时，空间不是被免费使用，而是作为消费对象而存在。在这里，消费者消费的不仅是商品本身，还有商品符号意义和所处情境价值。事实上，消费社会的来临加剧了这种场景消费趋势。无论是精英还是大众，场景消费的崛起正改变着传统消费形态和社会生活，重塑着城市经济社会发展路径。消费不再仅仅是满足人们基本需求的活动，还在不断向发展性需求延展。当面对着丰富多样消费品时，大众对于选择的思考更多开始偏向"是否符合个人喜好""是否显示独特品位"等。这反映了大众消费的个性化、体验化、美学化等转向。这一转向使得消费的定义从传统的"在空间中消费"逐渐转向"对空间的消费"，即"空间"本身成为一种消费品。消费场景就是人们对空间消费的一种选择偏好，它把物理空间中的设施、活动、服务和人群等元素系统集成为一个地点或场所的精神价值与生活方式。

消费场景赋予消费更多的意义、不仅把消费看作一种经济行为，而且还把消费拓展为具有经济、社会、文化等多重意义的丰富概念。消费场景既是一个经济实用主义的过程，也是一种社会行为和文化形态，是联结经济活动和文化活动的社会实体存在。

从当前中国城市创新实践来看，消费场景可以成为城市公共生活"孵化器"，能够吸引多样化的群体集聚和社会交往，对城市发展产生多重作用：拉动潜在消费、激发创新创意、培育社会资本。特别地，在成都的城市创新实践中，成都在国内率先制定实施《公园城市消费场景建设导则（试行）》①，聚焦市民美好生活需要，把消费场景作为创建国际消费中心城市的重要政策工具，创造性地提出了"八大消费场景"，包括地标商圈潮购场景、特色街区雅集场景、熊猫野趣度假场景、公园生态游憩场景、体育健康脉动场景、文艺风尚品鉴场景、社区邻里生活场景、未来时光沉浸场景（具体见表6-1）。八大消费场景对应着不同群体的具体消费需求，构成了一处处能让人身临其境、获得舒适体验和精神享受的城市有机空间。地标商圈潮购场景由各具特色的店面环绕而成，然而其中却不乏本土文化元素，能够提供舒心便利且带有成都印记的购物体验；特色街区雅集场景以成都的街坊里弄为底色，天府文化在这里推陈出新，勾连起穿越时空的城市烟火气息；熊猫野趣度假场景基于成都的熊猫文化，为休闲和科研人员提供近距离的自然接触体验；公园生态游憩场景涵盖成都绵延的绿道，提供可以慢走细品的城市步行空间；体育运动脉动场景一方面彰显着成都办赛营城的理念，另一方面也兼顾康养休闲，巧妙地将运动健康的理念传递出来；文艺风尚品鉴场景中的画布书香，让诸多文艺爱好者灵光闪现，古蜀文化在今天再次熠熠生辉；社区邻里生活场景沉淀到城市生活的底层逻辑，门前檐下的便民服务让人民的美好生活体验真切和触而可及；未来时光沉浸场景的幻梦光影，提供新潮的科技气息，能够满足人们对未来世界的遥望畅想。

简言之，用场景，重新定义城市美好生活。消费场景作为一种驱动现代城市发展新动能，揭示了一个地方的精神价值与生活方式等所产生的文化驱动力机制，这一点明显区别于土地、劳动力、资金、管理、技术等传统生产要素。消费场景理论建构有助于揭示现代城市发展新动能的形态与机理，这为满足人民美好生活的空间美学品质需要和建设国际消费中心城市提供了理论支撑与指引。

---

① 四川省人民政府网，https：//www.sc.gov.cn/10462/12771/2021/8/21/94868a225a2c4fdab8d6822c7fa6a7f5.shtml。

6 场景营城：中国特色城市理论探索　233

表6-1　成都八大消费场景

场景类型	地标商圈潮购场景	特色街区雅集场景	公园生态游憩场景	社区邻里生活场景	体育运动脉动场景	文艺风尚品鉴场景	熊猫野趣度假场景	未来时光沉浸场景
场景特点	以地标性商圈为支撑，零时差把握国际时尚脉络，引领时尚消费方向，营造都市潮流乐购、高端消费体验场景	以特色街区为支撑，在天府文化与成都机理中体验城市历史，感受蜀地温度，品味市井烟火的"巴适"生活	以公园、绿道为载体，在绿色生态中欣赏自然，体验亲情温暖，增进社会交流，感受蓉都味，国际范公园	以基本生活服务为基础，发展教育、成长服务与新型智能服务，享受功能完善、温暖暖心的品质社区服务	以赛事活动、健身休闲为核心，提升城市消费活动，满足全年龄段、全活动过程的健康运动生活需求	以天府文化为魂，生活美学为韵，在文艺鉴赏中接受美学熏陶，感受生活艺术之美，促进自由全面发展	以熊猫IP为基础，打造人与动物、自然和谐相处共同体验、讲好熊猫故事，沉浸式全方位感受熊猫文化	以数字创新服务和产品打造充满科技感和未来感的互动空间，营造超现实氛围，拓展虚拟世界，感受未来生活
人群画像	"乙世代青年"、国际游客、商务人群等	外来游客、家庭消费群体、年轻怀旧群体等	亲子度假群体、健康活力群体等	家庭消费群体、城市精英、银发养生群体等	年轻活力群体、休闲群体、职业运动员等	艺术家、文艺青年群体、艺术品收藏家等	国际游客、熊猫爱好者、科学考察群体等	"乙世代青年"、科技弄潮儿、高知出群体等
业态指引	时尚购物中心、国际名品牌店、品牌设计师集合店、艺术广场、米其林餐厅、网红餐厅、高端医疗美容店、文创书店、AI健身房、瑜伽馆、星级酒店、主题酒店等	川西建筑院落文化博景观、大师工作室、非物质文化遗产展示馆、低密度商业、地方特产店、古董店、成都特色餐饮店、中医药健康文化体验馆、周末集市等	无动力乐园、AI智能景观健身产品、智能户外跑道、基础性运动场地、绿道、科普教育基地、房车露营基地、草坪餐厅、咖啡厅、绿色商场、动物农场、园艺生活中心等	卫生养老服务中心、农贸商超、便民服务中心、社区餐饮店、文化动态室、美容发廊店、社区书店、社区剧场、文化交流室、社区理疗中心、社区综合健身馆等	多种大众运动项事体育场馆、大型赛事体育馆、体育主题游乐园、职业体育训练基地、减脂塑形机构、轻食简餐店、体育用品集合店、康养旅居生活店等	艺术馆、画廊、展览馆、剧场、公共艺术品空间、艺术家工作室、艺术家工同、艺术培训中心、艺术餐厅、艺术品展销中心、艺术体验馆、艺术酒店等	大熊猫创意产业峰论坛中心、熊猫（动物）科学研学中心、熊猫（动物）野趣美术馆、森林训练基地、熊猫（动物）互动投影中心、熊猫文创店、熊猫民宿、自然餐厅等	数字视听体验园、未来科技馆、智慧商超、智能家居生活体验、VR公园、数字创意研发中心、全息投影餐厅、智能换装餐厅、体验专区、全智能未来酒店等
代表场景	春熙路太古里商圈、万象城等	猛追湾休闲街、铁像寺水街、望蜀里特色街区雅集等	新金牛公园、芳华微马公园、五凤溪、坡坡上户外探险园等	浦江甘溪明月村、中海天府环字坊、清源邻里生活中心社区等	西村大院体育健康项目、金海湾运动度假社区等	宽窄匠造所、艺术Flying 国际文创公园等	熊猫谷、大熊猫育研究基地等	空港·云城市会客厅、影视街区、光影酒店等

二 场景研究网络和未来研究建议

（一）场景研究网络的历年发展

场景研究网络（Scenes Academy）是由中国多个高校、科研院所与美国芝加哥大学的学者们于2020年7月联合发起的共同致力于全球化视野下场景与区域（城乡）发展国际比较研究的非正式学术网络，旨在推动场景研究更好服务于区域高质量发展。场景研究网络成立以来，截至2023年底，共举办了36次线上学术沙龙、6次场景高峰对话、3次场景（中国）高峰论坛，参与者围绕中国发展的一系列重大理论与实践问题展开学术研讨，参与者来自中国、美国、加拿大、法国、西班牙、日本、韩国等多个国家的高等院校与科研院所，涉及的议题包括城市发展、城市更新、城市规划、乡村振兴、文化产业、公共服务、社区治理等，内容丰富、形式多样。

2019年，《场景：空间品质如何塑造社会生活》中译版由社会科学文献出版社出版，被评为当年社会科学文献出版社学术类"十大好书"，引起了国内外学者对场景理论的普遍关注。2019年底，场景研究沙龙在北京举行，沙龙聚焦中国场景研究与经济学、社会学、城市规划与文化产业研究等学科之间的理论对话，以及实证分析过程中的操作化与测量问题，共有30余名来自国内多个高校及学术研究机构的师生参与。这为场景研究网络的正式成立奠定了基础。

2020年，场景高峰论坛以"消费·美学·场景"为主题，扎根中国城市化实践与全球化进程，聚焦城市精进增长和可持续更新趋向，共同探索全球文化治理新思想。正是在此次高峰论坛上，场景研究网络正式成立。此后三年里，场景研究网络开展了大量高品质的学术讨论与交流。

2021年，场景研究网络更加关注场景理论与城市高质量发展，着眼于社区场景营造,以及成都、重庆等城市场景营城实践的成功经验与成果。参与对话的嘉宾既有来自清华大学、重庆大学、复旦大学、同济大学等高校的学者,也有来自万科和成都锦江绿道建设投资集团等企业的管理者,以及成都的街道工作人员,既从理论层面展开对话,也对实践经验予以总结与探讨,推动场景理论服务于中国城市高质量发展。这一年,场景高峰论坛也顺承年度风格,探讨"场景视角下的文化创新与城市更新"。

2022年,场景高峰论坛以"场景与生活品质"为主题。2022年,场景研究网络探讨了大都市社区更新与治理中蕴含的烟火气、共议空间品质与场景表达、高学历群体与城市文化旅游的内嵌关联,交流内容丰富多样。来自香港大学、同济大学、日本大妻女子大学等多所知名学府的同人在学术报告中展现了日本、中国内地、中国香港等地的场景营造、场景表达、场景吸引等,城市之间的共鸣在讨论中一再出现,推动场景理论与社会学、文化产业研究等多学科的持续互动,推动场景理论发展与经济社会发展的互相促进。

2023年,场景研究网络组织来自重庆大学、中南大学、武汉大学、中国传媒大学、苏州大学等高校的研究者以及来自武汉、杭州等地的社区工作人员,探讨了场景与城乡规划、场景与乡村文旅、场景与未来社区等重大议题,看到了场景理论如何落地生根、切实改变居民的生活体验,也探索了如何运用场景理论实现从经济向文化过渡,重现大运河沿岸巅峰时期的繁荣。社区工作人员在对话中用直播等方式带参与者"云"游社区,从社区建设者视角出发呈现了场景理论在一线实践中的重大影响。这一年,场景高峰论坛聚焦"场景与文化创新"主题,探讨场景的文化建构,创新了场景的文化表达,以描绘更具活力的未来。

(二)未来场景研究的五个建议

回顾过去,是为了更好地推动未来中国场景研究,并服务于中国发展。场景理论是在大量北美城市案例分析的基础上提出的,要想彻底实现本土化适应发展在短时间内还存在一定的难度，虽然现在已经取得一定的本土化成果，但绝不能就此止步，而应继续探索更适合中国发展的场景理论与实践。鉴于场景理论对中国城市发展具有理论与实践上的双重意义，未来研究时，建议把握以下几个要点。

第一，问题导向。这不仅是场景理论本土化研究中需要注意的问题，也是社会科学众多理论本土化研究中需要紧密关注的。相比于本土理论，舶来品更容易陷入以事实验证理论的误区，场景理论本土化首先应当避免这样的误区。这就需要以中国发展中遇到的实际问题为导向，立足中国经验，分析中国事实，创造性地转换发展出中国场景的概念体系和表达方式。

第二，摸清家底。场景理论诞生于发达国家城市实践，中国的城市化进程与这些国家之间存在差距，而且中国的城市也一直处在动态发展中。贸然地将二者匹配，必然会遇到诸多挑战或不适应，因此需要对中国城市中的舒适物以及由舒适物组成的场景类型进行排查与摸底，用定量或定性的方式去分析与排列，对中国城市中或细微或显著、各具特色的场景做到胸有成竹。

第三，比较视野。在全球化浪潮的背景下，增强与国际城市的对比研究是中国场景研究的重要组成部分。跳出城市看城市，跳出中国看中国，中国场景研究也适用这种思维。单一的场景涉及经济、艺术、政治等众多元素，想仅从单一场景分析阐明城市发展的驱动力是不可能实现的。只有通过场景间的比较，或者不同区域内同类场景的相互比较，抑或同一区域内不同场景的比较，甚至是不同国家之间的场景比较，才能真正探明场景对于城市发展的驱动作用以及场景对于社会生活的塑造作用。

第四，拥抱技术。数字技术的发展正在颠覆人们的想象，时代的进程也早已被深刻影响。如今，"元宇宙"正在经历从概念到落地的关键转折期，各个赛道的元宇宙布局也在加快，正在经历从小众的游戏到生产力工具的转变。虽然元宇宙等数字技术构建的虚拟场景不具备实体空间，但身处其中的文化体验却是真实存在的。因此，场景研究不可能局限于对实体场景的分析、研究与布局，而是要适应数字技术的发展趋势，增加对虚拟场景的关注。

第五，未来视角。从场景研究的角度而言，目前仍存在许多尚未完全涉足的领域，而在时代发展瞬息万变的今天，城市发展过程中存在各种各样的可能性。做场景研究的学者要具有未来视角，善于找出好问题，找准新问题。

三 "场景营城"的提出与城市创新发展

城市是人类文明的载体，城市让生活更美好是人们普遍追求的目标。尽管并不见得城市能够给每个人都带来美好生活，但城市内在秩序要求保障美好生活追求、城市规划建设强调推动美好生活实现、城市发展评价需要遵循美好生活标准，因为城市对于居住在其中的每一个成员而言都是追寻美好生活之地。习近平总书记指出："无论是城市规划还是城市建设，无论是新城区建设还是老城区改造，都要坚持以人民为中心，聚焦人民群众的需求，合理安排生产、生活、生态空间，走内涵式、集约型、绿色化的高质量发展路子，努力创造宜业、宜居、宜乐、宜游的良好环境让人民有更多获得感，为人民创造更加幸福的美好生活。"

"美好生活"是一个高度个体化、主观化的概念，而"城市"则是一个宏观的空间系统，要在城市层面实现美好生活，要么像勒·柯布西耶（Le Corbusier）等人一样给出一套整齐划一的城市美好生活标准并自上而下贯彻推进，要么像简·雅各布斯（Jane Jacobs）等学者那样倡导城市多样性且自下而上考虑每一个人的美好生活期盼。不过，在具体的实践中，这两种思路都存在局限：前一种思路罔顾大众诉求的复杂性和城市自身的内在规律性，雅各布斯等人已经做了激烈批判；后一种思路只能得到高度碎片化的信息，最多可以推进一些微观项目，很难形成一个高效体系。问题在于：能不能在微观的个人生活与宏观的城市之间架起一座桥梁，从而可以在城市层面推动美好生活建设。"场景营城"提供了解答这个问题的新思路。

基于此，本部分将"场景"作为黏合微观层面的个体生活和宏观层面的城市系统的中间概念：一方面，城市就是由一个个场景组成的，在场景中，人、空间和活动集成在一起，成为城市日常运作的基本单元；另一方面，场景所具有的基于地方文化的特征并非管理者自上而下赋予的，而是在社会成员与空间的复杂互动中生成的，这样，场景便可以作为提升城市整体的美好生活体验的抓手，场景营城就变成了用美好生活体验来驱动城市发展的新路径。

事实上，成都在国内率先提出"场景营城"概念，并把场景思维运用到城市政策与城市工作的方方面面，主要包括"场景激发创新、培育新经济动能""场景刺激消费、创造城市美好体验""场景赋能治理、促进社区参与"等。2017~2022年，成都通过持续投资与营造，形成了丰富多样的场景类型，一个个场景叠加与串联，把公园城市的宜居舒适性品质不断转化为人民群众可感可及美好生活体验，进而转化为城市发展持久优势和竞争力。"场景营城"的出发点是具体的、多样的市民美好生活需要，借由场景定义、场景创设、场景赋能、场景规划等机制得以实现。

（一）场景营城的理论体系构建

1. 场景定义：将"地点"识别为"场景"

场景营城首先要解决"何谓场景"的问题。这不是要在抽象意义上探讨如何界定场景概念，而是在现实的城市生活中明确什么样的地点是具有美好生活意蕴的场景。城市总是由无数"地点"组成的，地点（Place，或译为"地方"）不同于空间（Space），正如雷尔夫所言："地点既是经验性概念，也是经验性现象，它将人的自我、共同体与大地连接在了一起，也将地方性、区域性和世界性连接在了一起。"① 可见，地点包含了人、空间和社会关系，城市日常生活嵌入其中。但是，对不同的社会成员而言，城市的地点并不一定都是"好"的，有的地点是城市病理的表征，影响市民生活，甚至给人民生命财产安全带来威胁，这显然不是人们所期待的场景。那么究竟什么样的地点可以与美好生活联系起来？实际上，场景是个具有高度主体性、地方性的概念，每一位居住者都有资格定义其心中的场景，一个居民如何认识城市、怎么理解生活，决定了其定义场景的方式。从这个意义上讲，城市中的场景纷繁复杂、多种多样，关于场景的理解千姿百态、和而不同，让各式各样的场景理解充分涌现、将各种各样对场景的期许纳入政策议程，这应该是推进场景营城的重要一步。

当然，在把握城市场景时我们并非完全无据可循。场景理论着眼于地点所反映出的文化特征或美学风格，将场景分为三种类型②。第一种被称为"真实性场景"，这些场景往往暗含了"你到底是谁"的肯定或否定，涉及身份认同的表达，可以在这些场景中能辨识出本土特色、族群特点、国家认同、品牌认可、理性主义等元素。第二种被称为"合法性场景"，这些场景包含了是非对错的判断，涉及价值规范的表达，在这些场景中可以区分出传统主义式的、魅力领袖式的、功利主义的、平等主义的、自我表达的等价值取向。第三种被称为"戏剧性场景"，这些场景与自我呈现方式相关，可以采用睦邻友好、时尚迷人、打破传统、正规严格、张扬个性等不同的呈现方式。

尽管场景是千姿百态的，但始终离不开"真"（体验真实、彰显认同）、"善"（感知价值、彰显规范）、"美"（生动表达、彰显魅力）的基本原则。正如美学家朱光潜先生所言："实用的态度以善为最高目

---

① ［加］爱德华·雷尔夫：《地方与无地方》，刘苏、相欣奕译，商务印书馆，2021。
② ［加］丹尼尔·亚伦·西尔、［美］特里·尼克尔斯·克拉克：《场景：空间品质如何塑造社会生活》，祁述裕、吴军等译，社会科学文献出版社，2019。

的,科学的态度以真为最高目的,美感的态度以美为最高目的,真善美是三位一体的"①。对于一个场景的评价,也可以从真(真实性)、善(合法性)、美(戏剧性)三个维度去衡量。需要说明的是,强调场景三个基本原则与承认场景的主体性、复杂性并不矛盾,恰恰相反,场景的三个原则只有落实到具体的场景定义之中才有价值,而这种定义的权力只能属于人民。总之,以人民美好生活需要为依据、以人民生动表达为抓手、以"真""善""美"三原则为指向,我们便可以尽可能多地识别出城市中的场景、尽可能全地把握一个城市场景的特征品质,从而为进一步创设全新场景、发挥场景作用、促进场景整合提供基础。

2. 场景创设:创造美好生活体验的地点

明确了"何谓场景"之后,场景营城的第二个问题是如何在识别、关注场景的基础上保护场景、扩展场景、创造适合的场景。场景创设意味着创造城市中的美好生活地点,不断增强地点的美好生活体验和文化内涵。对于一个城市来说,场景的创设可以是自发的,每一位居民的生活、生产过程都可能也是场景创设的过程,这些场景可能是毫不起眼的小花坛、别具匠心的工作室、儿童追逐玩耍的空地、老年人晒太阳的巷子口等。这些有机的、自发形成的场景是重要的,不应随意去干预或破坏。除此以外,场景还可以以比较系统、具有某种规划性的方式创设,比如,城市管理者会根据居民需要和城市发展需求鼓励建设步行道、公园、咖啡馆、博物馆、剧场等。关于如何创设场景,存在一些普遍性原则。正如克拉克等人基于他们的研究体会提出的创设场景九点建议与五条原则②,概括起来主要是明确目标、广聚良才、灵活应变、充分表达等内容。

首先是明确目标。场景的最终目的是服务于人民的美好生活,但具体城市中的人们的工作与生活与什么样的场景联系在一起、如何联系在

---

① 朱光潜:《谈美》,湖南文艺出版社,2018。
② Silver, D., & Clark, T. N., "Buzz as an urban resource", *Canadian Journal of Sociology*, Vol. 38. No. 1 (2013).

一起，仍然需要深入研究。因此，要进行场景的创设，首先要对人们的生活地点和工作地点进行分析，找到其中所蕴含的场景潜能，并在此基础上明确场景营造的总体承诺与具体目标。其次是广聚良才。场景的创设需要将各式各样的利益相关者发动起来，充分考虑政府、公民、社会活动团体、艺术家、企业机构等关涉群体的诉求与考虑，在其利益一致性下展开行动。与此同时，创造场景还需要把多种专长的人聚集在一起，通过发挥各自的专业能力与想象力，场景才能具有无限可能。再次是灵活应变。并不是所有的目标都能够实现，在制订计划和政策时，要扩大可选择的范围，不能只考虑单一的场景创设可能，也不能只考虑单一的场景项目，而要提供多种可能性。当然，灵活应变并不意味着随波逐流，无论怎样的场景安排都应该服务于其总体承诺，服务于特定社会成员的美好生活期待。最后是充分表达。场景的创设过程不仅需要"建设"，也需要"表达"。正如克拉克所言，必须用语言和逻辑解释场景为什么重要[①]，只有人们能够真正理解了特定场景发挥作用的明确机制，了解这些场景为什么与他们的生活息息相关，人们才可能真正接纳它们，创造更多可能。总之，场景的创设是主体性与规划性相结合的过程：一方面尊重、吸纳和发挥社会成员的主观体验、美学感知与生活期许，用场景表达他们的需要与诉求；另一方面则坚持科学精神与专业态度，让场景的创设不局限于自发、随机状态，提升场景营造的系统性、规划性。

3. 场景赋能：让场景在城市系统中发挥作用

"场景定义"和"场景创设"始终是在微观层面上探讨问题，但正如简·雅各布斯所强调的那样，城市是一个复杂的系统，而不是由一个个地点简单拼凑起来的马赛克；因此要讨论场景的营城逻辑，就不能只关注作为地点的场景如何识别、如何创设，更要进一步探讨场景如何在城市系统中发挥作用，从而将场景潜能切实转化为城市发展的动力。自

[①] 场景学院，2022年2月23日，见 https://scenescapes.weebly.com/research.html。

场景理论提出以来，研究者基于各国经验数据探讨了场景与多个城市变量之间的复杂关系，这些变量涉及经济增长、人口变化、地租变化、贫困率、犯罪率、收入水平、政治权力等[1][2]。梳理这些研究发现，场景赋能城市主要通过四种机制实现：提供公共物品、纳入生产要素、形成磁力中心、激发治理行动。

首先，场景作为公共物品供给平台为城市发展提供重要保障。市民生活与城市运作有赖于公共物品的有效配置，城市中的场景所提供的舒适物（如艺术馆、公园、博物馆等）范畴本身就是公共物品或是公共物品的承载空间。因此可以说，场景是城市公共物品供给的重要中心。基于场景的公共物品配置方式更有效率：一方面，场景直接面向特定区域内的公共服务需求，从而能够优化公共物品的空间布局；另一方面，场景更加强调社会成员的特定偏好，从而能够改善公共物品的供给方式。

其次，场景作为独特生产要素为城市经济发展提供创新创意资本。城市的经济发展依赖于生产效率的提高，而生产效率又与创新创意密切相关，如何最大限度激发劳动者的创造能力，成为城市财富增值的关键。人们很早以前就认识到土地作为生产要素的重要性，但当"土地"作为具有特定文化特征的"地点"或作为"场景"时，同样对经济发展有重要意义。经验研究显示，那些能够提供更多选择的、自我表达的、打破常规的、令人着迷的场景对经济创新起到了关键性的刺激作用[3]。例如，一些杰出的科技公司之所以能够生产优异的产品，除了优秀的程序代码外，还离不开令人着迷的音调、配色、声音、情绪表达以及各种活动等元素系统集成的环境特征。因此，诚如克拉克所言，今天

---

[1] 王宁：《地方消费主义、城市舒适物与产业结构优化——从消费社会学视角看产业转型升级》，《社会学研究》2014年第4期。

[2] 吴军、叶裕民：《消费场景：一种城市发展的新动能》，《城市发展研究》2020年第11期。

[3] CLARK, T. N., *The City as an Entertainment Machine*, Lanham: Md., Lexington Books, 2003.

经济领域的创新者"每个人都是音乐家"①。

再次，场景作为磁力中心为城市散发吸引人群聚集的"蜂鸣"。场景因"人"而生，同时也成为吸引更多人参与其中、生活于其间的磁场。斯托珀尔发现，随着大城市中的基础设施日益完善且同质性增强，地点的审美价值（作为场景的一个层面）开始成为吸引人们居住生活的重要原因，这促进了一批老旧城区的复兴②。场景之美可以吸引一大批人，场景所蕴含的生活方式与符号价值也让特定群体趋之若鹜，具有特定宗教、民族、兴趣爱好、流行文化等元素的场景总是能够让志趣相投的人聚集在一起，持续激发人们的驻足意愿、消费意愿乃至留居意愿。对于文化场景中不断生产出来的能够吸引更多新参与者的符号资源，西弗尔和克拉克使用了一个颇为形象的概念——"蜂鸣"（Buzz）加以概括③，"蜂鸣"总是通过场景的体验者发散出来，让场景的影响力能够超越一时一地，而成为一种持续性的信号。

最后，场景作为重要驱动力为城市治理持续提供社会资本力量。场景对于城市的影响力并不局限在经济、文化与消费等领域，一个被人们广为接纳的场景往往也是一个认同的中心与社会成员彼此连接的纽带，为了维护场景、激活场景、再生产场景，一系列社会行动便会展开，这些社会行动往往超越了场景本身，而是对更理想的城市、更美好的生活提出要求。从这个意义上讲，场景提供了高度异质性的城市中极为稀缺而至关重要的资源：社会资本。它可以让人们产生联系、形成信任，也让人们能够超越私利的限制，为实现公共利益而展开行动，从而激活了

---

① CLARK, D. E., & Kahn, J. R., "The Social Benefits of Urban Cultural Amenities", *Journal of Regional Science*, Vol. 28. No. 3 (1998).
② [法]迈克尔·斯托珀尔：《城市发展的逻辑》，李丹莉、马春媛译，中信出版集团，2020年。
③ LLOYD R. Neo-Bohemia, "Art and Neighborhood Redevelopment in Chicago", *Journal of Urban Affairs*, Vol. 24. No. 5 (2002). Clark T. N., Can Tocqueville Karaoke? Global Contrasts of Citizen Participation, the Arts and Development, UK: Emerald Publishing Ltd, 2014.

城市的公共性，让多元治理成为可能。

简言之，"场景营城"绝不仅仅是就场景而讨论场景，而是要不断激发场景在城市公共物品供给、创意资本生产、磁力中心打造和治理动力激发等方面带来的重要价值，这无疑需要一个更为广泛的议程，从城市发展的切实需要出发，构建更具针对性的场景赋能链条。

4. 场景规划：将场景理念纳入城市顶层设计

前文已经谈到了场景定义、场景创设与场景赋能，但场景营城最终仍需迈出最后一步，即"场景规划"。既有研究从城市规划学视角将"场景规划"理解为"规划场景"，并从场景识别、场景建构、场景评价、场景应用四个方面进行了阐释[①]。这是微观层面的"场景规划"，部分内容与前文所讨论的三个维度有所关联。"场景规划"并非对特定的、具体的场景之施为，而是将场景理念作为规划城市的一个重要维度，从城市发展战略高度，明确回答"场景营城"究竟要"营"出一个什么样的城市这一问题。因此，如果说场景定义、场景创设和场景赋能是面向具体场景，试图通过微观场景行动激发城市动能，那么场景规划则直面整个城市，将城市看作一个"大场景"，将场景的理念贯穿城市政策全流程，同时也为开展具体的场景营造活动提供总体安排和政策支持。从这个意义讲，宏观的场景规划既是微观场景实践的政策提炼，同时也对种种场景实践做出了规划与保障，因此微观的场景实践与宏观的场景规划对于场景营城而言都是不可或缺的。

如何展开场景规划？这对于每个城市而言答案可能各不相同，但从基本准则上来说有几个方面值得重视。第一，场景规划突出体验优先。"体验性"与"功能性"都是城市政策需要关注的要素，相比较而言，场景规划更加强调体验性，强调城市能够给人们带来的感受，而不局限于具体功能。因此要更加关注勾勒城市印象、打造城市品牌、满足城市

---

① 郭晨、冯舒、汤沫熙等：《场景规划：助力城市群协同发展——以粤港澳大湾区为例》，《热带地理》2022年第2期。

体验的重要性。第二，场景规划遵循文化主义立场。从某种意义上说，场景理论是一种文化理论，它强调文化（既包括物质形式的文化产品，也包括文化价值观）对城市发展的重要性，城市的文化规划与产业规划同样重要，通过各种方式凝聚和链接城市文化资源，将文化作为城市变革的切入点。第三，场景规划重视地方情境。场景理论承认芝加哥学派城市研究的基本假设，即人们的生活和工作方式很大程度上受他们所在地的环境决定，这种地方情境中蕴含着影响城市的巨大能量。因此着眼于场景规划的城市政策并不是要设法改变地方情境因素，而是要像园丁一样对这些情境因素呵护培育，让基于地点的美好情境成长为场景，从而激发城市潜能。第四，场景规划强调行动主义原则，这就意味着场景规划不能仅仅是理念，而必须表现为具体的实践行动，并为这些行动提供必要的支持。这些支持具体表现为组织的动员、资源的凝聚、空间的保障、人才的培养、行动的激励等。一言以蔽之，场景规划应当创造场景实践、为场景实践积蓄能量。

（二）成都：一个关于场景营城的城市创新发展故事

"场景营城"既关注人们美好生活需要，又强调城市系统规律，既重视微观的场景实践，也重视宏观的场景规划；它是一套具有理念指导性、强调具体实践性的城市发展战略和城市营造的新路径。场景营城基于每一座城市自身的特点与市民的切实需要，因此不存在一劳永逸的场景营城政策，但可以对每一座城市究竟如何推进自身的场景营城实践做出考察。在中国，成都市率先将场景概念应用于城市工作与城市政策之中，明确提出"场景营城"概念并付诸行动。2017年开始，成都先后提出了以新经济为中心的应用场景、以街区为中心的消费场景、以居住单元为中心的社区场景和以公园为中心的生态场景建设理念，形成了比较系统的"场景营城"方略，并在实践中积极推进。考察"场景营城"实践如何在成都展开，为理解这一理念、理解新时代中国城市发展理路，提供了宝贵窗口。

1. 场景定义：从"成都精神"到"成都场景"

场景集中体现了城市的价值观念、生活方式与文化特质，因此只有把握了一座城市的精神内核，才能理解这座城市中的场景意涵。成都的精神内核是"创新创造、优雅时尚、乐观包容、友善公益"[①]。具体来说，"创新创造"是成都革故鼎新、善谋图强、开物成务的文化基因，特别体现为城市旺盛的创造活力；"优雅时尚"是成都热爱生活、崇尚美好、形神兼备的品质追求，特别体现为城市的品质生活；"乐观包容"是成都达观向上、求同存异、兼收并蓄的生活智慧，特别体现为城市的开放心态；"友善公益"是成都天人合一、善良友爱、兼济天下的高尚力量，特别体现为人与人、人与自然的和谐关系。根据城市精神的表述逻辑，成都从四个方面展现对于场景的独特理解，并形成了涵盖机会场景、消费场景、生活场景、生态场景四大体系的城市场景框架。

首先，"成都场景"是创造机会的地方。从"创新创造"的城市精神出发，成都将"为企业创造新机会、为市民创造新生活"作为场景的基本要义，形成了为全球投资者、企业和人才的创新实践提供机会、创造可能的机会场景体系。应用场景体系涵盖了为城市创新创造提供机会、打造平台、建构生态的一系列场景，其中尤为重要的是新经济生产和城市智能治理等方面的应用场景。新经济生产场景聚焦产业升级和产品生产的新生态、新机会，包括工业互联网集成创新场景、产业互联网平台多层联动场景、数字化转型跨界融合场景、技术应用集成叠加场景等；城市智能治理场景则聚焦服务城市智慧治理方面的新机会、新需求，包括智慧政务服务、智慧城市运行、智能化风险防控、智能基础设施集成等方面。这些场景的建设为具有创造性的企业、人才提供了广阔空间与机会，场景形成后会进一步形成生态效应，为供给更多创造性机会提供可能。

[①] 《中共成都市委关于弘扬中华文明发展天府文化加快建设世界文化名城的决定》，2019年1月16日，见 http://cd.wenming.cn/wmbb/201901/t20190116_5651875.shtml。

其次,"成都场景"是诗意栖居的空间。从"优雅时尚"的城市精神着眼,成都提出将"审美性"与"人文性"作为场景供给的重要维度,形成了立足城市文化风格和美学特征,向广大市民和旅居游客呈现有城市诗情画意和时尚品质的消费场景体系。消费场景既聚焦城市之美,又服务商业发展,成都是历史悠久的文化名城与商业都市,基于自身特点,成都提出八类消费场景:引领潮流时尚的地标商圈潮购场景、彰显市井文化的特色街区雅集场景、聚焦熊猫文化的熊猫野趣度假场景、展现城市之美的公园生态游憩场景、满足健身休闲需求的体育健身脉动场景、体现文艺格调的文艺风尚品鉴场景、提升居住品质的社区邻里生活场景和探索未来生活的未来时光沉浸场景。这八大消费场景彰显了时尚典雅、美轮美奂的成都风情,体现了生动活泼、巴适安逸的成都文化,积极促进将城市品质转化为消费潜能,推动城市高质量发展。

再次,"成都场景"是多元共享的场域。从"乐观包容"的城市精神延伸,成都将满足多元生活需求、保障多元共享作为城市场景的应有之义,着眼于现全民参与、全龄友好、复合共享,形成了服务于睦邻友好、交通出行、托幼养老、管理服务、智慧健康等美好生活需要的生活场景体系。生活场景内容非常丰富,聚焦服务智慧生活,成都提出了数字化生活服务场景,主要是依托大数据、人工智能等新技术搭建数字生活综合服务平台,开展数字商贸、数字文旅、数字教育、数字健康、数字交通以及超级菜市场等多种便民服务,一站式解决出行、买菜、旅游、教育、就医等居民生活需求。聚焦社区公共生活,成都提出了构建睦邻友好的服务场景、共治共享的治理场景、集体记忆的文化场景,从而促进社会交往、提升社区参与、重建社会纽带、激活社区文化。生活场景服务于人民生活便利化、精致化,也促进社会交往更加密切、社会资本持续提升。

最后,"成都场景"是生态宜居的家园。从"友善公益"的城市精神展开,成都的场景概念还非常强调"生态性"与"宜居性",强调人与人、人与自然和谐共生,形成了推动生产体系、生活方式、生态环境绿色化，促进城市更加宜居宜业的生态场景体系。从内容上看，生态场景体系包括四类具体场景：一是清洁高效的低碳能源场景，聚焦清洁能源生产、推广、使用的若干情境；二是人地共生的城市空间场景，围绕绿色建筑、绿色交通等层面的空间营造；三是生态系统碳汇场景，面向城市增绿、护绿工程；四是绿色低碳生活场景，是针对低碳节能的日常工作生活做出的情境设计。此外，成都还强调生态场景的价值转化，尤其要实现城市公园、城市绿地等在提升城市美学价值、人文价值、经济价值、生活价值、社会价值方面的功能。

2. 场景创设：以"清单模式"营造成都场景

随着场景体系框架逐步建立，成都市更加明确地提出"把场景营造作为调适市民美好生活向往和现实发展条件的关键抓手"，将推动场景营造置于城市政策的重要位置上。在实践上，成都遵循了推动场景创设的一般性原则，同时也具有鲜明的城市特色。西尔和克拉克曾将场景营造比作一个园丁模式[1]，在这种模式下，新的场景创设实践应该是在已有场景"幼苗"的基础上进一步强化，使得"幼苗"长成"参天大树"。相比较而言，成都的场景营造则主要不是从"幼苗"培养起，而是始于"城市机会清单"，通过清单引领、策划先行、典型示范、统筹保障，让一张张"清单"逐步兑现为具体的场景，因此可以把成都的场景创设机制称为"清单模式"。

所谓"城市机会清单"，实际上是一种对城市发展与人民美好生活需要的系统性呈现方式。场景作为美好生活地点，是让人民美好生活向往切实落地的重要场域，这就要求在场景营造中必须实现需求端的新痛点、新问题、新需要与供给端的新技术、新模式、新方案有效匹配，从而产生良好的"化学反应"。为了实现场景中的需求与供给有效匹配，西方国家一些城市的经验是"广撒网、重点培养"，这就是所谓"园丁

---

[1] 〔加〕丹尼尔·亚伦·西尔、〔美〕特里·尼克尔斯·克拉克：《场景：空间品质如何塑造社会生活》，祁述裕、吴军等译，社会科学文献出版社，2019。

模式"。这种模式高度依赖城市场景的内生性,并不涉及对需求的总体状况进行把握,对场景营造的预期效果也很难明确,因此西尔和克拉克认为场景营造中遭遇各式各样的失败在所难免,并告诫城市决策者要避免"把鸡蛋放在一个篮子里"①。与上述模式不同,"城市机会清单"是在系统梳理城市复杂需求的基础上,着眼规划布局、基础设施建设、资源要素供给、解决方案遴选等多个维度,以项目化、指标化、清单化的表达方式,发布一系列具体而明确的需求清单,让供给端能够充分把握需求,从而有效配置资源,全面提升场景营造的精准性、有效性。近年来,成都围绕实体经济、智慧城市、"双创"平台、人力资源协同、消费提档、绿色低碳、现代供应链、公园城市、东部新城、国际消费中心城市建设、公园商业、疫情防控相关需求定期发布城市机会清单,截至 2021 年已经发布 9 批城市机会清单,释放清单条目达到 3360 多条,融资超过 175 亿元,创造性地培育出一大批新型城市场景。

  清单发布后,场景营造的重点问题就是整合资源、政策保障、效能保障,从而确保"城市机会清单"向具体场景转化。在资源整合方面,成都一方面积极构建"市—区—街道"资源配置联动机制,最大限度调动公共资源配置能力;另一方面鼓励大中小企业及社会组织组建场景建设"联合体",促进场景建设主体技术、标准、渠道、人才等核心资源融通共享,形成了良好的场景建设新生态。在保障推进方面,成都聚焦场景建设运营关键环节、平台搭建、要素保障以及营商环境等方面,构建场景营城公共政策体系,出台《关于建立城市机会清单发布机制推进应用场景供给工作方案》《关于进一步深化场景营城工作的指导意见》《关于印发〈供场景给机会加快新经济发展若干政策措施〉的通知》《成都市关于加强公园城市场景营城的指导意见(试行)》等系列文件,大力强化公共政策整合,聚焦最大化释放政策叠加效应。在品质

---

① 〔加〕丹尼尔·亚伦·西尔、〔美〕特里·尼克尔斯·克拉克:《场景:空间品质如何塑造社会生活》,祁述裕、吴军等译,社会科学文献出版社,2019。

保障方面，成都坚持"先策划后规划，无规划不设计"的原则，推动建设多元参与、跨界融合、协作共享的场景策划营造体系建设，同时注重建设过程中的共建共享监督机制和事后评估机制，确保场景建成后能够匹配市民需求。

3. 场景赋能：以场景动能构筑"四个成都"

与西方一些城市的场景营造相比，成都认为场景应当被视作城市高质量发展的策略与抓手，而不仅仅是条件与氛围，相当一部分场景政策并不聚焦于具体的场景建设，而是关注场景如何在宏观层面为城市发展提供资源、机会与动能，这就使得成都的场景赋能具有更加鲜明的规划性与系统性。从成都的场景类型来看，各种应用场景大多被赋予了改善城市基础设施、增强城市创造能力、提升城市产业竞争力等目标；各种消费场景大多被赋予了增加城市空间美感、提升城市享有体验、激发城市消费潜力等目标；各种生活场景大多被赋予了满足多元生活需要、优化城市公共服务、提升城市居住品质等目标；各种生态场景大多被赋予了改善城市生态环境、增加城市宜居舒适度等目标，这些都可以看作场景赋能城市最直接、最明确的体现。总体而言，成都场景赋能效能大体上可以概括为四个方面："成都创造"更加有力，"成都体验"持续优化，"成都服务"显著提升，"成都品牌"日益彰显。

在场景赋能"成都创造"的机制与效果方面，成都构建了一系列具有资源整合与共享能力的应用场景，这些场景（如一系列产业功能社区）面向文化创意与科技创新相关的企业与团队，资源、技术、渠道、空间、资金、人才等生产要素在场景中汇聚共享，为企业间横向技术融合，全链路各环节纵向技术融合，线上、线下生产情境融合提供便利，形成了赋能创新创造的共生型生态体系。基于上述生态体系，加上城市场景营造提出的一系列机会清单和各种政策保障，成都孵化和吸引了一大批具有高创造力的企业，形成了一系列高创造力产品。2018~2021年，成都每年新增智能制造、"互联网+"、工业机器人、工业设计、数字文创等领域的新经济企业总数超过50万家，新经济总量指数进入全国前3位,商标申请总量位居全国第一。除了科技创造力外,成都文化创造能力也显著增强,2019年成都文创产业增加值达到1459.8亿元,占GDP比重高达8.58%,相关产业从业人数达到104.8万[①]。

在场景优化"成都体验"的机制和效果方面,成都围绕提升城市品质、扩大消费规模布局了一大批定位于提升城市体验的消费场景,2020~2022年成都预计每年签约1亿元以上的高品质消费场景40个以上,具有独特城市风韵的"网红打卡点位"50个以上,引入各类品牌首店200家,发展特色小店300家[②],逐渐形成了以春熙路商圈、交子公园商圈为代表的城市购物体验空间,以"八街九坊十景"为代表的城市文化体验空间,以熊猫旅游度假区、锦江公园、麓湖生态小镇等为代表的城市生态体验空间,以5G生态城为代表的城市科技体验空间。这些服务于人们购物体验、文化体验、生态体验、科技体验的多元城市场景通过空间美学的开放性设计、本地文化形象的营销,以及多种多功能舒适物的集合,全方位提升城市的美学享受与宜居体验,吸引了全国乃至全球人士来到成都旅游、消费、工作、生活。在消费、旅游方面,2019年成都旅游收入与社会零售品消费总额分别达到4664亿元、8309.62亿元,分别位居全国第4、第6,均高于GDP全国排名。在工作、生活方面,2020年来蓉工作生活的流动人口达到854.96万人,比2010年增长437.01万人,贡献了十年来成都人口增长总量的75%[③]。优雅时尚、巴适安逸的成都已经成为中国最重要的人口磁力中心之一。

在场景提升"成都服务"的机制和效果方面,成都以社区服务综合体、党群服务中心及各类民生服务空间为载体,形成了一大批服务居民日常生活与社会交往的城市生活场景,使得城市服务人民便利、宜

---

① 《数说成都新经济2021·场景篇》,2022年1月28日,https://g.gd-share.cn/p/qcg2j5dx#2。
② 成都市新经济委办事服务最新统计数据情况,2021年6月29日,http://cdxjj.chengdu.gov.cn/。
③ 马健:《文创产业功能区:理论逻辑与成都路径》,2021年6月17日,https://www.yiloo.cn/9286.html。

居、美好生活的能力显著提升。2017~2020年,成都建设运营社区服务综合体217个,亲民化改造社区(村)党群服务中心3043个,统筹设置居民小区党群服务站2354个、生活美学点位3.5万个,完成医疗、教育、文化、养老等8大类18项2818个公共服务配套设施项目建设,集成提供公共服务、公益服务、生活服务等3大类100余项民生服务,吸引1.3万个社会组织、102家社会企业等多元主体承接城乡社区服务项目,形成覆盖全人群全时段的场景化社区生活服务圈。优质的生活环境极大地提升了市民的幸福感与获得感,从2017年开始,成都连续5年被"中国幸福城市论坛"评为最具幸福感的城市。

在场景营造"成都品牌"的机制和效果方面,借助一系列场景特质,成都进行了积极的城市营销和城市品牌建设,将成都城市文化地标、特色街区、科创空间、生态场景等转化为市民对城市的融入感、认同感、亲近感,营造出"推窗可见千秋瑞雪,开门即是草树云山"的蓉城印象,形成了一批具有全国知名度的城市IP,在全国乃至世界范围内提升了城市的知名度与美誉度。近年来成都获得"最具投资吸引力城市""中国最佳引才城市""健康中国年度标志城市""国际化营商环境建设标杆城市"等荣誉,成为名副其实的"明星城市"。

4. 场景规划:迈向全域公园城市场景体系

场景赋能展现了场景对城市的重要价值,但场景营城的最终表现形式是从"城市场景"到"场景城市",在城市顶层设计中纳入场景思维,让城市真正成为"场景综合体"。成都在探索推进场景营造的基础上,着眼"美丽宜居公园城市"城市定位,通过一个个场景的串联与叠加构建城市场景体系,不断增强城市的宜居舒适品质,提出构建"全域公园城市场景体系"的行动理念,将其作为建设践行新发展理念的公园城市示范区的重要抓手。

"全域公园城市场景体系"作为一套行动方略,首先立足于成都城市战略定位。2018年,习近平总书记对成都提出了"突出公园城市特点,把生态价值考虑进去"的发展要求,明确了成都城市发展的根本遵循，2022年，国务院正式批复成都推进"践行新发展理念的公园城市示范区"建设，进一步强调了"打造山水人城和谐相融的公园城市"的发展目标。从某种意义上说，通过场景营城，一个个场景的营造把"公园城市"的宜居舒适性品质转化为市民与游客可感可及的美好生活体验，既将生态和谐、宜居宜业、美丽宜人等城市美好生活的基本特质表达了出来，又将城市全域看作一个作为公园的"地点"。因此建设公园城市要求"场景营城"，只有在一系列场景营造的基础上才能最终实现体现独特人文生态价值与城市美学的全域场景化。

"全域公园城市场景体系"作为一套营城思维，要求将公园城市的发展目标与场景营造的具体实践有机结合起来，形成城市发展新逻辑。首先，公园城市要求把创新作为发展的主引擎，以系列应用场景构建资源节约、环境友好、循环高效的生产方式，发展新经济、培育新动能，推动形成转型发展新路径。其次，公园城市要求用美学观点审视城市发展，将城市美学、人文价值、消费时尚融合于场景之中，形成具有独特美学价值的现代城市新意象。再次，公园城市要求以健康品质的生活理念服务人民生活，在生活服务场景之中着力优化绿色公共服务供给，在城市绿色空间中设置高品质生活消费场所，让市民在公园中享有服务，使闲适市井生活与良好生态环境相得益彰。最后，公园城市要求在城市全域彰显绿水青山的生态价值，深入践行"绿水青山就是金山银山"理念，以生态视野在城市构建山水林田湖草生命共同体、布局高品质绿色空间体系，将"城市中的公园"升级为"公园中的城市"，形成人与自然和谐发展新格局。

（三）作为城市营造的新方式

城市被看作"追寻美好生活之地"是以往和当今诸家城市理论的共识。然而，生活是否美好有时候是一种主观的个人感受，而城市则是一个宏观的空间系统，两者并不在同一个维度上。对于城市管理者来说，如何让宏观的城市系统优化与微观的个人体验提升相互嵌入、相互促进，成为极为重要的问题。针对这一问题，城市研究中的场景概念具有重要价值：一方面，场景表征着人们对于美好生活的体验感知，是生活美学的地方化、情景化；另一方面，场景又可以与城市政策紧密联系起来，在城市宏观维度做出制度安排。

场景营城的出发点是具体的、多样的市民美好生活需要，借由场景定义、场景创设、场景赋能、场景规划等实践机制落地。"场景定义"解决的是如何在具体城市情境下将特定"地点"识别为"场景"的问题。城市中包含着无数的地点，但具体什么样的地点可以被界定为场景，则取决于市民的生活需要、主观认知与政策安排，被识别为场景的地点类型纷繁复杂，但始终离不开"真"（体验真实、彰显认同）、"善"（感知价值、彰显规范）、"美"（生动表达、彰显魅力）的基本原则。"场景创设"解决的是如何在城市中营造出特定场景的问题，坚持的原则包括明确目标、广聚良才、灵活应变、充分表达等。"场景赋能"考虑的问题不再是场景本身，而是场景如何在整个城市系统中发挥作用，场景赋能的一些具体方向包括提供公共物品、纳入生产要素、形成磁力中心、激发治理行动等。"场景规划"则更进一步，探讨如何将场景理念纳入城市政策的顶层设计，明确回答场景营城究竟要"营"出什么样的城市的问题。场景规划具有突出体验优先、遵循文化主义立场、重视地方情境性、强调行动主义等特点。

基于上述分析框架，本部分考察了成都如何在城市实践中推进场景营城。作为"场景营城"理念的首倡之地，成都围绕场景营城出台了一系列政策文件，推动了一系列项目工程，取得了一系列成果。在场景定义方面，成都着眼于城市精神，从创造机会的地方、诗意栖居的空间、多元共享的场域、生态宜居的家园四个层面明确了"成都场景"的内在价值，并提出了包括应用场景体系、消费场景体系、生活场景体系、生态场景体系在内的城市场景框架。在场景创设方面，成都基于体制优势与城市特点，形成了具有成都特色的"清单模式"，以"城市机会清单"为抓手，以项目化、指标化、清单化的方式形成对接需求的城市清单,并通过资源整合、政策支持、示范推广等机制保障"清单"落实为"场景"。在场景赋能方面,城市场景在做强"成都创造"、提升"成都体验"、优化"成都服务"、打造"成都品牌"等方面发挥了显著作用,成为近年来推动成都快速发展的重要动力。在场景规划方面,成都提出了"全域公园城市场景体系"的行动理念,勾勒出城市顶层设计中的场景逻辑。

总体来看,成都开场景营城之先,为人们呈现了以"场景"为抓手、聚焦市民美好生活需要与城市发展需求的营城效果。毫无疑问,成都的场景营城实践是成功的,但同时也揭示出一系列亟须回答的理论与实践问题。首先是场景营城如何处理好场景的内生性与规划性之间关系的问题。成都在推动场景营造时偏重规划性,通过系统的规划设计,以项目形式推动场景建设,形成的场景大多投资不菲、规模巨大,具有强烈的示范效应。但在城市内部还有很多自发形成的、规模不大、辐射范围有限的一些场景,如何保护、完善、激励这些场景的发展,相关政策还不太明确。内生性的场景虽然看似微小,却是植根于城市最深处的力量,只有将这种场景力量与通过系统规划打造的场景力量结合起来,城市活力才能更有效激发。其次是"场景营城"如何处理好"空间营造"与"人的营造"关系问题。"成都场景"内容丰富、系统多元,考虑了人民生活与城市发展的方方面面,但这些"场景"实际上更加聚焦于空间的面貌、功能、条件等等,但"场景"不能简单看作是空间,也包括了空间中一系列人的活动,有了具备特定功能的空间并不代表就会产生特定的人的聚集与活动,如何让人们使用空间、体验空间、享用空间,还需要更多政策机制推动人的营造。最后是"场景营城"如何避免场景泛化问题。在政策实践中,常常面临着政策概念的泛化,从而失去精准意涵,"场景"本身就是边界相对模糊、涉及主观体验性的概念,如果在政策制定中不能很好厘清,"场景营造"很可能与"基础设施建设""城市空间更新""城市街区/社区营造"等混为一谈。这在未来的城市场景实践应该受到重视并克服。

主要观点回顾

我国场景研究论文与著作增势明显，研究方法更加开放与包容，研究主题与学科更加多元。从研究取向上看，大致可以概括为六类：场景与城市发展作用机制、场景与文化产业及政策、场景与城市规划及治理、场景与社区治理及营造、场景与乡村振兴、场景与消费中心城市建设等。

中国场景研究还应注意的五个建议：第一，问题导向；第二，摸清家底；第三，比较视野；第四，拥抱技术；第五，未来视角。从场景研究的角度而言，目前仍存在许多尚未完全涉足的领域，而在时代发展瞬息万变的今天，城市发展过程中存在各种各样的可能性。做场景研究的学者要具有未来视角，善于找出好问题，找准新问题。

成都在国内率先提出"场景营城"概念，并把"场景"运用到城市政策与城市工作的方方面面，主要包括"场景激发创新、培育新经济动能""场景刺激消费、创造城市美好体验""场景赋能治理、促进社区参与"等。在这些创新实践基础上，我们梳理概括出场景营城模式的四个关键机制：场景定义、场景创设、场景赋能和场景规划。

"场景营城"既关注人们美好生活需要，又强调城市系统规律；既重视微观的场景实践，也要重视宏观的场景规划；它是一套既具有理念指导性、强调具体实践性的城市发展战略和城市营造的新路径。

附录 1　一次对话

《场景文化力》这本书的最初想法来自 2018 年世界社会学大会期间吴军与克拉克的一次对话。2018 年 7 月，第十九届世界社会学大会在加拿大多伦多市召开，本书作者之一吴军受邀参加了世界社会学大会国际社区论坛并做主旨发言，发言题目是"场景营造，北京三个案例的比较"。随后，特里·克拉克教授听到报告之后给予了高度肯定，并表达了对中国场景研究的兴趣与关心。基于此，二位作者相约在会议论坛附近的咖啡馆进行一次深入交流，撰写这本书的最初想法，就来自这次对话。

对话时间：2018 年 7 月 18 日中午

对话地点：多伦多市中心的一家墨西哥餐厅

M1：特里·N. 克拉克（Terry N. Clark），M2：吴军

M2：人们对芝加哥学派（城市与社区研究）比较了解，但对于新芝加哥学派却了解比较少。如果我们向中国读者介绍新芝加哥学派，从哪里开始谈起比较好？除了按照时间顺序，从哪些方面开始介绍会更好？

M1：如果你能够承担大部分写作工作，我很高兴以合著者的身份参与，不过我们当然可以先谈谈写作思路。之前，我已经在课堂上谈论过这个议题。我的 YouTube 频道中有 40 余个关于芝加哥、比较研究和其他议题讨论的视频，这些都是潜在的素材。我们可从中提炼一些，也

可以把这些视频链接插入书的正文作为内容，再搭配场景的图片，读者可以通过丰富的链接和图片比较文中描述的城市与社区，这会更有意思。正如丹尼尔·西尔和我在合作过程中常常强调的那样，科学研究从比较开始。

因此，与把研究只局限在一个地方相比，比较不同的城市和社区，可以更好地理解它们的差异。从某种意义上说，芝加哥是一个宝贵的案例，因为普通的社区与邻里之间存在着巨大的差异。从某种意义上说，在19世纪和20世纪，芝加哥的邻里之间的公开冲突正是那段历史时期国际冲突的缩影，或是芝加哥"版本"的冲突：犹太人与意大利人的冲突、德国人与波兰人的冲突、英国人与爱尔兰人的冲突，等等。这些都是艰苦的政治斗争，甚至有人为此牺牲。如果要列出一个大纲，我会尝试先从农村和社会学的角度开始，然后引入芝加哥，据此说明我们如何通过对一座城市的研究，更好地寻找宏观的世界议题的答案，再对这些议题和主题逐一反思。

从这个意义上讲，我从理念上建议这本书从头至尾都与更宏观的理论联系起来。也就是说，用国际化的眼光看待城市，这样人们就能看到更多，学到更多。

M2：实际上是什么启发了您开始从事这一系列研究？

M1：实际上，最直接的"学派"部分是在丹尼斯·贾德（Dennis Judd）大约十年前来到芝加哥时开始的。他当时是伊利诺伊大学芝加哥分校《城市事务评论》的编辑。我们马上就见面了，我提议："我们应该把芝加哥的学者和所有的大学都召集起来，当面讨论芝加哥这座城市，它的政治和政策及其之间的关系，以及我们如何相互帮助以做得更好。"因为我们都在芝加哥，所以讨论的重点是芝加哥市作为一个整体，但对我来说，从始至终，芝加哥只是一个案例。我想将归纳扩展到整个世界。因此，我会试图将芝加哥和世界联系在一起，这与一些学者不同。有些学者说："我不在乎纽约，我只会研究芝加哥。"这与我恰恰相反。我们每年在不同成员的家中会面大约三次。这些会面是半社交半专业的，因为我们一开始并不认识。我们通过社交更加了解彼此，同时我们会展示并讨论一两篇论文。大约五年后，我们一起教了一门课。这门课开了两次，一次在 UIC，一次在市中心的另一所大学。然后，我们与来自纽约和洛杉矶的城市研究者举行了一次会议，又与明尼苏达大学的一些朋友一起出版了一本书 The City, Revisited，由迪克·辛普森（Dick Simpson）和丹尼斯·贾德共同主编，我也在那里发表了《新芝加哥学派计划》一文。

一个饱受争议的问题是：我们称得上一个学派吗？我们的大多数成员都会回答"是的"，尤其是在我们与来自纽约和洛杉矶的学者们会面之后。我们发现，"我们不同。我们和这些人非常不同"。这种差异不仅来源于不同的城市，还来自整体的学术传统。纽约学派的风格往往更具冲突性，其基本概念来源于马克思的著作。因此，即使该学派演变成更加开放的马克思主义，经典马克思主义的基础一直存在；其中主要的概念是剥削、阶级冲突、竞争、负面的空间绅士化、种族冲突、女权主义以及歧视等。

洛杉矶学派在上述概念的基础上加入了电影业：梦幻中的娱乐感，好莱坞，想象中的、往往不符合科学的世界——这种对于科学的低关注度才能造就一部好电影。有人会说，最具代表性的是一部叫作《唐人街》（Chinatown）的电影[1]。片中聚焦的洛杉矶社区正是洛杉矶城市起源的历史、社会和批判方面的缩影。该片讲述了一位工程师将水带到沙漠，在这之前洛杉矶只是一片沙漠；然后人们可以生活在那里，他们可以灌溉植物、农场、花园等。但是整部电影是以一种狂野的、戏剧性的方式拍摄的。

---

[1] Polanski, Roman, *Chinatown*, Paramount Pictures, 1974.

所以，作为对你关于提纲的问题的回应，我建议将一个学派或一座城市作为更多概念的试金石。那样的话，这本书绝不会是狭隘的。无论是北京、纽约还是武汉，都要以国际化的眼光看待。这意味着外显或内隐的比较，比如问为什么是北京是这样的，是什么让它与众不同？然后当然要考虑政府、国家等因素。我们在《场景：空间品质如何塑造社会生活》一书中开始明确地回答这些问题。我们不仅考虑电影院和波希米亚群体的数量，而是关注两者关系转变的情境（Context）。

这既是芝加哥学派理念的美妙之处，也是其吸引力所在。同时这也是在强调，没有一座城市是独一无二的，也就是说，主张使用可以在其他城市应用的一般分析维度来解构芝加哥或北京的独特性。因此，假如我们说，北京在一定程度上与上海不同，因为那里有更多的政府机构，有更多的国家政府官员，有更多政党组织，还有更多的国家行政机构，然后，我们可以将北京与上海、武汉、广州、中国其他城市以及世界其他城市进行衡量和比较，看看政府管理在多大程度上改变了城市动态。

接下来考虑其他的因素的权重，比如首都的地位、政府机构、人才、教育资源等。因此，这些变量都是可以作为基础，来构建关于北京为何不同于上海、首尔、东京或芝加哥的潜在假设。

从这个意义上说，每个城市或每个社区都可能拥有数百甚至数千个变量（舒适物、设施、活动），我们甚至可以从照片或文字中获取并衡量这些变量。或许我们可以找到相关的数据，那么我们就可以描述北京的特征，并且开始尝试将其与其他城市进行比较。

M2：您想建立一个通用的理论吗？

M1：是的。他们在今天的会议上提出"城市的概念不再重要"。他们关注资本主义、剥削、革命等马克思主义的概念。这也曾是我的学术背景。当我在巴黎、法兰克福，然后在纽约读书时，我的主要研究方向是马克思主义，也研读过阿多诺（法兰克福学派）的著作。然而，如何检验这些伟大的马克思主义思想？如何引入马克斯·韦伯的理论？我们怎么才能开始系统化地研究并建立社会科学理论，而不仅仅是试图进行革命？

马克思是一位社会科学家、道德家和革命家。马克思主义也有很多层面和版本。我想建立一项社会科学研究，我想借鉴和使用马克思的相关理论，但要系统地去做。我开始在国家层面上审视国家，但是随着时间的推移，我感到非常沮丧。我发现，要想开展严谨和科学的研究，用本地数据可以做得更好，因为其中有更多的本地变化，更可能发现极端的案例。

因此，今天会议中对南非案例以及极端乌托邦综合联邦的讨论，正是进行本地研究的全部理由。我们掌握了这些强大、精彩且极端的案例，接下来，我们怎样才能开始（把这些案例）归纳到对北京或芝加哥的研究中呢？首先要做的是，我们需要获得每个城市特征的数据和维度。因此，我们的想法是利用城市的局部维度和极端情况，或者更深入地说，一个社区。这就是为什么我们要深入研究多伦多或芝加哥等城市的更低分析层次，以获取最佳数据。所以，在中国这方面可能会更加困难，因为人口普查数据并不在非常局部的层面上进行发布，但也许在未来会有更多的方式可以获得这些数据。例如有了街道地址，你就可以使用点分析方法（Point-analysis）。吴迪[①]等人就是这样做的，他们使用了餐厅的街道地址。

M2：接下来的问题是，您关于新芝加哥学派的文章探讨了芝加哥学派、纽约学派和洛杉矶学派之间的比较，但很少涉及经典芝加哥学派与新芝加哥学派之间关系。您能否再谈一些这方面想法呢？

M1：实际上，最大差异可能更多是理论上的。我的意思是，芝加

---

① 吴迪：《基于场景理论的我国城市择居行为》，经济管理出版社，2013。

哥学派有几种版本，其中讨论多的版本大概是指伯吉斯、帕克的著作《城市》(The City)①。

我们与贾德(Judd)和辛普森(Simpson)合作出版的书叫作《再访城市》②。所以，我们借用了这个标题，然后加以扩展。它有什么新的内容呢？从帕克和伯吉斯开始，他们主要采用的明确理论实际上是他们所说的人类生态学，人类生态学理论来自达尔文，被称为社会达尔文主义。这些原则适用于植物、动物和人类。主要概念包括入侵、继承、竞争、适者生存，对城市中心土地的争夺导致了中心地区土地价值的上升，而在郊区土地价格则下降。因此，土地价值呈同心圆分布。然后是土地用途类型，他们将其分为中央商业区、中间地带、非洲裔美国人区域等。如果这是对旧芝加哥学派的一个狭义定义，我再提第二个更关注社会互动的定义，这源自美国实用主义哲学的传统，是一种实用主义的观点。

我有一位名叫查尔斯·桑德斯·皮尔士(Charles Sanders Peirce)的叔祖父，他创造了实用主义这个术语，也是这一传统的关键创始人之一。约翰·杜威(John Dewey)是另一位创始人，他曾在芝加哥大学担任教授，并影响了一些芝加哥学派传统的创始人。他们更多地借鉴了齐美尔(Simmel)的理论，而非马克斯·韦伯和马克思。因此，这是一个更加个体化的概念，也与达尔文主义和社会达尔文主义相匹配。这种观点延续在 W. I. 托马斯、查尔斯·库利的社会互动论中（如"镜中我"，The Looking Glass Self）。安德鲁·阿伯特就强调过这一传统，其代表人物还有汉斯·约纳斯(Hans Jonas)、尤尔根·哈贝马斯(Jürgen Habermas)。哈贝马斯和约纳斯将芝加哥实用主义和社会互动传统，与马克思和韦伯的欧洲宏观社会理论传统结合在一起。我认为这是个非常

---

① Park, Robert, Ernest W. Burgess and Roderick D. McKenzie, The City: Suggestions for the Study of Human Nature in the Urban Environment, Chicago, 1925.
② Judd, Dennis R., and Dick W. Simpson, eds. The City, Revisited: Urban Theory from Chicago, University of Minnesota Press, 2011.

出色的结合，可以让每个理论体系相互增强，而不是分离。这就是我今天在会议上想要表达的基本观点。不要孤立地看待一个城市或一个乌托邦社区，而是将它与宏观观念结合在一起。然后，你可以同时涉及马克思、韦伯等等以及乌托邦社区。

如果说这是经典芝加哥学派，那么新芝加哥学派则建立在被社会达尔文主义所忽略的文化概念上。"新芝加哥学派"的核心就是明确地分析文化。政治文化和身份的概念不仅可以与社会互动相关联，还有更广泛的文化问题。历史上，这些观点同样来源于芝加哥的学者，比如劳埃德·华纳（Lloyd Warner）。他于1930~1940年在芝大任教。他的专业背景其实是人类学，因此对文化更加敏感；他想从全国范围研究美国，并创办了"Yanky City"项目。他对马萨诸塞州的一个小镇开展了长期研究，并出版了五本书，命名为"Yanky City Series"。这个系列的最后一卷阐述了大部分的文化理论。

华纳带来了文化元素以及对象征价值的敏感性。Edward Shills 与 Talcott Parsons 合作，完成了一本名为 Toward a General Theory of Action 的著作①。他为此写了一篇结语，在其中讨论了一些关于芝加哥传统的演变及其理论局限性的问题，以及哈佛大学的帕森斯（Parsons）、哥伦比亚大学的罗伯特·默顿（Robert Merton）和保罗·拉扎斯菲尔德（Paul Lazarsfeld）如何将欧洲理论与美国实证部分相结合。美国学者延续了旧芝加哥学派的工作，特别是在实证数据收集方面。社区研究、实地调研以一种非常实证的方式进行观察，而欧洲的一般理论传统更加抽象，以马克斯·韦伯、马克思、涂尔干为代表。帕森斯曾勾勒了这一理论传统，但还停留在欧洲理论的抽象方式上。哥伦比亚大学的学者试图将两者联系起来——将实证工作与欧洲理论结合起来，并尝试建立中层命题来连接它们。我在欧洲留学时与这些理论家有过接触，从巴黎、柏

---

① Talcott Parsons, Edward Shils, *Toward a General Theory of Action*: *Theoretical Foundations for the Social Sciences*, Transaction Publishers, 1964.

林到慕尼黑，我曾师从 Levi Strauss，Adorno、Pierre Jay 等人。当我最终来到芝加哥时，我与一些狭隘的实证主义研究格格不入，因为我想引入更多的理论。所以，人们几乎把我看作一位在芝加哥工作的欧洲学者。

新芝加哥学派的独特之处，在于强调文化和价值观，以及运用它们进行分析和比较的具体方法。Schills 不仅与 Parsons 合著了上述的著作，他还是政治文化概念的创始人。政治文化研究也是他发展起来的，他创建了一个名为"新国家比较研究委员会"的组织，David Apter 是其中的重要人物。另一个关键人物是 Gabriel Almond，他在全国范围内与社会科学研究委员会合作，他们提供拨款、协调研究，并且强调了政治文化。然后，Almond 和 Sidney Verba 合著了一本名为《市民文化》(*The Civic Culture*) 的书[①]，这本书非常重要，它开始将抽象理论与问卷调查研究相结合，这一方法随后在许多关于新国家 (New Nations) 的研究中得到了延续。

我来简单解释一下所谓"新国家"的背景。新国家是指在第二次世界大战后获得政治独立的国家，尤其在非洲和拉丁美洲。随着殖民主义帝国的瓦解，这些新国家经常采用英国、法国或比利时的法律结构，但其实际的运转方式并非如此。因此，"政治文化"所关注的不是法律结构，而是人们实际的政治行为。因此，研究者们前往尼日利亚或巴西进行实地调研，然后回到美国进行比较，在这个过程中提出了政治文化的概念。政治文化可以作为分析人们实际行动的一种方式，而这往往与金融机构的法律没有正式关系。这是新芝加哥学派的第二个基础。

我认为，《城市金钱》(*City Money*) 一书[②]将上述的新芝加哥元素在城市的分析层次进行了结合。我们在《城市金钱》中试图在每一章节中引入文化，并说明之前对于工会、政党、社区团体或民族团体的研

[①] Gabriel A. *Almond*, Sidney Verba, *The Civic Culture: Political Attitudes and Democracy in Five Nations*, Princeton: Princeton University Press, 1963.

[②] Clark, Terry Nichols, and Lorna C. Ferguson, *City Money: Political Processes, Fiscal Strain, and Retrenchment*, Columbia University Press, 1983.

究往往忽略了文化的因素和概念，如同理心、信任等，从较低的分析层面开始构建一个更宏观的理论。因此，从这个角度来看，新芝加哥学派的宗旨是从微观因素尤其是明确的文化因素开始进行归纳，并达到一种世界性的视角。

所以，文化有三个含义。第一是游戏规则和规范，比如红灯时不应该横穿马路。第二是更抽象的价值观，比如这是好的还是坏的，为什么这是公正的或是不公正的，以及这些更抽象的元素如何可以成为第三个含义，也就是文化档案（Cultural Document），如书籍、诗歌、电影、圣经、孔子的教导等。我的意思是，这些文本可以与文化联系起来，这也是研究艺术的基本原因。艺术家创作的书籍、电影或图片，能够捕捉比许多普通人在日常生活中更深刻或更微妙的感情。所以，这些都是关键的新元素。"场景"也包含了这些元素。什么是场景？场景由地点、人、活动等组成，但我们通过 15 个维度对这些元素进行衡量和识别。这 15 个维度基本上是文化的规范和价值，它们定义了游戏规则的运作方式，但反过来又根植于更深层次的价值观。以上是对新芝加哥学派的一个概述。

M2：您是否同意用"后工业城市与社区"来命名新芝加哥学派的研究视角？

M1：我部分赞同这个标签，因为如果我们强调"后工业"的概念，这就意味着经济是驱动力。也就是说，这是一种马克思主义的思维方式。Raymond Aron、Daniel Bell、Alain Touraine 以及 Ronald Inglehart 提出了后工业理论[1]。他们都明确地使用了这个术语。当然，我也一样。我都认识他们中的每一位。我曾是 Daniel Bell 的学生，与 Inglehart 合作

---

[1] Clark, Terry Nichols, "Who constructed post-industrial society? An informal account of a paradigm shift at Columbia, pre-daniel bell." *The American Sociologist* 36.1 (2005): 23-46.

过，也曾师从 Aron。正如你在昨天的一些讨论中所说的那样。比如，在你昨天的论文中，你谈到理想的场景是政府、市场和社会组织三者保持平衡。但是，后工业的概念仅仅包含市场。

我认为还有其他的因素也在与之同时发生变化——娱乐机制、消费、场景的动态。如果我们只强调后工业时代，我们实际上只是在与马克思的阶级冲突模型形成对比，而忽略了智能手机、旅行、国际化、社交媒体以及其他同样重要的动态，它们也在其他领域发挥作用。这就是，为什么我会对强调"后工业"保持谨慎态度。

我的意思是，我和其他人借鉴了像 Daniel Bell 和 Aron 等人的思想，但后工业只是新芝加哥学派的一部分。它（新芝加哥）不仅仅是马克思主义，也不仅仅是阶级冲突，那只是其中的一部分。但是为什么它不同呢？也就是说，如果我们从多因果性的角度看待它，那么有很多因素，而其中一组是后工业因素，但另一个重要因素是教育。教育不属于后工业因素。

教育来源于学校，更多地来源于政治体制，然后人们会根据自己的选择和阅读来获取知识。如果再加上诸如互联网和旅行等因素，这会使人们更具国际化视野，从而更加关注消费的细微差异和多样化。于是，人们不再满足于都统一的蓝色西装或者传统时装。当你去巴黎和伦敦旅游时，你会说："我想要更多的风格"。于是，你不再满足于一种咖啡或葡萄酒，而是 25 种。因此，这种国际化来自人们对新选择的了解，而这需要教育、媒体和旅行等。总的来说，我们所研究的一切几乎都属于后工业时代，但也有其他一些因果机制部分地引起了变革，比如我所提到的社交媒体、旅行、教育、金钱，以及政治的开放程度等。在中国，政治体制变得越来越开放，这为政治和社会议程上的新问题开辟了道路。

M2：如果我们想给新芝加哥学派一个标签，什么标签合适？

M1：这是一个好问题。也许我们还没有一个好的标签。目前有的例子有《城市作为娱乐机器》《托克维尔能否卡拉 OK》《场景》。这些都是新芝加哥学派的一部分。

让我再举一个例子,虽然这不是我们研究团队的一员。有一位年轻的社会学家叫作福雷斯特·斯图尔特(Forrest Stewart),他正在写一本新书,还没有出版,书名叫 *The Ballad of the Bullet*:*Gangs*, *Drill Music*, *and the Power of Online Infamy*[①]。这本书讲述的是贫困的黑人帮派,他们之间互相打斗。过去,他们会为了毒品、卖淫、赌博和地盘而争斗。为了争夺地盘,他们会互相杀害、打斗,等等。这种情况持续了 50 多年。然而,他的观点是,这些帮派现在把这种争斗用作象征,但他们制作的产品是视频,他们把视频发布到 YouTube 上,然后视频的点击率会带来来自广告的收入。因此,帮派间的"竞争"是制作收视率更高的视频。其中一部分成员被称为"钻机手"(Drillers),他们看起来很强硬,在视频里手持大枪。他们会说,"我会搞定下一个街区的那些家伙,我会处理他们的。"他们说得好像他们在杀人。但事实上,整个帮派只有大约 9% 的人被称为真正的"杀手"(Killer)。所以如果你观看所有的视频,每个人都好像在互相杀戮,但事实上,这是文化、象征、媒体、社交媒体。互联网是在马克思主义意义上的新生产方式。这是后工业的吗?不是。

从这个意义上说,这个研究是新芝加哥学派的一部分。这些帮派明确地增加了象征和文化的元素,而他们创造的媒体为审视底层、贫困、种族关系、冲突等等提供了一种新方式。这些改变都源自实际的变化,而我们的理论也因此发生了改变。

M2:您提到自己是贝尔的学生,这大概是在什么时候?

[①] Forrest Stuart, *Ballad of the bullet*:*Gangs*, *Drill Music*, *and the Power of Online Infamy*, Princeton University Press, 2020.

M1：我在哥伦比亚大学攻读博士的时候。他后来去了哈佛，那是在我离开哥伦比亚之后。

M2：接下来是个很难的问题。纽约学派和洛杉矶学派对新芝加哥学派提出过一些批判，从文化角度看待城市动力可能会忽视经济因素，您对这样的评论如何看待？

M1：我听说过这种批评，有时候这种批评可能是正确的。如果我们进行深思熟虑、敏锐的实证研究，并且对这种批评以及其他任何批评都持开放态度，那么答案是：如果你正在进行访谈、民族志或收集照片，尝试去思考、观察、寻找，企业在何处产生影响，竞争在何处产生影响，资本主义或社会主义在何处产生影响，正如我们今天讨论的那样。这些因素如何影响社会互动？或者，如果你正在进行定量比较研究并构建回归模型，你可以纳入经济学的经典变量，如收入、租金、价格、成本、生活成本、国民生产总值，但也需要纳入其他研究人员已经在研究的变量。例如，如果你试图解释犯罪、文化、购物或社区星巴克的数量等，你可以尝试用20个变量来解释它们。

我的意思是，这个视角"以经济因素为基础的视角"的好处在于，大多数人已经这样思考了100年。因此，人口普查收集了大量有关收入和生活成本等方面的数据。然而，我们几乎没有关于文化或旅游的数据。因此，衡量这些因素会更加困难。这就是为什么我们必须更具创造性地整合黄页和零售公司数据，以创建例如波希米亚和越轨性的概念及其测量标准。因此，我们通过处理原始数据来构建这些更抽象的维度。然而，如果在未来的几年里，研究者能在人口普查中直接提出类似的问题，那么我们将拥有更丰富的文化和其他方面的测量标准。因此，正如我们多次提到的那样，场景的概念并不是要取代其他方法，而是要与其他方法结合，通过加入一些变量，尤其是情境因素，来帮助我们获取更加强大的解释。

收入或工作当然是很重要的因素，但是其他的因素，比如什么性质的工作、收入多少、为何如此等问题也同样重要。例如，我曾在加州大学洛杉矶分校和南加州大学分别做过一次演讲，那里有一些经济学、马克思主义和唯物主义背景的学者。我曾谈到，洛杉矶人比芝加哥人穿得更有品位、更好。他们说"不，不，不，并非如此，那只是当他们去电影行业上班的时候。但在周末，他们穿得和纽约或芝加哥人一样。"于是，我们提出了两个假设，第一个假设是三个城市之间没有差异，第二个假设是洛杉矶是不同的。这两个研讨会中的聪明人说："不，你错了，洛杉矶在价值观和文化方面并不与众不同。"于是我回去查看了我们的数据，查找了三个城市的儿童服装店数量。结果发现，洛杉矶有更多的儿童服装店，而芝加哥和纽约则要少得多。你看，孩子们可从来不上班！

M2：这也说明在洛杉矶的人们在儿童服装上花费比较多。

M1：是的。洛杉矶的人们在穿着方面比芝加哥和许多纽约的人更注重时尚和风格。这就是一个简单的例子。我们可以用儿童服装店这个变量或其他方法，来测量一个地方的情境（Context），比如电影业。

因此，我们可以观察洛杉矶的居民，然后检验电影业在什么程度上造成了他们与其他城市居民的差异。当然，这是一种以经济为基础的解释。然而，电影业可能造成了部分差异，但有些差异也可能来自沙滩和冲浪者。有些人去洛杉矶并不是为了好莱坞，而是因为他们想冲浪，而洛杉矶的冲浪条件比俄克拉荷马或得克萨斯更好。因此，这里的驱动因素并不是电影业，该因素也不是后工业的：冲浪运动依赖于海浪，而海浪一直都存在，从未改变。当然，冲浪运动可能会有一些微妙的工业技术动态，比如如何制作冲浪板、冲浪服或运动装备。我引用这个例子是为了说明"后工业"可能不是新芝加哥学派的正确标签。我指出了可能使洛杉矶与众不同的多种动态因素，其中之一是电影业，但不仅是电影业。因此，我们可以尝试采用多种研究方法，包括历史研究、与人交谈、分析电影，提出关于洛杉矶独特性的假设。然后，我们可以建立一个模型，尝试将这些因素加入模型中，然后在巴黎、北京或中国的所有城市中进行测试，看看这些变量是否能够解释洛杉矶的独特性，还有其居民对文化或儿童服装的敏感性。

M2：您的意思是，我们不能说他们那种分析城市方式是错的，但至少我们有一种不同的视角，是这样吗？

M1：以一个城市经济学家、城市社会学家、城市地理学家通常采用的模型为例。场景视角为这个模型增加了某些变量，比如迷人魅力的维度。例如，儿童服装是魅力的实证度量标准。我们发现，魅力和自我表达在经济发展方面具有强大的推动作用，其作用远远超过了生活成本、犯罪率和人口规模，它们使这些标准变量变得不显著。因此，魅力、自我表达和艺术家的数量是美国所有区域内工作增长的主要驱动因素。这就是为什么人们在我们谈论魅力等维度时会发笑，但从实证上看，它们确实发挥着显著的作用。回到刚才提到的模型，首先，我们可以添加两个到三个变量，比如艺术工作、自我表达和魅力；其次，添加场景或本地动态的概念，洛杉矶的本地动态有时与芝加哥和纽约不同。我们在《场景：空间品质如何塑造社会生活》[1] 第 3 章中展示了这种比较。从本质上讲，该章节是我早期关于这三个城市的论文[2]的延伸，其中增加了更多的实证场景案例并引入了场景的概念。因此，我的观点的一部分是，这些城市学派之间的差异部分源于这些城市本身之间的差异。

---

[1] Silver, D. A., Clark, T. N., *Scenescapes: How Qualities of Place Shape Social Life*, The University of Chicago Press, 2016, pp.26-375.

[2] Clark, Terry Nichols. "Program for a New Chicago School", *Urban Geography*, 2008, 29 (2), pp. 154-166.

M2：我认为每个城市都有其独特性，他们有自己的场景，尽管他们消费的金额是一样，但有时候，他们能够吸引并留住不同的人群。除了您和丹尼尔，新芝加哥学派还有其他的代表性人物吗？

M1：我在关于芝加哥学派的论文中列出了大约 25 个参与者，从 Denis Judd 开始。

一个学派就像一个大家庭一样。在这个家庭中，我们可以互相交流、一起吃饭、争论，但我们可能在某些方面不完全相同。也就是说，我们并不相信一套完全相同的哲学或理论。所以从这个意义上说，我们是一个学派，因为我们是一个大家庭，但这并不意味着我们在所有问题上都保持一致。也就是说，芝加哥学者之间也会互相争论。当这些会议只有芝加哥学者参加时，我们似乎会争吵。但当我们与洛杉矶和纽约的学者一起参会时，芝加哥人则显得很亲近。比如，萨斯基娅·萨森（Saskia Sassen）一度是我们学派的一员，但她的风格更接近纽约学派，具有马克思主义背景。还有如丹尼斯·贾德（Denis Judd）、迪克·辛普森（Dick Simpson）、拉里（Larry）等等，我在我的关于新芝加哥学派的论文中提到了其他的名字。

M2：非常感谢您今天提供的大量信息，我们需要阅读更多材料，如果有问题，可以通过邮件与您交流。

M1：非常好，如果你在接下来的几天有问题，我们可以再次讨论，后续也可以通过视频会议或邮件交流。

M2：好的。谢谢。

附录 2　扩展阅读

（一）论文文献

1. Florida, Richard, "Bohemia and Economic Geography", *Journal of Economic Geography*, 2002, 2 (1), pp. 55-71.

本文研究了波希米亚群体的地理位置及其与人力资本和高科技产业之间的关系。其中的假设是，波希米亚群体在一个地区的出现和聚集为吸引其他类型的人才或高人力资本个体创造了环境。这种人力资本的存在反过来又吸引并产生了以技术为基础的创新产业。为了研究这些因素，本文引入了一种新的衡量标准——波希米亚指数，它直接衡量 MSA 水平上的波希米亚群体人口。统计研究考察了波希米亚群体的地理集中度、人力资本和高科技产业集中度之间的关系。研究结果支持了这一假设。波希米亚群体的地理分布是高度集中的。研究结果表明，波希米亚指数与高人力资本群体以及波希米亚指数与高科技产业集群之间存在着正向而显著的关系。波希米亚指数与高科技产业集群之间的关系尤为密切。

****

2. Edward L. Glaeser, Jed Kolko, Albert Saiz, "Consumer City", *Journal of Economic Geography*, 2001, 1 (1), pp. 27-50.

城市经济学传统上认为城市在生产方面有优势、在消费方面有劣势。本文认为，城市密度在促进消费方面的作用极其重要，而此前对此却鲜有研究。随着企业的流动性越来越强,城市的成功越来越取决于城市作为消费中心的作用。实证研究发现,高舒适度城市的发展速度比低舒适度城市快。城市租金的上涨速度快于城市工资的上涨速度,这表明城市生活需求的增加不仅仅是因为工资上涨。反向通勤的兴起表明了同样的消费城市现象。

****

3. Clark, Terry Nichols, "Making Culture INTO Magic: How Can It Bring Tourists and Residents?", *International Review of Public Administration*, 2007, 12 (1), pp. 13-25.

全球化孕育了一种新政治文化(NPC),强调个人主义、平等主义和新的治理和公共管理模式。

随着收入、教育和新政治文化的发展,消费和舒适物对公民和政治领导者的重要性日益上升。文化和旅游是这一转变的关键部分。

什么使文化具有魔力?答案是场景。文化与更多的内容形成组合:建筑、餐厅和观众。只有与观众的价值观和关切相连接,一场表演才能引起共鸣。本文勾勒出12种场景类型,如迪士尼天堂场景和波希米亚场景,以及15个场景分析维度,如传统性、平等性等。

如何使文化变得有魔力?是通过构建文化和旅游的综合元素。如何实现?要靠收集有关消费的多个维度的数据(餐厅、附近商店的类型、犯罪率等),对这些数据进行编码和分类,然后校准各类型场景和维度对不同类型的游客或居民的吸引力。为了实施这个研究计划,作者已经开发了一个包含40000个美国邮政编码区域的大型数据库,并与国际学者一起以类似的方式合作(在法国、意大利、英国、德国、日本和韩国)。这个与政策相关的分析工具比大多数以往的旅游和文化研究更强大。

****

4. Clark, Terry Nichols, "Program for a New Chicago School", *Urban Geography*, 2008, 29 (2), pp. 154-166.

迈克尔·迪尔的洛杉矶学派建立在对旧芝加哥学派的批判之上。本文通过融入更广泛的关于城市运作方式的理论，对迪尔进行回应，同时强调了文化和政治的因素。纽约学派倾向于阶级分析、生产、不平等、双重劳动市场以及相关主题，其中一些主题源自马克思主义。洛杉矶学派更多地倾向于个人主义、主观主义、以消费为导向，其中一些学者也是后现代主义者。芝加哥是美国最大的城市之一，有着众多的天主教人口，这增强了对个人关系、大家庭、社区和民族传统的关注。这反过来导致观察者在芝加哥强调文化和政治，因为亚文化造成了这两个因素的巨大差异。文章提出了新芝加哥学派的七个核心观点。

****

5. Silver, Daniel, Terry Nichols Clark, Clemente Jesus Navarro Yanez, "Scenes: Social Context in an Age of Contingency", *Social Forces*, 2010, 88 (5), pp. 2293-2324.

本文基于一个重要但尚未充分发展的社会科学概念——场景，它被定义为城市舒适物的聚集体，旨在为社会科学理论以及城市与乡村、阶级、种族和性别研究等细分领域做出贡献。场景在去工业化、更注重表达和可能性的社会中变得更加重要，传统的限制逐渐减弱，自主性的消费、休闲和舒适物相关的行动成为社会凝聚力和互动的更重要特征。场景通过舒适物和基于消费的表达共享的感知，对个体进行情境化，以权衡什么是正确、美丽和真实的共同感觉。这一框架通过明确城市场景的15个维度，对社区和工作场所等概念进行了补充。与社区和工作场所一样，场景减少了"失范"（Anomie），但由于关注消费和特定设施的使用，场景更符合当今可能性的精神，超越了关于传统的社会、家庭和职业背景根本力量的观念。本文引入了一个新的以舒适物为重点的数据库，用于测量并分析每个美国邮政编码区域的场景及其维度。本文通过将该框架应用于一种独特类型的场景,即波希米亚场景,来阐释这一框架,并分析其在更广泛社会体系中的位置。

****

6. 吴迪、高鹏、董纪昌:《基于场景理论的中国城市居住房地产需求研究》,《系统科学与数学》2011 年第 3 期。

源自芝加哥城市社会学派的场景理论最先发现并研究了文化和价值观对城市居民居住需求的影响力正在逐渐增强这一趋势,在当今中国城市,一些富含文化、价值观背景的特殊居住现象,如"房奴"、"蜗居""蚁族",也都客观呈现出了这类趋势的日益增强。将场景理论应用到中国城市居住房地产需求的研究中,通过文献和理论分析,提出了文化、价值观因素对中国城市居民的居住房地产需求影响的三个假设,然后基于场景理论模型构建了基于中国 375 个城区的区域场景文化因子,接着运用分层回归方法,对各地区不同年龄层次人群的居住房地产需求进行了实证分析。最终证明了三个假设,并提出了相应的政策建议。

****

7. Silver D., Clark T. N., Graziul C., "Scenes, Innovation and Urban Development", in D. E. Anderson, A. E. Anderson, Ch. Mellander (eds.), *Handbook of Crative Cities*, Edward Elgar Publishing, pp. 229-258.

本文旨在系统地揭示"场景"对城市发展的重要性。尽管 Lloyd (2006) 和 Currid (2007) 等已经针对该主题开展了理论性研究和民族志研究,本文的目标是确定创造场景的变量,并指明场景如何影响经济发展的特定属性。本文试图将人们的消费方式和地点与相应的生产方式和地点联系起来。通常,文化的消费模式和生产模式之间存在差异,本文提出了一组机制和因果关系，将二者联系起来。

****

8. Daniel Silver，Terry Clark. "Chicago from the Political Machine to the Entertainment Machine", in *The Politics of Urban Cultural Policy*, Carl Grodach and Daniel Silver，Eds.，Routledge，2012.

美国各阶层的市民在艺术和文化方面的兴趣和参与显著增加。政治领导人如何应对这些变化？芝加哥的案例为回答该问题提供了一个宝贵的起点。这些过程是新的、有争议的，并且在许多地方不存在。本文聚焦政府和公共政策在芝加哥文化转型中的作用。在过去的半个世纪里，尤其是在市长戴利任期内，芝加哥的领导者越来越多地采取了反映以下三种变化的政策：更多的公共产品、更多的可控增长和更多的舒适物。因此，芝加哥的案例非常适合凸显文化政策的深刻政治特性，而学者和政策制定者往往错误地将其视作一种纯粹的非政治规划行为。

****

9. 徐晓林、赵铁、特里·N. 克拉克：《场景理论：区域发展文化动力的探索及启示》，《国外社会科学》2012 年第 3 期。

作为一种文化消费，"场景"体现为一定区域内蕴含特定价值观的都市设施组合。都市设施的不同组合及其文化消费，其价值观维度具有不同的内涵和侧重点。场景理论研究一定社区环境和都市设施蕴含的价值观与创造性群体等优秀人力资源的内在关联，强调创造性群体等优秀人力资源在知识经济时代的重要作用，以探索后工业社会区域发展的文化动力。"场景"视野对价值观的强调及其与创造性群体等优秀人力资源的关联，对构建区域发展文化力及推动后工业社会区域发展模式创新具有重要意义。

****

10. Navarro, C. J., Mateos, C., Rodríguez, M. J., "Cultural Scenes, the Creative Class and Development in Spanish Municipalities", *European Urban and Regional Studies*, 2014, 21 (3), pp. 301-317.

除了人力资本和创造力，文化消费机会在解释地方发展和增长方面也起着重要作用。它们促进了对游客的吸引以及对创意阶层的吸引，提高了当地的收入和工资水平。本文分析了作为文化场景的文化消费机会在解释西班牙各市镇之间收入差异方面的相对重要性。本文提出了在地方层面测量人才、创意阶层以及不同类型的文化消费机会的指标，并使用多元回归分析来展示它们对当地收入的影响。主要结果表明，不同类型的文化消费机会（文化场景）对当地收入有独立影响。

****

11. Silver, Daniel, Terry Nichols Clark. "Buzz as An Urban Resource", *Canadian Journal of Sociology*, 2013, 38 (1), pp. 1-32.

全球范围艺术和文化的崛起正在改变地方政治。尽管该现象对许多学者来说是新鲜事物，但对于世界各地许多市长和地方政策制定者来说已经司空见惯。本文试图通过将文化和艺术与城市政治的经典概念结合起来，来弥合这种分歧。本文提供了一个分析框架，将文化政策的政治与城市政治和发展文献中的典型政治经济问题结合在一起。本文的框架综合了几个研究流派，这些研究流派结合了推动文化融入城市政治的全球因素。这为学者研究在多伦多发生的地方过程提供了框架。

****

12. 吴军、夏建中、特里·N. 克拉克：《场景理论与城市发展——芝加哥学派城市研究新理论范式》，《中国名城》2013 年第 12 期。

以芝加哥大学终身教授特里·克拉克（Terry Clark）为代表的研究团队提出城市研究新范式"场景理论"。该理论把对城市空间的研究从自然与社会属性层面拓展到区位文化的消费实践层面。他们对纽约、洛杉矶、芝加哥、巴黎、东京和首尔等国际大都市研究后发现，都市娱乐休闲设施的不同组合，会形成不同的都市"场景"，不同的都市场景蕴含着特定的文化价值取向，这种文化价值取向又吸引着不同的群体前来进行文化消费实践，从而推动着区域经济社会的发展。这是后工业化城市发展的典型特点。该理论为我国城市发展和公共政策制定提供了一种全新的理论视角。

****

13. 吴军：《城市社会学研究前沿：场景理论述评》，《社会学评论》2014 第 2 期。

随着后工业社会的来临，城市形态开始由生产型向消费型转变。随着城市形态的转变，以生产为基础的传统社会理论在解释城市更新与发展方面受到了挑战。为了应对这种挑战，新芝加哥学派提出"场景理论"，对这些问题进行重新诠释。新芝加哥学派认为，场景的构成是"生活娱乐设施"组合。这些组合不仅蕴含了功能，也传递着文化和价值观。文化和价值观蕴含在城市生活娱乐设施的构成和分布中，并形成抽象的符号感和信息传递给不同的人群。正是这种不同文化与价值观的场景吸引着高级人力资本聚集，催生新兴产业，推动城市更新与转型。该理论以消费为导向，以生活娱乐设施为载体，以文化实践为表现形式，重塑后工业城市更新与转型路径。

****

14. Silver, Daniel, Terry Nichols Clark, "The Power of Scenes: Quantities of Amenities and Qualities of Places", *Cultural Studies*, 2015, 29 (3), pp. 425-449.

本文详细阐述了关于场景的一般性理论。其中，场景是嵌入在物质和地方实践中的多维意义复合体。概述了实证测量场景的方法，并展示了某些类型的场景如何为新社会运动（如人权和环保团体）提供了有利的环境。然而，尽管新社会运动的目标内容具有普遍性和世界性，但它们似乎在很大程度上获得了来自具体本地情境中固有的特质的能量和支持。

****

15. Anderson, Chad. "The Scene of New Songdo", *Asian Journal of Cultural Policy*, 2015, pp. 1-17.

在安相洙市长的领导下，韩国仁川市经历了大规模的城市发展计划，借鉴了仁川国际机场的成功经验，该机场现在被评为世界顶级机场之一。与仁川国际机场一样，松岛新城是在填海造地的基础上建造的，与仁川国际机场相连。新松岛新城既是一个新城镇，又是一个国际商务区，旨在成为生态城市、智能城市或普及城市，即具有无线网络的普及信息系统的城市。新松岛新城融合了不同寻常的对比场景。从某些方面来说，它是典型的韩国新城镇，集中建造高层豪华公寓，速度之快足以满足入住需求，但往往在建造当地舒适物之前。另外，该地区设有不同寻常数量的公园和自然便利设施，以分隔住宅区和高科技商务园区。该社区拥有大量大学和其他研究机构，以及国际学校和其他优质的中小学。该地区在韩国社区中的国际化程度也是不同寻常的，有大量外国居民、英语使用者和为他们提供服务的企业。如何最好地定义新松岛新城的场景？对邻里舒适物的调查显示，该场景在很多方面与首尔相似，但更加光彩夺目、更加国家主义、更加企业化、更加理性，更像新城镇开发中通常的场景。在这个场景中，没有太多反映生态城市、智能城市、普及城市、航空都市或国际城市的共同描述。最昂贵的私人发展项目看起来就像是一个普通的韩国开发城镇，没有城市冲突，同样可以使用更多实用性和展示性的特点来加速发展。

****

16. Clark, T. N., Silver, D., & Sawyer S., "City, School, and Image: The Chicago School of Sociology and the Image of Chicago", in *Institutions and Imaginaries*, ed. Stephanie Smith, University of Chicago Press, 2015, pp. 31-46.

关于芝加哥社会学派的诞生和影响已经有很多研究。城市、社会研究的风格和最终以其名字命名的学派之间的相互关系则鲜有研究。城市在学派上留下了其特色；学派创造了一种理解城市的"芝加哥方式"。独特的代表性和分析方法逐渐形成，这些方法又反馈到城市的自我理解中。我们强调了这种城市、学派和城市想象之间的循环中的关键元素，这些元素一直延续至今。

****

17. Silver, Daniel. "Some Scenes of Urban Life", *in The SAGE Handbook of New Urban Studies*, 2017, pp. 408-429.

本章结构如下。首先，对短语"城市生活的一些场景"进行反思，分别分析其中的每个词，然后将其作为一个整体进行思考。作者着重参考约翰·杜威、格奥尔格·西梅尔、肯尼斯·伯克、夏尔·波德莱尔等人。其次，以全新的加拿大全国性数据库为例，说明如何对场景进行经验性研究，这些场景是城市生活的重要组成部分，同时也是城市生活的推动因素。作者利用人口普查和在线商业目录构建该数据库，其覆盖了加拿大的所有邮政区域，包括数百个舒适物类别（如家庭餐馆、教堂、艺术画廊等）的数百万条数据。类似的数据库已在美国、法国、西班牙和韩国建立起来。结论部分提出了将以场景为导向的研究与城市分析中的邻里效应传统相结合的可行性，最有力的例子是罗伯特·桑普森（Robert Sampson）于2012年出版的《伟大的美国城市》。

****

18. 特里·N. 克拉克、李鹭：《场景理论的概念与分析：多国研究对中国的启示》，《东岳论丛》2017 年第 1 期。

近半个多世纪以来，世界格局风云变幻，人们的生产、生活和消费方式都出现了巨大的变化。前人在大工业时期提出的经典理论已经不适应当今社会科学的实际需求。场景理论应运而生，它创造性地将文化和美学融入社会学的理论范式中，通过对 3 个主维度和 15 个子维度的提取和赋值组合，为研究者提供了一种兼顾本土性和普适性的定量分析新工具。通过在世界各国的实践应用，场景理论在经典理论优化、梳理城市发展的驱动力转换以及分析文化对政治、经济和社会变迁的重要作用等方面，均取得了显著的成效。中国经济和社会均处于变革之中，场景理论为阐释这些变化提供了新的视角和工具。

****

19. 祁述裕：《建设文化场景、培育城市发展内生动力——以生活文化设施为视角》，《东岳论丛》2017 年第 1 期。

随着城市功能由生产型城市向消费型城市转型，生活文化设施在当代城市发展中的作用日益凸显。本文以场景理论为分析工具，对丽江大研古城酒吧、中关村创业大街咖啡厅、景德镇创意市集草根类文化设施的价值和作用进行了分析。结果发现草根类生活文化设施由民间自发形成，与社区生活联系紧密，市民参与度高，时尚，富有活力，是激发城市活力、促进区域经济发展的重要载体。生活文化设施只有依托特定的文化空间环境，与多样性的文化实践活动、多种类型人群的互动整合在一起形成不同的"场景"，并通过"场景"展示出来的价值观和生活方式所形成的吸引力，才能发挥独特的效用。本文从社区、生活文化设施、多样性人群、文化实践和价值观五个维度，分析中关村创业大街、景德镇创意市集如何通过整合当地资源，分别形成了以互联网为核心，以吸引网络人才为重点和以陶瓷创意设计为主体、以吸引陶瓷创意人才为重点的各具魅力的"场景"。本文还探讨了场景理论的特点和价值，提出场景理论中国化的主要思路。

****

20. Daniel Aaron Silver、Terry Nichols Clark：《回归土地，落入场景——场景如何促进经济发展》，马秀莲译，《东岳论丛》2017年第7期。

这一章论证了场景是生产要素的观点：它们是经济成败的关键。本章分为三部分。第一部分从概念和理论上回溯了从作为大自然物质馈赠的"土地"，到作为一个地方（locale）的具有文化和美学特征的"场景"的认知变化过程。第二部分阐述了场景变化如何带来经济增长的六个假设。第三部分通过将场景测量与工作、工资、租金、人口、专利、人力资本等数据相结合，验证了这些假设。被验证的六个假设是：（1）当选址更加鼓励自我表达的场景时，生产创新产品的企业与经济增长的关联性更强；（2）当艺术家处于更加注重自我表达、魅力迷人，及富有领袖气质的场景中时，一般经济增长以及广义上的创意阶层增长都会更强；（3）在鼓励自我表达、魅力迷人的场景中，租金及其他经济增长指标都会上涨；（4）周边环境越传统，"波希米亚"红利越强；（5）更适于步行的地方，地方原真性对增长有积极影响；（6）自然风光较差的地方，地方原真性也对增长有积极影响。理论和实证都说明，场景是"新"的经典生产要素之一。如果说对于农耕而言，土壤的质量事关成败，对于另外一些行业如软件公司而言，场景质量一样关键，尤其在一个"每个人都是音乐家"（而不再是"每个人都是修道士"）的时代。

****

21. 吴志明、马秀莲、吴军：《文化增长机器：后工业城市与社区发展路径探索》，《东岳论丛》2017年第7期。

文化在城市与社区发展中的角色在理论和实践上已得到广泛的认

可。前沿的城市研究文献探索文化如何与人、与地互动构成一个场景从而定义一个城市社区，并且这样的一个城市社区场景如何进一步影响居民的态度和行为。当然，我们也应该意识到任何一个场景，它的构成不是自动的。需要参与者主动积极地用文化策略连接融合各种独立的元素，场景才成为可能。在城市或社区场景制造中有政府、市场与社会等三个主要参与主体，不同主体使用不同的文化策略来表达和倾诉自己的利益。按照这样的逻辑，城市与社区已经变成一个增长机器和娱乐机器的结合体——文化增长机器。一般说来，政府管理者把文化当作一种市场和社会回应策略，市场视文化为新的经济利益点，社会群体或组织把文化当作自我表达的一种手段。因此，城市或社区文化场景制造具有政治性、经济性和社会性等三重特性。只有这三种特性达到平衡时，一个成功的城市社区文化场景才能形成，才能对本地区增长与发展产生影响。本文通过分析北京798艺术社区、温哥华的格兰维尔岛（Granville Island）社区、赫尔辛基的电缆厂（the Cable Factory）艺术社区等三个案例来解释文化增长机器对于后工业城市与社区发展的重要意义。

****

22. Cary Wu, Rima Wilkes, Daniel Silver and Terry Nichols Clark, "Current Debates in Urban Theory from A Scale Perspective: Introducing A Scenes Approach" *Urban Studies*, 2018, 4, pp. 1-9.

世界各地的城市变得比以往更加多元化。这对城市研究和理论构建形成了巨大的挑战。在本文中，我们通过 Howitt（1998）对地理尺度的三方面概念化审视当前城市理论方面的辩论。我们发现城市理论家在城市的面积方面（作为尺寸的尺度）、层次方面（作为层面的尺度）以及辩证方面（作为关系的尺度）上存在高度分歧。我们表明，如果城市理论家要找到一种看待城市的共同方法，我们应该考虑：1）要研究什么样的城市；2）来自哪个地理层次；3）该城市与其他实体的关系。

我们举例说明，城市场景理论如何可能用于解决城市理论中的这些争论。

****

23. Sanghyeon Kim, Wonho Jang, "Understanding Cultural Characteristics of Seoul Using the Concept of the 'Urban Scene'"（도시 씬 개념을 활용한 서울의 지역별 문화 특징 이해）, *Community Studies*, 2018, 19 (3).

在过去几年中，许多地方政府已经引入了利用城市空间中的文化特色来吸引新的高科技公司或发展当地旅游的政策。针对这一趋势，本文使用城市场景的概念对首尔的文化特征进行了分析，该概念涉及城市空间的数量空间分析。研究发现，江南区、诺旺区、多邦区、东大门区和成书区这五个地区的文化特征与首尔一般城市性质不同。然而，永登坡区、首尔区、松帕区、广津区和永山区与首尔的平均城市场景保持一致。本文还对上述地区的城市便利设施进行了网络分析，展示了这些地区的文化构成。例如，我们发现江南区具有商业舒适物的文化构成，而诺旺区则表现出典型的住宅区文化构成。如果在此分析基础上添加更多地区的比较研究，我们有望为地方的增长和再生提供政策启示。

****

24. Jeong, Hyesun. The role of the arts and bohemia in sustainable transportation and commuting choices in Chicago, Paris, and Seoul. *Journal of Urban Affairs*, 2018, 1-26.

过去的研究表明，更密集、混合的城市形态是可持续交通选择的关键决定因素。然而，社区和城市的文化环境在可持续交通选择中的作用很少被研究。本文在跨国背景下检验了艺术和波希米亚文化对步行、骑行和公共交通使用的影响。我在芝加哥、巴黎和首尔这三座城市中对波希米亚文化和艺术进行了量化测量，并检验了它们与可持续交通选择和乘坐公共交通的关联。在横断面多元回归分析中，我发现在控制密度和人口统计因素后，波希米亚文化和艺术与可持续交通方式显著相关。特别是，在美国和法国，波希米亚文化与自行车通勤显著相关。此外，首尔的艺术设施和艺术家的存在与步行之间存在稳健的关系。

****

25. Sanghyeon Kim, Wonho Jang, The Change in Density and Network Characteristics of Seoul Urban Scenes (서울시 도시 씬의 밀집도 및 네트워크 특성 변화). *Community Studies* Vol. 20, No. 1. 2019. 4. p.86.

本文回顾了首尔文化空间的转变，着重从密度和网络特征两方面进行分析。在此过程中，本文应用了城市场景的概念，量化了城市空间的文化特征。本文使用2013年、2015年和2017年的黄页数据，总结了10个首尔地区文化空间的变化。此外，本文还尝试使用城市舒适物网络图进行定性分析，以补充城市场景方法的定量分析。换言之，通过分析网络特征和舒适物的密度，本文提出了一种新的城市场景方法的方法学可能性，该方法简单地使用城市场景得分来解释城市空间的文化特征。在2013年至2017年，首尔的各地区的城市场景得分变化不大，但是当我们审视网络密度和特征时，发现首尔许多地区的舒适物网络的密度和特征发生了显著变化。本文中使用的城市场景网络方法为将定量和定性分析相结合提供了新的可能性。

****

26. Silver, Daniel, and Terry Nichols Clark, "Consumer Cities, Scenes, and Ethnic Restaurants", in Frederick F. Wherry, and Ian Woodward (eds), The Oxford Handbook of Consumption, Oxford Handbooks (2019; online edn, Oxford Academic, 9 Oct. 2018).

本章在过去研究的基础上，研究了民族餐厅在美国城市中如何定义当代的场景。以餐厅为例，说明了如何应用和扩展场景方法。一般的餐厅和以民族为主题的餐厅是许多城市和社区消费选择的重要组成部分。在简要回顾了场景视角的一些基本原则后，我们讨论了民族社区及其身份定义中的餐厅等消费场所的作用。我们强调了不同背景下民族主题舒适物和当地人口可能重叠的多种方式，以及它们如何与当地场景的其他维度相结合。为了说明这些过程，我们研究了所有美国邮政编码区域的多种类型的民族餐厅，特别关注它们与同族居民人口的对应程度，及其在不同群体和城市之间的变化。我们还调查了提供多样民族美食的国际化地区典型的场景类型。

****

27. Jang, Wonho and Chung, Suhee., "Awareness of Contents Scene as a Cultural Empathy of Cities: A case of 'Contents Tourism'"（도시의 문화적 공감대로서 콘텐츠씬의 인식: 콘텐츠 투어리즘 사례를 중심으로）*Journal of the Economic Geographical Society of Korea*. Volume 22 Issue 2. Pages. 123-140. 2019.

同理心是从他人的立场感受、理解和回应他人情感的能力。最近，"同情心"已经成为一个重要话题，不仅在与个人有关的情感共情方面，还在"社会同理心"中出现，将同情视为维护社会的基本原则。本研究聚焦同理心作为现代社会新驱动力的问题，并聚焦"城市场景"作为文化同理心在城市中的空间应用。城市场景将城市视为一个消费空间，根据其固有属性对其进行分类，并分析其特点。这项研究从同理心的角度对现有的城市场景理论进行了探讨。此外，作为消费反映在内容上的城市形象的一种方式，考察了"内容旅游"的一个具体例子，并阐述了"内容场景"作为一种新的城市场景及其意义和可能性。

****

28. 吴军、叶裕民：《消费场景：一种城市发展的新动能》，《城市发展研究》，2020，27（11）：24-30。

消费场景理论是关于场景及其对城市发展作用的理论。消费场景是城市空间研究的新课题，它重新诠释了现代社会中消费与城市空间的关系，经济生产和社会生活的关联。作为城市公共生活"孵化器"的消费场景，能够吸引多样群体集聚和社会交往，对城市发展产生多重作用：拉动潜在消费、激发创新创意、培育社会资本。消费场景作为一种驱动现代城市发展新动能，揭示了一个地方的精神价值与生活方式等所产生的文化驱动力机制，这一点明显区别于土地、劳动力、资金等管理技术传统生产要素。消费场景理论建构有助于揭示现代城市发展新动能的形态与机理，这为满足人民美好生活的空间美学品质需要和建设国际消费中心城市提供理论支撑与指引。

****

29. 陈波、林馨雨：《中国城市文化场景的模式与特征分析——基于31个城市文化舒适物的实证研究》，《中国软科学》，2020（11）：71-86。

人文城市建设是我国新型城镇化战略的重要组成部分，也是城市超越物质性和实用性之上的本质追求。建设城市文化场景是实现人文城市的有效路径。本文在场景理论框架下，采集中国31个城市的83种文化舒适物数据，结合专家打分计算各项文化舒适物的场景得分，形成3个一级维度和15个二级维度的文化场景评价体系，并以模式识别方法区分城市的场景模式，筛选其特征性维度。结果发现，31个城市可分为四类文化场景模式，即魅力型场景、本土型场景、理性型场景和表达型场景，四种模式在地理空间上呈清晰的条块状分布。本文认为中国城市文化场景反映出鲜明的时代特征，文化特质、自然环境、区域规划是影响文化场景的主要因素。

****

30. 齐骥、亓冉、特里·N. 克拉克：《场景的"蜂鸣生产力"》，《山东大学学报》（哲学社会科学版），2022（4）：24-39。

在文化创造城市场景，塑造多元文化和多样生态的同时，如何赋予"场景"文化精神，为"场景"注入发展动力，实现"场景"的文化价值,是释放场景红利的关键."蜂鸣"作为一种激励创新的思想"种子"与激发公众参与的创意"火光",具有重要的价值.而作为一种与"场景"理论互相耦合的新的理论范式,"蜂鸣"理论通过与"场景"理论的互补和互生,不仅为全球城市研究提供了一个良好的理论视角,还提供了一种基于城市场景研究的测度工具.从"蜂鸣生产力"的场景逻辑看,文化舒适物构成了场景产生蜂鸣的基本条件,而舒适物之间的组态关系,则构成了"蜂鸣生产力"作用的核心。显然,在场景理论中加入"蜂鸣"理论和"蜂鸣生产能力"的测度,提供了一个理解城市创新的视角,为城市生活圈可持续发展和创新性增长提供了文化动力,更提供了相对稳定的构建范式。依托社区生活圈中的城市居民和创意阶层之间的分布密度、互动程度和睦邻优势,打造具有合法精神、焕发戏剧精神和永葆真实精神的社会新空间,形塑传统又不失魅力、睦邻又泛在学习、本土又经营有序的城市新场景,才能实现当代城市有创想的生活、有引力的就业、有交互的容纳和有活力的治理,最大可能地释放"场景红利"。

****

31. Clark N., Terry, Cary Wu. 2021. Urbanization Theorizing. In: Abrutyn S., Lizardo O. (eds) *Handbook of Classical Sociological Theory*. Springer, Cham.

本章在当前全球城市时代的城市化讨论中提出了三个具体观点。首先,我们讨论了 19 世纪关于城市化的社会学著作传统,解释了它们如何塑造了直至今日的社会学城市化研究。我们对比了其中主要的理论视角,这些视角在 20 世纪蓬勃发展。我们对比了主要在 20 世纪发展起来的关于城市化的主要理论观点。我们展示了对什么是城市的不同解释如何导致不同的理论观点。其次,我们强调在对城市化进行理论化时将文化因素加入人口过程中的重要性,由于世界变得更加全球化,文化因素变得更加显著。最后,我们提出,未来研究可以有效地分析不同地方城市化的差异以及这些变化的动态,而不是假设全球城市化是一致的。我们引入了一种场景方法来捕捉其中的一些新变化。

****

32. 吴军、王桐、郑昊：《以舒适物为导向的城市发展理论模型——一种新的国际城市研究范式》,《国际城市规划》2023年第8期。

将艺术、科技与地方文化、丰富多元的社交环境相结合,以满足创新型人才需要的生活方式,是最近二十余年全球城市"筑巢引凤"和提升自身竞争力的主要路径,而舒适物在这一过程中发挥着关键作用。越来越多的国际研究表明,舒适物已成为驱动城市发展的重要因素。本文在梳理舒适物研究英文文献的基础上,提出以舒适物为导向的城市发展理论模型。首先,概述了其理论意涵、模型特征和适用条件;其次,探讨了舒适物对城市发展的作用关键,涉及舒适物与创新型人才增长、普通市民群体需求的关联;再次,聚焦国际研究争论的热点以及场景视角下的整合,继而分析了舒适物导向下城市政策与规划的理论与实践;最后,展望了舒适物研究的国际新趋势以及挑战。舒适物驱动城市发展作为一种城市理论新范式,有利于引导城市政策从关注产业发展的需要转向关注从事产业的人的发展需求,尤其是创新型人才在创意、消费、文化等方面的需求,从而吸引集聚高素质人力资本并促进城市发展由外生力量向内生动力转变。

****

33. Silver D, Silva T, Adler P, et al,《场景的演化：四种社会发展模式在场景中的应用》,《武汉大学学报（哲学社会科学版）》2022年第5期。

全球经济发展带来城市社群的巨大变革,城市场景也在数十年间发生了动态化的演进。从社会学经典发展理论来看,场景经历了发展、分化、扩散和防御的变化过程。以美国主要城市场景的变化为分析案例,发展模式表现了场景的现代化转变；在发展过程中，场景随之发生专业化细分，形成了场景的分化模式，其主要强调舒适物的结构性变化；扩散模式则解释了场景变化的原因，并形成了 C 形和 S 形两种扩散曲线；而扩散也将带来目的地原有场景的抵御，进一步阐释场景变化与否的原因。4D 模式可用于分析场景变化的多重交叠机制，为场景发展和演化的综合研究提供新的借鉴。

****

34. Mateos-Mora, Cristina, Clemente J. Navarro-Yañez, and María-Jesús Rodríguez-García. "A guide for the analysis of cultural scenes: a measurement proposal and its validation for the Spanish case." *Cultural Trends* 31.4（2022）：354-371.

本文通过地域的象征定位来分析地域和文化之间的关系。文化场景侧重于理解城市中存在的文化消费机会，以及可以在其中体验的生活方式，赋予它们意义并使地域变得可识别。本研究旨在通过将文化场景应用于西班牙案例来验证其概念和方法论，以及如何将这种视角应用于实证研究。主要结果验证了一种衡量西班牙文化场景中从传统（社区）到非传统（创新）的定向的尺度。这一结果使一个可识别、系统性和可比较的过程得以开始，以衡量一个地区的文化消费机会以及对生活方式的影响。

****

35. Hyesun Jeong and Terry Clark（2023）. "Retail Scenes". In *Streetlife: Urban Retail Dynamics and Prospects*, ed. Conrad Kickert and Emily Talen. Toronto: University of Toronto Press. 219-243.

零售通常被视为一种生产形式，由投资者、企业家和利润驱动。然而，最近的统计数据显示，零售业的消费方面存在巨大差异，有些类型在增长，有些则在下降。是什么推动了这些消费者的偏好？在这一章中，我们通过探索零售活动的集群来试图回答这个问题，这些集群结合在一起形成了零售"场景"，场景被定义为通过特定的本地特征来衡量的结构化社会消费类型（Silver & Clark，2016）。我们首先通过一些简单的实证结果来奠定基础，然后使用案例研究来展示咖啡馆和相关舒适物的集群如何创造定义地点品质的场景。我们旨在表明，零售不应被视为以销售额衡量的个体交易，而是最好理解为零售场景的一部分。

（二）著作文献

1. Clark, Terry Nichols, and Lorna C. Ferguson. *City Money：Political Processes, Fiscal Strain*, and Retrenchment. Columbia University Press, 1983.

通过对公共服务、教育、福利、住房、医院和其他市政职能的债务和支出的研究，探讨了 20 世纪 70 年代美国各地城市财政紧缩的问题。同时，还评估了经济基础、政治决策和城市财政政策之间的关联。

****

2. Clark, Terry Nichols & Hoffmann - Martinot, V. (Eds). *The New Political Culture*. Boulder：Westview Press, 1998：11.

本书介绍了一种新的政治风格，即新政治文化，在许多国家于 20 世纪 70 年代开始兴起。它为政治界定义了新的游戏规则，挑战了两个更早的传统：阶级政治和庇护主义。

****

3. Sassen, Saskia, *The Global City：New York, London, Tokyo*, Princeton University Press, 2001.

这本经典著作记述了纽约、伦敦和东京如何成为全球经济的指挥中心，并在此过程中经历了一系列大规模且平行的变革。萨森（Sessen）理论框架的独特之处在于强调跨境动态的形成，通过这种动态，这些城市和越来越多的其他全球城市开始形成战略性的跨国网络。

****

4. Florida, Richard. *The Rise of the Creative Class*. New York: Basic Books, 2002.

城市学家理查德·佛罗里达（Richard Florida）在其现代经典著作《创意阶层的崛起》中指出，一个新的社会阶层的出现重塑了21世纪的经济、地理和工作场所。这个"创意阶层"（creative class）由工程师和经理、学者和音乐家、研究人员、设计师、企业家和律师、诗人和程序员组成，他们的工作着眼于创造新的形式。佛罗里达观察到，这个创意阶层越来越多地决定了工作场所的组织方式，哪些公司繁荣或失败，哪些城市繁荣、停滞或衰落。

****

5. CLARK, Terry N. The City as an Entertainment Machine. Lanham: Md., *Lexington Books*, 2003: 103-322.

本书探讨了消费和娱乐如何改变城市，但是颠倒了"正常"的因果过程。很多章节分析了消费和娱乐如何推动城市发展，而不是相反。人们既生活又工作在城市中，他们的择居行为会影响工作地点和方式。舒适物成为吸引新居民或游客来到城市的重要因素，因此成为美国和北欧许多城市的新的公众关注点。旧的思维方式和范式，如"地点，地点，地点"和"土地、劳动、资本和管理推动经济发展"，都过于简单。同样"人力资本推动发展"也是如此。在这些早期问题的基础上，作者增加了一个问题："舒适物和相关消费如何吸引人才，进而推动经典过程，促进城市发展？"这个新问题对政策制定者、城市公职人员、企业和非营利组织领袖来说至关重要，他们正在利用文化、娱乐和城市舒适物来改善自己的区域——为了现在和未来的居民、游客、会议参与者和购物者。《城市作为娱乐机器》详细介绍了歌剧、旧书店、酒吧、骑行、星巴克咖啡店、同性恋居民等因素对就业、人口、发明等变化的影响。这是第一项针对全美国城市（和县）样本收集和分析此类舒适物的研究。它通过展示如何从经济学、社会学、政治学、公共政策和地理学中汲取新的洞察力来解释这些过程。有大量证据表明，消费、舒适物和文化通过鼓励人们迁移到不同的城市和地区，推动了城市政策的制定。

****

6. Currid-Halkett, Elizabeth. *The Warhol economy: How fashion, art, and music drive New York City*. Princeton University Press, 2009.

在纽约市的经济中，闪闪发光的公司办公室和推出最佳新乐队的破旧摇滚俱乐部，哪个更重要？如果你选择了"办公室"，请再想想。在 *The Warhol economy* 一书中，伊丽莎白·库里德（Elizabeth Currid）提出，时尚、艺术和音乐等创意产业在纽约的经济中发挥着与金融、房地产和法律同等甚至更大的作用。而这些创意产业的推动力来自围绕在俱乐部、画廊、音乐场所和时装秀等地进行的社交活动，创意人士在这里会面、建立社交网络、交换想法、做出判断，并引领塑造流行文化的潮流。

****

7. Lloyd, Richard. *Neo-bohemia: Art and commerce in the postindustrial city*. Routledge, 2010.

本书将波希米亚文化的研究带到了街头层面，同时致力于理解更广泛的历史和经济城市背景。这本书既易读又学术，预测了 21 世纪初的关键城市趋势，为我们揭示了当代波希米亚文化的本质以及它们所处的城市。理解本书所描绘的趋势将愈加重要，特别是考虑到当前的城市危机，它打破了长期的绅士化过程和新经济发展，使我们可能正处在下一个新波希米亚的边缘。

****

8. Judd, Dennis R., and Dick W. Simpson, eds. *The city, revisited: urban theory from Chicago, Los Angeles, and New York*. U of Minnesota Press, 2011.

本书的作者们追溯了一段从 1925 年开始的知识历程，始于具有影响力的经典之作《城市》，并就 21 世纪都市的研究是否仍然适用于进行了热烈的辩论。本书是对美国三大城市的思想史的重要贡献，也是对 21 世纪初美国城市理论的最新评估。这本卓越的著作不仅为芝加哥、洛杉矶和纽约的历史和发展提供了更多的见解，而且作者们总结并拓展了城市理论，这对于那些希望理解其他城市的发展模式的人们来说将会非常有用，无论是在美国还是全球其他地方。——大卫·格拉德斯通（David Gladstone），新奥尔良大学

****

9. Jang, Wonho, Terry Clark, Miree Byun. Scenes Dynamics in Global Cities: Seoul, Tokyo, and Chicago. Seoul: Seoul Development Institute, 2011.

该报告比较了首尔、东京和芝加哥在城市发展、市民参与和民主进程方面的情况。我们引入了"场景"的概念，它影响着一个地方经济、社会和政治活动的特定生活方式。我们测量了首尔、东京和芝加哥的每个行政区的场景特征。从各国的人口普查和黄页等多个数据来源收集了数百个舒适物变量，并通过 ARCGIS 地图对当地区域的场景类型进行对比。我们详细介绍了邻里型、实用型和波希米亚型等场景类型。主要强调参与驱动合法性以及波希米亚驱动创新的西方理论需要进行修订，以解释亚洲的动态。我们的解决方案是构建一个多层次的解释性框架，明确文化、政治和经济动态如何相互交织，形成不同但各自变化的组合。为了探究韩国的背景，我们提出一个问题：西方关于波希米亚是创新源泉的观点应该以何种方式进行转化？通过分解波希米亚的要素，我们提供了一个答案，这有助于更准确地解释亚洲的数据，并为西方提供了一个新的视角。场景的概念有助于更准确地把握文化模式的变化和国际差

异，能够帮助政策改变社区和城市，以及新城市模型的构建。

****

10. Glaeser, Edward. *Triumph of the city: How our greatest invention makes us richer, smarter, greener, healthier, and happier.* New York, NY: Penguin Books. (2013).

美国是一个城市国家，但城市却常常受到负面评价：城市肮脏、贫困、不健康、不环保……真的是这样吗？在这本具有启发性的书中，著名城市经济学家爱德华·格莱泽（Edward Glaeser）宣称，城市实际上是最健康、最环保、最富有（在文化和经济方面）的居住地。他穿越历史，环游世界，揭示城市的隐秘运作，以及它们如何激发了人类最优秀的特质。格莱泽以无畏的报道文学、敏锐的分析和有力的论证，为城市的重要性和辉煌提供了紧迫而雄辩的理由，提供了令人振奋的证据，证明城市是人类最伟大的创造，也是我们对未来最美好的憧憬。

****

11. Clark, Terry Nichols ed. *Can Tocqueville Karaoke? Global Contrasts of Citizen Participation, the Arts, and Development.* Research in Urban Policy, Emerald Annual Reviews, Volume 11. Bingley, UK: Emerald, 2014.

你是否怀疑艺术和文化的重要性，尤其是它们对政治和经济的潜在影响？本书提出了一个分析民主参与和经济增长的新框架，并探讨了这些新模式在世界各地的运作方式。新框架结合了两个过去的传统；然而，他们的背景历史显然是不同的。民主参与的思想主要来自亚阿历克西·德·托克维尔（Alexis de Tocqueville），而创新/波希米亚推动经济发展的思想主要受到约瑟夫·熊彼特（Joseph Schumpeter）和简·雅各布斯（Jane Jacobs）的启发。本卷前两节详细介绍了基于这些核心思想的新发展。但这些章节反过来表明，每个传统中更详细的研究可以实现两者的融合：结合参与和创新。这是本书第三部分的主题，围绕艺术和文化组织的蜂鸣（buzz），以及它们如何改变政治、经济和社会生活。

****

12. Daniel Aaron SILVER, and Tery Nichols Clark. *Scenescapes*: *How Qualities of Place Shape Social Life*, Chicago: The University of Chicago Press, 2016: 26-375.

设想一个场景：一名常客坐在吧台，手里拿着一瓶啤酒。他看着一对年轻夫妇在舞池中表演一系列复杂的动作。而在角落的桌子上，DJ调整着耳机，将新的节奏混入音乐中。所有这些都是特定场景所创造的体验，在这个场景中，我们与其他人产生了联系，场景可以出现在酒吧、社区中心、社区教堂，甚至是火车站。场景创造体验，也培养技能，营造氛围，并滋养社区。

在《场景》中，丹尼尔·亚伦·西尔（Daniel Aaron Silver）和特里·尼科尔斯·克拉克（Terry Nichols Clark）研究了定义我们街道和地区的舒适物的模式和影响。他们阐明了当地场景的戏剧性、真实性和合法性的核心维度，这些场景包括咖啡馆、教堂、餐馆、公园、画廊、保龄球馆等。《场景》不仅从文化的角度重新构想了城市，还详细介绍了场景如何塑造经济发展、居住模式以及政治态度和行动。通过生动的细节和广角分析（包括对40000个邮政编码区域的分析），西尔和克拉克为读者提供了思考地点的工具；这些工具可以教我们在哪里生活、工作或放松，以及如何组织我们的社区。

****

13. Sakamoto, Cristina. *Hexagons*, *Scenes*, *Art*, *and Jobs*: *The New Urban Geography of Cultural Enterprises and Employment Opportunity*（PhD Dissertation）. June 2021. The University of Chicago.

本文探讨了艺术与就业之间的互惠关系。这种关系的特点是"乘数效应"（一个额外的艺术工作会吸引其他行业的许多工作）以及"受众效应"（而在其他行业中需要几个工作才能形成足够大的受众，以吸引更多的艺术家）的结合。利用美国人口普查局的县商业模式数据库，本文探讨了 1998 年至 2016 年 481 个城市地区艺术领域的就业对非艺术产业的影响，以及相反方向的影响。本研究采用的主要统计方法是交叉滞后回归，其次是固定效应荟萃分析。将艺术行业与一般非艺术行业进行比较时，结果表明，无论从短期还是长期来看，乘数效应/观众效应都是成立的。当分别将艺术与商业服务和高科技行业进行比较时，结果显示艺术与商业服务之间的关系比艺术与高科技之间的关系要强得多。作为一个相对年轻的行业，高科技尚未呈现出艺术乘数效应，但它确实比商业服务行业呈现出更高的受众效应，这表明虽然艺术家尚未吸引高科技工作，但高科技工作正在强烈地吸引艺术。在所有三项分析中，乘数/受众效应在大城市地区比在中等城市地区更强，其次是小城市地区。此外，本文提出了通过重叠城市地区和邮政编码地图进行数据选择和转换的方法，以使官方数据单元成为地理上和时间上一致的六边形。

****

14. Carriere, Michael H., and David Schalliol. *The city creative: the rise of urban placemaking in contemporary America.* University of Chicago Press, 2021.

在大萧条之后，从费城到圣地亚哥，美国城市都出现了"超本地化场所营造"（hyperlocal placemaking）的高潮，这些小规模项目旨在鼓励更强的公平性和社区参与，以促进增长和更新。但那些在实现这些崇高目标方面最成功的项目通常不是由政治家、城市规划师或房地产开发商所领导的；它们是由社区活动家、艺术家和居民发起的。为了厘清原因，《The City Creative》进行了一项关于美国城市场所营造的全面研究，追溯了它的思想历史，并将其与当今社区中正在进行积极变革的人们的努力进行了对比。

从 20 世纪 50 年代到经济衰退后的 2010 年代，书中凸显了杰出人物和组织，如简·雅各布斯（Jane Jacobs）、克里斯托弗·亚历山大（Christopher Alexander）、理查德·森内特（Richard Sennett）、城市空间计划项目（Project for Public Spaces）以及国家艺术基金会（the National Endowment for the Arts）在城市景观建设的发展中扮演的角色，无论是在抽象层面还是在实际操作层面。但这只是故事的一部分。Michael H. Carriere and David Schalliol 将叙述延伸到了现在，还详细介绍了 40 多个城市中 200 多个地点的场所营造项目，结合了档案研究、访谈、参与式观察和沙利奥尔 Schalliol 有力的纪录摄影作品。他们发现，尽管这些正式和非正式的场所营造项目可以弥合地方社区发展与区域经济计划之间的差距，但往往更多地将主流场所营造的界限推向更远。这些举措不仅仅强调社交性或市场驱动的经济发展，还提供了一种社区引导的进步的替代模式，有可能重新分配有价值的资源，同时为社区提供实质和非实质的利益。《The City Creative》提供了一个多角度的概述，介绍了这些举措是如何发展和有时崩溃的，凸显了场所营造在美国城市发展中的核心地位，以及如何重新调整它以满足对更公平未来的需求。

****

15. 吴军、营立成：《场景营城：新发展理念的成都表达》，人民出版社，2023。

场景营城是成都近年来贯彻新发展理念、推动城市高质量发展的生动实践。本书聚焦应用场景、消费场景、社区场景、公园场景等具体维度，介绍了成都推进场景营城过程中的政策脉络、实践机制、经验做法等内容，展现了成都以场景营造城市，不断把宜居舒适性的城市品质转化为人民可感可及美好生活体验的生动实践，为中国城市的规划、建设与治理提供了新方法、新思维。

参考文献

中文文献

[1]〔澳〕德波拉·史蒂文森：《城市与城市文化》，李东航译，北京大学出版社，2015。

[2]〔加〕丹尼尔·亚伦·西尔、〔美〕特里·尼科尔斯·克拉克：《场景：空间品质如何塑造社会生活》，祁述裕、吴军等译，社会科学文献出版社，第1版，2019。

[3]〔加〕杰布·布鲁格曼：《城变：城市如何改变世界》，董云峰译，中国人民大学出版社，2011。

[4]〔美〕罗伯特·J. 桑普森：《伟大的美国城市：芝加哥和持久的邻里效应》，陈广渝、梁玉成译，社会科学文献出版社，2018。

[5]〔美〕莫里斯·贾诺维茨：《城市：有关城市环境中人类行为研究的建议》，杭苏红译，商务印书馆，2016。

[6]〔美〕皮特·桑德斯：《社会理论与城市问题》，郭秋来译，江苏凤凰教育出版社，2015。

[7] Silver D，Silva T，Adler P，et al：《场景的演化：四种社会发展模式在场景中的应用》，《武汉大学学报》（哲学社会科学版）2022年第5期。

[8] 陈波、陈立豪：《工业遗产旅游地文化场景维度设计与价值表达研究》，《山东大学学报》（哲学社会科学版）2023年第2期。

[9] 陈波、丁程：《中国农村居民文化参与分析与评价：基于场景

理论的方法》，《江汉论坛》2018年第7期。

［10］陈波、侯雪言：《公共文化空间与文化参与：基于文化场景理论的实证研究》，《湖南社会科学》2017年第2期。

［11］陈波、刘波：《农村内生公共文化资源优化聚合与服务创新研究——基于场景理论的分析》，《艺术百家》2016年第6期。

［12］陈波、刘彤瑶：《场景理论下乡村文旅融合的价值表达及其强化路径》，《南京社会科学》2022年第8期。

［13］陈波、庞亚婷：《黄河国家文化公园空间生产机理及其场景表达研究》，《武汉大学学报》（哲学社会科学版）2022年第5期。

［14］陈波、彭心睿：《虚拟文化空间场景维度及评价研究——以"云游博物馆"为例》，《江汉论坛》2021年第4期。

［15］陈波、吴云梦汝：《场景理论视角下的城市创意社区发展研究》，《深圳大学学报》（人文社会科学版）2017年第6期。

［16］陈波：《二十年来中国农村文化变迁：表征、影响与思考——来自全国25省（市、区）118村的调查》，《中国软科学》2015年第8期。

［17］陈波：《基于场景理论的城市街区公共文化空间维度分析》，《江汉论坛》2019年第12期。

［18］崔艳天：《场景理论视角下艺术区创新活力机制研究》，《中国文化产业评论》2019年第1期。

［19］丹尼尔·A. 西尔、特里·N. 克拉克、马秀莲：《回归土地，落入场景——场景如何促进经济发展》，《东岳论丛》2017年第7期。

［20］狄金华：《中国农村研究的学术使命——读贺雪峰〈什么农村，什么问题〉》，《社会科学论坛》2010年第6期。

［21］范玉刚：《文化场景的价值传播及其文化创意培育——城市转型发展的文化视角》，《湖南社会科学》2017年第2期。

［22］傅才武、侯雪言：《当代中国农村公共文化空间的解释维度与场景设计》，《艺术百家》2016年第6期。

［23］郭嘉、卢佳华：《城市发展中的亚文化场景建构——一项关于北京后海酒吧街的民谣音乐文化的研究》，《中国文化产业评论》2019年第1期。

［24］郭新茹、陈天宇、唐月民：《场景视域下大运河非遗生活性保护的策略研究》，《南京社会科学》2021年第5期。

［25］李和平、靳泓、特里·N.克拉克等：《场景理论及其在我国历史城镇保护与更新中的应用》，《城市规划学刊》2022年第3期。

［26］李鹭、赵岠：《新自由主义VS社群主义：如何利用场景培育文化创意产业园的社群参与》，《中国文化产业评论》2019年第1期。

［27］刘东超：《场景理论视角上的南锣鼓巷》，《东岳论丛》2017年第1期。

［28］刘柯瑾：《国外城市文化场景类型及其创建路径》，《中国文化产业评论》2019第1期。

［29］陆筱璐、范为：《城市人才政策的思考与优化：场景视角下的人才吸引方案》，《中国文化产业评论》2019第1期。

［30］马凌：《城市舒适物视角下的城市发展：一个新的研究范式和政策框架》，《山东社会科学》2015年第2期。

［31］庞春雨、李鼎淳：《场景理论视角下社区老年文化建设探索》，《学术交流》2017年第10期。

［32］齐骥、陆梓欣：《城市夜间旅游场景高质量发展创新路径研究》，《现代城市研究》2022年第10期。

［33］齐骥、亓冉、特里·N.克拉克：《场景的"蜂鸣生产力"》，《山东大学学报》（哲学社会科学版）2022年第4期。

［34］祁述裕、吴军：《文化场景视角下中关村创业大街发展动力探索》，《艺术百家》2017年第4期。

［35］祁述裕：《建设文化场景 培育城市发展内生动力——以生活文化设施为视角》，《东岳论丛》2017年第1期。

［36］宋博、张春燕、丁冠榕：《基于场景理论的体育非物质文化

遗产保护运行机制与实践方略》,《体育文化导刊》2022 年第 11 期。

［37］特里·N·克拉克、李鹭:《场景理论的概念与分析:多国研究对中国的启示》,《东岳论丛》2017 年第 1 期。

［38］文雷、郭静怡:《乡村振兴战略背景下新型农村社区建设研究》,《学习与探索》2019 第 12 期。

［39］吴迪、高鹏、董纪昌:《基于场景理论的中国城市居住房地产需求研究》,《系统科学与数学》2011 年第 3 期。

［40］吴军、焦永利:《新型城镇化过程中城市气质的保护与塑造研究》,《中国名城》2014 第 10 期。

［41］吴军、特里·N. 克拉克:《场景理论与城市公共政策——芝加哥学派城市研究最新动态》,《社会科学战线》2014 第 1 期。

［42］吴军、王桐、郑昊:《以舒适物为导向的城市发展理论模型——一种新的国际城市研究范式》,《国际城市规划》2022 年 7 月 8 日。

［43］吴军、王修齐、刘润东:《消费场景视角下国际消费中心城市建设路径探索——以成都为例》,《现代城市研究》2022 年第 10 期。

［44］吴军、夏建中、特里·N. 克拉克:《场景理论与城市发展——芝加哥学派城市研究新理论范式》,《中国名城》2013 年第 12 期。

［45］吴军、叶裕民:《消费场景:一种城市发展的新动能》,《城市发展研究》2020 年第 11 期。

［46］吴军:《场景理论:利用文化因素推动城市发展研究的新视角》,《湖南社会科学》2017 年第 2 期。

［47］吴军:《城市社会学研究前沿:场景理论述评》,《社会学评论》2014 第 2 期。

［48］吴军:《文化场景营造与城市发展动力培育研究——基于北京三个案例的比较分析》,《中国文化产业评论》2019 年第 1 期。

［49］吴军:《文化动力:一种解释城市发展与转型的新思维》,

《北京行政学院学报》2015 第 4 期。

［50］吴志明、马秀莲、吴军：《文化增长机器：后工业城市与社区发展路径探索》，《东岳论丛》2017 年第 7 期。

［51］徐晓林、赵铁、特里·N. 克拉克：《场景理论：区域发展文化动力的探索及启示》，《国外社会科学》2012 年第 3 期。

［52］营立成：《从学术概念到城市政策："场景"概念的政策化逻辑——以成都为例》，《现代城市研究》2022 年第 10 期。

［53］余丽蓉：《城市转型更新背景下的城市文化空间创新策略探究——基于场景理论的视角》，《湖北社会科学》2019 年第 11 期。

［54］詹绍文、王敏、王晓飞：《文化产业集群要素特征、成长路径及案例分析——以场景理论为视角》，《江汉学术》2020 年第 1 期。

［55］张必春、雷晓丽：《夜生活场景提升城市发展新动力的作用机制研究——基于 35 个城市样本数据的实证分析》，《现代城市研究》2022 年第 10 期。

［56］赵铁：《都市生态学术传统的传承：芝加哥社会学派与社会研究》，广西人民出版社，2008 年。

［57］赵铁：《中国—东盟合作框架下广西文化产业创新发展战略研究》，博士学位论文，华中科技大学，2012 年。

［58］赵炜、韩腾飞、李春玲：《场景理论在成都城市社区更新中的在地应用——以望平社区为例》，《上海城市规划》2021 第 5 期。

［59］钟晟：《场景视域下城市创意街区的空间营造：理论维度与范式》，《理论月刊》2022 年第 9 期。

［60］周恺、熊益群：《基于无监督聚类方法的城市消费场景识别研究：以长沙为例》，《现代城市研究》2022 年第 10 期。

［61］朱一中、李壁君、张倩茹等：《广州旧工厂文创园工业用地更新满意度影响因素研究》，《工业建筑》2022 年第 3 期。

英文文献

[1] Abbott, Andrew, *Department and Discipline: Chicago Sociology at One Hundred*, University of Chicago Press, 1999.

[2] Abbott, Andrew, "Los Angeles and the Chicago School: A Comment on Michael Dear", *City & Community* 1 (1), 2002.

[3] Adorno T. W., Frenkel-Brunswik, E., Levinson, D. J., Sanford, N. R., *The Authoritarian Personality (Studies in Prejudice)*, W. W. Norton & Co. Ltd., 1993.

[4] Alexander W. O., Fernando Calderón-Figueroa, Olimpia Bidian, Daniel Silver, Scott Sanner, "Reading the City Through Its Neighbourhoods: Deep Text Embeddings of Yelp Reviews as a Basis for Determining Similarity and Change", *Cities* 110, 2021.

[5] Alexander, Jeffrey, C., *The Meanings of Social Life: A Cultural Sociology*, Oxford University Press, 2003.

[6] Anderson, C., "The Scene of New Songdo", *Asian Journal of Cultural Policy* 2 (2), 2015.

[7] Baris, Mackenzie. "The Rise of the Creative Clss, And How It's Transforming Work, Leisure and Everyday Life", *Next American City* 44 (January), 2003, 297-301.

[8] Bell D., *The Cultural Contradictions of Capitalism*, Basic Books, 1996.

[9] Bellah R., et al., *Habits of the Heart*, University of California Press, 1996.

[10] Benjamin, Walter, Howard Eiland (Tr.), *The Arcades Project*, The Belknap Press of Harvard University Press, 2003.

[11] Bennett A., "Consolidating the Music Scenes Perspective",

Poetics 32 (3-4), 2004.

[12] Bennett A., Richard P., *Scenes: Local, Translocal and Virtual*, Vanderbilt University Press, 2004.

[13] Bennett A., and Ian R., *Popular Music Scenes and Cultural Memory*, Palgrave Macmillan, 2016.

[14] Bennett A., Ian, R., "Chapter 2: Scene 'Theory': History, Usage and Influence", in *Popular Music Scenes and Cultural Memory*, Palgrave Macmillan, 2016.

[15] Blum, A., "Scenes", *Public* 22-23, 2001.

[16] Blum, A., *The Imaginative Structure of the City*, Kingston: McGill-Queen's University Press, 2003.

[17] Boy, John D., Justus Uitermark., "Lifestyle enclaves in the Instagram city?", *Social Media+ Society* 6 (3), 2020.

[18] B ulmer Martin., *The Chicago School of Sociology: Institutionalization, Diversity, and the Rise of Sociological Research*, University of Chicago Press, 1984.

[19] Calino G. A., Saiz A., "Beautiful city: Leisure amenities and urban growth". *Journal of Regional Science* 59 (3), 2019.

[20] Cary Wu, Rima Wilkes, Daniel Silver and Terry Nichols Clark, "Current debates in urban theory from a scale perspective: Introducing a scenes approach", *Urban Studies* 56 (8), 2018.

[21] Castells M., *The Urban Question: A Marxist Approach*, Edward Arnold, 1977, p. 10.

[22] Castells M., *The Urban Question: A Marxist Approach*, Edward Arnold, 1977, p. 15.

[23] Clark T. N., Cary Wu., "Urbanization Theorizing", *Handbook of Classical Sociological Theory*, eds. Abrutyn S., Lizardo O., Springer Cham, 2021.

［24］Clark T. N. ,"Program for A New Chicago School", *Urban geography* 29（2）, 2008.

［25］Clark T. N. , Lloyd R. , Wong K. K. , Jaiun P. ," Amenities Drive Urban Growth?", *Journal of Urban Affairs* 24（5）, 2001.

［26］Clark T. N. ,"Making Culture Into Magic: How Can It Bring Tourist and Residents?", *International Review of Public Administration* 12（1）, 2007.

［27］Clark T. N. , Hoffmann – Martinot, V. , *The New Political Culture*, Westview Press, 1998.

［28］Clark T. N. , *The City as an Entertainment Machine*, Md. , Lexington Books, 2003.

［29］Clark T. N. ,"The City as an entertainment machine", *Research in Urban Policy* 9, 2004.

［30］Clark T. N. , Clemente J Navarro, Stephen Sawyer, "Latin Scenes: Streetlife and Local Place in France, Spain, and the World", *Research in Urban Policy* 12, Emerald Publishing, 2017.

［31］Clark T. N. ,"The New Chicago School: Notes Towards a Theory." *The City, Revisited: Urban Theory from Chicago, Los Angeles, and New York.* University of Minnesota Press, 2011.

［32］C lark T. N. , Cary Wu, "Urbanization Theorizing"（forthcoming）. *Springer* 2021.

［33］Clark T. N. , Lorna C. Ferguson, *City Money: Political Processes, Fiscal Strain, and Retrenchment*, Columbia University Press, 1983.

［34］Clark T. N. , *Can Tocqueville Karaoke? Global Contrasts of Citizen Participation, the Arts, and Development*, Emerald, 2014.

［35］Clark T. N. . "Making Culture INTO Magic: How Can It Bring Tourists and Residents?" *International Review of Public Administration* 12（1）, 2007.

［36］Clark T. N. ,"Program for a New Chicago School", *Urban Geography* 29（2）, 2008.

［37］Creasap K. A. , *Making a Scene：Urban Landscapes, Gentrification, and Social Movements in Sweden* , Temple University Press, 2021.

［38］Creasap K. ,"Social Movement Scenes：Place-Based Politics and Everyday Resistance", *Sociology Compass* 6（2）, 2012.

［39］Cristina Mateos-Mora, Clemente J. Navarro-Yañez & María-Jesús Rodríguez-García, "A guide for the analysis of cultural scenes：a measurement proposal and its validation for the Spanish case", *Cultural Trends* 31（4）, 2022.

［40］Daniel S. , Clark T. N. ,"Scenes：Social Context in an Age of Contingency", *Social Forces* 88（5）, 2010.

［41］David H. , Andrew A. Beveridge, "The Rise and Decline of the L. A. and New York Schools", *The City, Revisited：Urban Theory from Chicago, Los Angeles, and New York*, , University of Minnesota Press, 2011.

［42］Dear M. , Nicholas, D. ,"Urban Politics and the Los Angeles School of Urbanism." *The City, Revisited：Urban Theory from Chicago, Los Angeles, and New York*, University of Minnesota Press, 2011.

［43］Dear M. ,"Los Angeles and the Chicago School：Invitation to a Debate." *Cities and Society* 1（1）, 2002.

［44］Deveau, Danielle J. , Abby, G. ,"Mapping Culture in the Waterloo Region：Exploring Dispersed Cultural Communities and Clustered Cultural Scenes in a Medium-Sized City Region." *Culture and Local Governance* 5（1-2）, 2015.

［45］Dewey J. , *Art as Experience* (New York：Penguin, 2005). cf. Silver, Daniel. "Some Scenes of Urban Life", *The SAGE Handbook of New Urban Studies*, ed. John Hannigan, Greg Richards, Sage Publications, 2017.

［46］Egle R. ,"Review：Silver, Daniel Aaron, and Terry Nichols

Clark. 2016. Scenescapes: How Qualities of Place Shape Social Life. " *International Journal Of Cultural Policy*, 25 (4), 2019.

[47] Elazar D. , "The American Gultural Matrix", *The Ecology of American Political Culture*. eds. Daniel J. Elazar and Joseph Zikmund II, Thomas Y. Growel, 1975.

[48] Émile D. , *Les règles de la méthode sociologique* (1895), PUF, 1986.

[49] Farias I. , "The politics of urban assemblages", *City* 15, 2011.

[50] Florida R. , "Bohemia and Economic Geography", *Journal of Economic Geography* 2, 2002c.

[51] Florida R. , "The Economic Geography of Talent", *Annals of American Geographers* 92 (4), 2002b.

[52] Florida R. , *The Rise of the Creative Class and How It's Transforming Work, Leisure, Community and Everyday Life*, Basic Books, 2002.

[53] Florida R. , *The Rise of the Creative Class*, Basic Books, 2002.

[54] Fogel R. W. , *The Fourth Great Awakening & the Future of Egalitarianism*, University of Chicago Press, 2000.

[55] Fried M. , *Absorption and theatricality: painting and beholder in the age of Diderot*, University of Chicago Press, 1988.

[56] Frish M. , Clark T. N. , "River Scenes: How Rivers Contribute to More Vibrant Urban Communities", *Planetizen*, 22, 2022.

[57] Geoffrey L. Buckley, "Review: Silver, Daniel Aaron, and Terry Nichols Clark. 2016. Scenescapes: How Qualities of Place Shape Social Life. " *Journal of Cultural Geography* 35 (3), 2018.

[58] Glaeser E. L. , Kolko J. , Saiz A. , "Consumer city" . *Journal of Economic Geography* (1), 2001.

[59] Goffman, Erving, *The Presentation of Self in Everyday Life*,

Doubleday, 1959.

[60] Goffman, Erving, *Frame Analyses: An Essay on the Organization of Experience* , Harvard University Press, 1974.

[61] Goffman, Erving, *Frame Analysis: An Essay on the Organization of Experience*, Harvard University Press, 1974.

[62] Grazian, David. , *Blue Chicago: The Search for Authenticity in Urban Blues Clubs* , University of Chicago Press, 2003.

[63] Gusfield, Joseph, "Introduction", *The Heritage of Sociology: Kenneth Burke on Symbols and Society*, ed. Terry N. Clark, University of Chicago Press, 1989.

[64] Habermas, Jürgen, *The Theory of Communicative Action* , Beacon Press, 1981.

[65] Halle, David. , *New York and Los Angeles: Politics, Society and Culture, a Comparative View*, University of Chicago Press, 2005.

[66] Haunss, Sebastian, Darcy Leach, "Social Movement Scenes: Infrastructures of Opposition in Civil Society", *Civil Societies and Social Movements: Potentials and Problems*, ed. Derrick Purdue, Routledge, 2007.

[67] Heidegger, Martin. , *Being and Time: A Translation of Sein und Zeit* , State University of New York Press, 1996.

[68] Henrich, J. P. , *The Secret of Our Success: How Culture Is Driving Human Evolution, Domesticating Our Species, and Making Us Smarter*; Princeton University Press: Princeton, NJ, USA, 2016.

[69] Irwin, John, *Scenes (City & Society)* (London: Sage Publications, 1977). Cf. Benjamin Woo, Jamie Rennie, Stuart R. Poyntz, "Scene Thinking", *Cultural Studies* 29 (3), 2015.

[70] Jacobs, Jane. , *The Death and Life of Great American Cities*, Random House, 1961.

[71] Jaffre, Maxime. , "Comparing top-down vs. bottom-up urban

scenes in different French cities: What impact on social and economic inclusion?" Scenes (China) Summit 2022.

[72] Jang, Wonho, Terry Clark, Miree Byun, *Scenes Dynamics in Global Cities: Seoul, Tokyo, and Chicago*, Seoul Development Institute, 2011.

[73] Jang, Wonho, Chung, Suhee. "Awareness of Contents Scene as a Cultural Empathy of Cities: A case of 'Contents Tourism'", *Journal of the Economic Geographical Society of Korea* 22 (2), 2019.

[74] Jeffrey London, "Review: Silver, Daniel Aaron, and Terry Nichols Clark. 2016. Scenescapes: How Qualities of Place Shape Social Life." Contemporary Sociology, 46 (6), 2017.

[75] Jeong, Hyesun, Clark T. N., "Retail Scenes", *Streetlife: The Future of Urban Retail*, University of Toronto Press, 2023.

[76] Jeong, Hyesun, "Does Café Culture Drive Artistic Enclaves?" *Journal of Urbanism: International Research on Placemaking and Urban Sustainability*, 2021.

[77] Jeong, Hyesun, "The role of the arts and bohemia in sustainable transportation and commuting choices in Chicago, Paris, and Seoul", *Journal of Urban Affairs*, 2018.

[78] Judd, D., Fainstein, S., *The Tourist City*, Yale University Press, 1999.

[79] Judd, Dennis R., "Theorizing the City" *The City, Revisited: Urban Theory from Chicago, Los Angeles, and New York*, University of Minnesota Press, 2011.

[80] Judd, Dennis R., Dick W. Simpson., *The City Revisited: Urban Theory from Chicago, Los Angeles, and New York.* University of Minnesota Press, 2011.

[81] Kaple D. A., Morris L., Riukin-Fush Z., Dimaggio L., *Data on Arts Organizations. A Review and Needs Assessments, with Design Implications*

(*working paper 1*), Centre for Arts and Cultural Policy Studies, Princeton University Press, 1996.

[82] Klekotko, M. , Navarro, C. J. , *Wymiary kulturowe polskich miast I miasteczek*, Wydawnictwo Uniwersytetu Jagiellónskiego, 2015.

[83] Klekotko, M. , "Urban Inequalities and Egalitarian Scenes: Relationality in Urban Place-Making and Community-Building and Paradox of Egalitarianism", *Inequality and Uncertainty*, 2019.

[84] Klekotko, M. , Navarro, C. J. , Silver, D. , Clark, T. N. , "Wymiary I charakter kulturowy miasta", *Wymiary kulturowe polskich miast i miasteczek*, eds. M. Klekotko & C. J. Navarro, Wydawnictwo Uniwersytetu Jagiellónskiego, 2015.

[85] Klekotko, M. , Navarro, C. J. , Silver, D. , Clark, T. N. , "Dimensions and cultural character of the city", *Cultural dimensions of Polish cities and towns*, eds. M. Klekotko, C. J. Navarro, Jagiellonian University Publishing House, 2015.

[86] Kotkin, Joel. , *The city: A global history*, Modern Library, 2006.

[87] Kuang C. , "Does quality matter in local consumption amenities? An empirical investigation with Yelp. " *Journal of Urban Economics* 100, 2017.

[88] Lévi-Strauss, Claude, *Mythologiques*. Vol. 1, University of Chicago Press, 1969.

[89] Lizardo, Omar, and Sara Skiles, "Cultural Consumption in the Fine and Popular Arts Realms", *Sociology Compass* 2 (2), 2008, pp. 485-502. Cf. Silver, Daniel, Terry Nichols Clark, and Clemente Jesus Navarro Yanez, "Scenes: Social Context in an Age of Contingency. " *Social Forces* 88 (5), 2010.

[90] Lloyd, Richard D. , *Neo-Bohemia: Art and Commerce in the Postindustrial City*, Routledge, 2010.

[91] Logan J R, Molotch H L., "Urban Fortunes: The Political Economy Of Place", *Contemporary Sociology* 16 (4), 1987.

[92] Louis Wirth, "Urbanism as a Way of Life," *American Journal of Sociology* 44, 1938.

[93] Lucchini F., *La culture au service des villes*, Economica, 2002.

[94] Mark Finch, "Toronto is the Best!': Cultural Scenes, Independent Music, and Competing Urban Visions", *Popular Music and Society* 38 (3), 2015.

[95] Markusen S., "Urban Development and the Politics of Creative Class. Evidence from the Study of Artists", *Environment and Planning* 38, 2006.

[96] Martin, J. L., *Thinking Through Methods: A Social Science Primer*, The University of Chicago Press, 2017.

[97] Michael Dear, "Los Angeles and the Chicago School: Invitation to a Debate", *City and Community* (1), 2002.

[98] Mollenkopf, John Hull., "School Is Out: The Case of New York City." *The City, Revisited: Urban Theory from Chicago, Los Angeles, and New York*, University of Minnesota Press, 2011.

[99] Molotch H., "The city as a growth machine: The political economy of place", *American Journal of Sociology* 82, 1976.

[100] Molotch H., "The City as a Growth Machine: Toward a Political Economy of Place", *American Journal of Sociology* 82 (2), 1976.

[101] Muth R. F., "Migration: Chicken or egg?", *Southern Economic Journal* 37 (3), 1971.

[102] Navarro C. J., Guerrero G., Mateos C., et al., "Escenas culturales, desingualdades y gentrificación en grandes ciudades españolas. Los casos de Barcelona, Bilbao, Madrid y Sevilla", *Metamorfosis urbanas*, ed. J. Cucó, Icaria, 2012.

[103] N avarro, Clemente J., Lucia Muñoz, "contextualizing scenescapes: city and neighbourhood effects: towards a comparative agenda for cultural scene", *Latin Scenes: Streetlife and Local Place in France, Spain, and the World*, Emerald Publishing, 2017.

[104] Navarro, Clemente J., Mateos, et al., "Cultural scenes, the creative class and development in Spanish municipalities", *European Urban and Regional Studies* 21 (3), 2012.

[105] Olson, Alexander, Fernando Calderon-Figueroa, et al., "Reading the City through Its Neighbourhoods: Deep Text Embeddings of Yelp Reviews as a Basis for Determining Similarity and Change" *Cities* 110, 2021.

[106] Park, Robert E., *Human Communities: The City and Human Ecology*, Free Press, 1952.

[107] Park, Robert, E., et al., *The City: Suggestions for the Study of Human Nature in the Urban Environment*, University of Chicago Press, 1925.

[108] Patricia Farrell Donahue, "Review: Silver, Daniel Aaron, and Terry Nichols Clark. 2016. Scenescapes: How Qualities of Place Shape Social Life." *Journal of Planning Education and Research* 1 (2), 2019.

[109] Robinson J., "Global and world cities: A view from off the map" *International Journal of Urban and Regional Research* 26, 2002.

[110] Rothfield L., *Cultural Policy Studies: A Guide for Perplexed Humanists*, Cultural Policy Center, University of Chicago, 1999.

[111] Sakamoto, Cristina, *Hexagons, Scenes, Art, and Jobs: The New Urban Geography of Cultural Enterprises and Employment Opportunity* (PhD Dissertation), The University of Chicago, June 2021.

[112] Sampson, Robert J., "Studying Modern Chicago." *City & Community* 1 (1), 2002.

[113] Sanghyeon Kim, Wonho Jang, "The Change in Density and

Network Characteristics of Seoul Urban Scenes", *Community Studies* 20 (1), 2019.

[114] S anghyeon Kim, Wonho Jang, "Understanding the cultural characteristics of each region in Seoul using the concept of urban scene". *Community Studies* 19 (3), 2018.

[115] Sassen, S., *The Global City*, Princeton University Press, 1991.

[116] Sassen, Saskia, *The Global City: New York, London, Tokyo*, University Press, 2001.

[117] Schuster J. N., *Informing Cultural Policy: The Research and Information Infrastructure*, Routledge, 2002.

[118] Scott A J., "The Cultural Economy of Cities", *International Journal of Urban & Regional Research* 21 (2), 2010.

[119] Scott A J., Storper M., "The Nature of Cities: The Scope and Limits of Urban Theory", *International Journal of Urban and Regional Research* 39 (1), 2014.

[120] Seymour Martin Lipset, Martin A., Trow, James S., et al., *Union Democracy—The Internal Politics of the International Typographers Union*, The Free Press, 1956.

[121] Shank, Barry., *Dissonant Identities: The Rock 'n' Roll Scene in Austin, Texas*, Wesleyan University Press, published by University Press of New England, 1994.

[122] Silver D., Clark T. N., *Scenescapes: How Qualities of Place Shape Social Life*, The University of Chicago Press, 2016.

[123] Silver D., Clark T. N., *Scenescapes: How Qualities of Place Shape Social Life*, The University of Chicago Press, 2016.

[124] Silver D., Clark T. N., "Buzz as an urban resource", *Canadian Journal of Sociology* 38, 2013.

[125] Silver D., Clark T. N., "The power of scenes: Quantities of

amenities and qualities of places", *Cultural Studies* 29, 2014.

[126] Silver D., Clark T. N., Graziul Ch., "Scenes, innovation and urban development", *Handbook of Creative Cities*, ed. D. E. Anderson, A. E. Anderson, Ch. Mellander, Edward Elgar Publishing, 2011.

[127] Silver D., Clark T. N., Graziul Ch., "Scenes, innovation and urban development", *Handbook of Crative Cities*, eds., D. E. Anderson, A. E. Anderson, Ch. Mellander, Edward Elgar Publishing, 2011.

[128] Silver D., Clark T. N., Navarro C. J., "Scenes: social context in an age of contingency", *Social Forces* 88 (5), 2010.

[129] Silver D., Clark T. N., Rothfield L., *A theory of Scenes*, University of Chicago, (typescript), 2007.

[130] Silver D., "Some Scenes of Urban Life.", *The SAGE Handbook of New Urban Studies*, ed. John Hannigan, Greg Richards, Sage Publications, 2017.

[131] Silver D., Clark T. N., "Consumer Cities, Scenes, and Ethnic Restaurants", *The Oxford Handbook of Consumption*, eds. Frederick F. Wherry, and Ian Woodward, Oxford Handbooks, 2019.

[132] Silver D., Clark T. N., "The Power of Scenes", *Cultural Studies* 29 (3), 2014.

[133] Silver D., Thiago H. Silva, "A Markov model of urban evolution: Neighbourhood change as a complex process", Plos one 16 (1), 2021.

[134] Silver D., Thiago H. Silva, "Complex Causal Structures of Neighbourhood Change: Evidence from a Functionalist Model and Yelp Data" *Cities* 133, 2021.

[135] Silver D., Clark T. N., Navarro, Jesus C., "Scenes: social context in an age of contingency", *Social Forces* 88 (5), 2010.

[136] Silver D., "Some Scenes of Urban Life." *The SAGE Handbook of*

New Urban Studies，SAGE Publications Ltd，2017.

［137］Silver D.，"Using Google Places to Compare Scenes Internationally"，Scenes（China）Summit 2022.

［138］Simpson, Dick W.，Tom Kelly.，"The New Chicago School of Urbanism and the New Daley Machine." *The City, Revisited: Urban Theory from Chicago, Los Angeles, and New York*, University of Minnesota Press，2011.

［139］Sontag, Susan. Notes on camp. Penguin UK，2018.

［140］Stahl, Geoff，"Tracing out an Anglo-Bohemia: Musicmaking and Myth in Montréal"，*Public* 22-23，2001.

［141］Straw, Will，"Scenes and Sensibilities"，*E-Compós* 6，2006.

［142］Straw, Will，"Systems of Articulation, Logics of Change: Communities and Scenes in Popular Music"，Cultural Studies 5（3），1991.

［143］Strom, E.，"Converting pork into porcelain: Cultural institutions and downtown development"，*Urban Affairs Review* 38（1），2002.

［144］Taylor, Chades.，*Sources of the Sefl: The Making of the Modern Identity*，Harvard University Press，1992.

［145］Taylor, C.，*The Ethics of Authenticity*，Harvard University Press，1989.

［146］Taylor, C.，*A Secular Age*，Harvard University Press，2007.

［147］Clark T. N.，*Can Tocqueville Karaoke? Global Contrasts of Citizen Participation, the Arts, and Development（Research in Urban Policy, Emerald Annual Reviews, Volume 11*，Emerald，2014.

［148］Clark T. N.，Silver D.，Sawyer S.，"City, School, and Image: The Chicago School of Sociology and the Image of Chicago"，in *Imagining Chicago*，2015.

［149］Thomas, William I.，D. S. Thomas，*The Child in America* Knopf，1928.

[150] Urquia, Norman. , "Doin 'it Right': Contested Authenticity in London's Salsa Scene ", *Music Scenes*: *Local*, *Translocal and Virtual*, eds. Andrew Bennett and Richard Peterson, Vanderbilt University Press, 2004.

[151] Van Maanen, John. , *Tales of the Field*: *On Writing Ethnography*, University of Chicago Press, 1988.

[152] Wallerstein, I. , *The Modern World System*, Academic Press, 1974.

[153] Warner, W. Lloyd. , *The Living and the Dead*: *A Study of the Symbolic Life of Americans*, Yale University Press, 1959.

[154] Weber, Max, *Economy and Society*: *An Outline of Interpretive Sociology*, University of California Press, 1978.

[155] Whyte WF, *Street Corner Society*: *The Social Structure of an Italian Slum*, University of Chicago Press, 1943.

[156] Wu, C. , Ong, J. , "A scenic walk through Brenner's New Urban Spaces in Toronto", *International Sociology* 36 (5), 2021.

[157] Wu, Cary, Rima Wilkes, Daniel Silver and Terry Nichols Clark, "Current debates in urban theory from a scale perspective: Introducing a scenes approach", *Urban Studies* 56 (8), 2018.

[158] Zapata‐Moya, Angel, Cristina Mateos‐Mora, "Scenes and healthy lifestyles in Spain", R*N37 Conference – Research Network 37*: *Urban Sociology*, European Sociological Association (ESA), Berlin, 2022.

其他中文资料

[1] 丹尼尔·西尔："场景的演进：四种变化范式"，2021 场景峰会，2021 年 12 月 12 日。

[2] 特里·N. 克拉克、吴军：新芝加哥学派领军人物克拉克访谈

录，多伦多．2018 年 7 月 8 日。

［3］特里·N. 克拉克："大河场景"（River Scenes），2021 中国文化和旅游高峰论坛。

［4］丹尼尔·西尔："场景：地方品质如何塑造社会生活·介绍和概述"（Scenescapes：how qualities of place shape social life. An introduction and overview），2021 年城市与社会国际学术论坛·后空间社会学系列讲座 II，2021 年 12 月 4 日。

［5］特里·N. 克拉克："场景是软实力"（Scenes are Soft Power），'城'势而上——探寻中国高质量发展动力源论坛，2021 年 3 月 7 日。

［6］特里·N. 克拉克："场景营造：从上海到中国"（Scenes Placemaking for Shanghai and China），2021 年城市与社会国际学术论坛·后空间社会学系列讲座 II. 2021 年 12 月 4 日。

［7］《成都将构建"七大应用场景"为新经济发展培厚市场沃土》，2017 年 11 月 9 日，四川新闻网。

［8］《关于印发浙江省未来社区建设试点工作方案的通知》，2019 年 3 月，浙江省人民政府。

［9］《8 大消费场景"蓉"入美好生活》，2019 年 12 月，《成都日报》，见 http：//www.chenghua.gov.cn/chqrmzfw/c143764/2019－12/17/content_28e0f2e6fea845bead3a798cd63ead97.shtml。

［10］《2020 成都新经济"双千"发布会举行 发布 100 个新场景 100 个新产品》，2020 年 4 月 30 日，《成都日报》。

［11］《上海市促进在线新经济发展行动方案（2020-2022 年）》，2020 年 7 月 28 日，上海市人民政府办公厅。

［12］《社区新型基础设施建设行动计划》，2020 年 12 月 3 日，上海市人民政府办公厅。

［13］《北京培育建设国际消费中心城市实施方案（2021—2025 年）》，2021 年 8 月 27 日，北京市人民政府。

［14］《南京市发布 2022 年推进应用场景建设行动方案》，2022 年

7月11日，江苏省人民政府。

[15]《云南省"十四五"文化和旅游发展规划》，2022年5月27日，云南省人民政府。

[16]《重庆市进一步释放消费潜力促进消费持续恢复若干措施》，2022年7月1日，重庆市政府办公厅。

[17]《"场景引擎"再发力 沈阳市推出729个"五型经济"应用场景项目清单 释放投资机会7082.55亿元》，2022年5月28日，《沈阳日报》。

[18]《解构成都"城市场景学"》，2021年3月4日，每日经济新闻。

其他英文资料

[1] Christian Kelly Scott, "Review: Silver, Daniel Aaron, and Terry Nichols Clark. 2016. Scenescapes: How Qualities of Place Shape Social Life." *Rural Sociology*, Vol. 83, No. 2, June 2018, pp.413-414.

[2] Navarro C. J., Guerrero G., Mateos C., Muñoz L., Escenas culturales, desingualdades y gentrifi cación en grandes ciudades españolas. Los casos de Barcelona, Bilbao, Madrid y Sevilla, in J. Cucó (ed.), Metamorfosis urbanas, Icaria, 2012.

[3] Terry Nichols Clark et al., Can Tocqueville Karaoke? Global Contrasts of Citizen Participation, the Arts, and Development. Research in Urban Policy, Emerald Annual Reviews, Volume 11. Bingley, Emerald, 2014.

[4] Gottdiener, Mark, et al., The New Urban Sociology. 6th ed., Routledge, 2019.

[5] "About FAUI", www.faui.org (http://faui.uchicago.edu/about.html), 2022.3.10.

[6] The Scenes Project, https://scenescapes.weebly.com/about.html, 2022.3.10.

[7] Lee, Jong Youl, Terry Nichols Clark and Chad Anderson, "The Effect of Cultural Amenity Factors in Driving Urban Growth." Paper presented at the Midwest Sociological Society Annual Meeting, April 12-17, Chicago.

[8] Silver, Daniel A., Terry N. Clark, Marta A. Klekotko, Clemente J. Navarro, "An Introduction to Scenes Analysis", 2022, Unpublished Manuscript.

[9] "The Shopping Arcades of Paris | Paris Insiders Guide." Paris Insiders Guide, https://www.parisinsidersguide.com/arcades-of-paris.html.

[10] WANG, Tong, Terry Nichols Clark, Jun Wu, and Ellen (Xinrui) Liu (2022), Scenes Research and Policy Advances in Chinese Cities. 79th Annual MPSA Conference.

[11] Silver, Daniel. "Using Google Places to Compare Scenes Internationally". Scenes (China) Summit 2022.

名词索引

马克斯·韦伯 Max Weber
卡尔·马克思 Karl Marx
格奥尔格·齐美尔 Georg Simmel
路易斯·沃斯 Louis Wirth
场景 Scenes
创意阶层 Creative Class
地方情境 Local Context
场景营城 Scenes City-making
夏尔·波德莱尔 Charles Baudelaire
闲逛者 Flaneur
理查德·瓦格纳 Richard Wagner
主导动机 Leitmotif
芝加哥学派 Chicago School
新芝加哥学派 New Chicago School
人类生态学 Human Ecology
同心圆区域图 Concentric Zone Map
罗伯特·帕克 Robert E. Park
塔尔科特·帕森斯 Talcott Parsons
新达尔文主义 Neo-Darwinism
爱德华·希尔斯 Edward Shils
尤尔根·哈贝马斯 Jürgen Habermas
社会学想象力 Sociological Imagination
E. W. 伯吉斯 E. W. Burgess
R. 麦肯齐 R. McKenzie

丹尼斯·贾德 Dennis R. Judd
迪克·辛普森 Dick Simpson
安德鲁·阿伯特 Andrew Abbott
萨斯基娅·萨森 Saskia Sassen
罗伯特·桑普森 Robert Sampson
丹尼尔·西尔 Daniel Silver
特里·N. 克拉克 Terry N. Clark
新政治文化 New Political Culture
迈克尔·迪尔 Michael Dear
后工业社会 Post-Industrial Society
场景理论 The Theory of Scenes
全球城市 Global City
增长机器 Growth Machine
舒适物 Amenities
哈维·莫洛奇 Harvey Molotch
城市作为娱乐机器 The City as an Entertainment Machine
爱德华·格莱泽 Edward Glaeser
消费城市 Consumer City
理查德·佛罗里达 Richard Florida
波希米亚文化 Bohemian Culture
戏剧性 Theatricality
真实性 Authenticity
合法性 Legitimacy

迷人性 Glamour
地方性 Locality
传统性 Tradition
睦邻性 Neighborliness
族群性 Ethnicity
领袖魅力性 Charisma
越轨性 Transgression
国家性 State
实用性 Utilitarianism
正式性 Formality
企业性 Corporateness
平等性 Egalitarianism
爱炫性 Exhibitionism
理性 Rationality
自我表达性 Self-expression
理查德·劳埃德 Richard Lloyd
W. I. 托马斯 W. I. Thomas
赫伯特·布鲁默 Herbert Blumer
社会达尔文主义 Social Darwinism
雅痞 Yuppies
约翰·杜威 John Dewey
G. H. 米德 G. H. Mead
查尔斯·库利 Charles Cooley
劳埃德·华纳 Lloyd Warner
赫伯特·斯宾塞 Herbert Spencer
罗伯特·默顿 Robert Merton
西摩·M. 李普塞特 Seymour M. Lipset
丹尼尔·伊拉扎尔 Daniel Elazar
财政紧缩和城市创新项目 Fiscal Austerity and Urban Innovation (FAUI) Project
保罗·拉扎斯菲尔德 Paul Lazarsfeld
布赖恩·J. L. 贝里 Brian J. L. Berry
法兰克福学派 The Frankfurt School
大卫·哈勒 David Halle
简·雅各布斯 Jane Jacobs
曼纽尔·卡斯特 Manual Castells
大卫·哈维 David Harvey
马克·戈特迪纳 Mark Gottdiener
洛杉矶学派城市研究 Los Angeles School of Urban Studies
后现代都市主义 Postmodern Urbanism
爱德华·索亚 Edward Soja
迈克尔·戴维斯 Michael Davis
纽约学派城市研究 New York School of Urban Studies
莎伦·祖金 Sharon Zukin
威廉·H. 怀特 William H. Whyte
基诺资本主义 Keno Capitalism
理查德·M. 戴利 Richard M. Daley
政治庇护主义 Political Clientelism
亚文化城市理论 Subcultural Theory of Urbanism
文化舒适物项目 Cultural Amenities Project
约翰·欧文 John Irwin
威尔·斯特劳 Will Straw
华尔特·本雅明 Walter Benjamin
克劳德·莱维-施特劳斯 Claude Lévi-Strauss
欧文·戈夫曼 Erving Goffman

名词索引

阿伦·布鲁姆 Alan Blum
理查德·皮特森 Richard Peterson
文森特·霍夫曼-马丁诺 Vincent Hoffmann-Martinot
克莱门特·纳瓦罗 Clemente Navarro
蜂鸣 Buzz
劳伦斯·罗斯菲尔德 Lawrence Rothfield
汉斯·乔斯 Hans Joas
唐纳德·莱文 Donald Levine
加里·贝克 Gary Becker
查尔斯·泰勒 Charles Taylor
约翰·利维·马丁 John Levi Martin
罗伯特·福特 Robert Ford
托马斯定理 Thomas Theorem
詹姆斯·科尔曼 James Coleman
诺加·凯达尔 Noga Keidar
蒂亚戈·席尔瓦 Thiago Silva
公共艺术 Public Art
唯意志行动论 Voluntaristic Theory of Action
罗伯特·达尔 Robert Dahl
B. F. 斯金纳 B. F. Skinner
克利福德·格尔茨 Clifford Geertz
布鲁诺·拉图尔 Bruno Latour
整体艺术品 Gesamptkunstwerk
拱廊计划 The Arcades Project
城市社会学 Urban Sociology
G. F. W. 黑格尔 G. F. W. Hegel
克劳德·费舍尔 Claude Fischer
文化相对性 Cultural Relativism

学派主义 Schoolism
城市化 Urbanization
社会情境 Social Context
场景维度 Scenes Dimensions
地点 Place
城市性 Urbanity
丹尼尔·贝尔 Daniel Bell
文化转向 Culture Shift
海特-阿什伯利 Haight-Ashbury
柳条公园 Wicker Park
整体性 Holism
关系性 Relationality
多过程视角 Multi-process Perspective
多因果 Multi-causality
情境性 Contextuality
多层次分析 Multi-levels of Analysis
可比较性 Comparability
亚当·斯密 Adam Smith
查尔斯·库利 Charles Cooley
埃米尔·涂尔干 Emile Durkheim
世界价值观调查 World Value Survey
国际社会调查计划 International Social Survey Program
多数据来源 Multiple Data Sources
对照表 Crosswalk File
多方法 Multi-methods
公共登记册 Public Register
地理编码 Geocoding
视觉社会学 Visual Sociology
绩效得分 Performance Score

舒适物数据库 Amenities Database
场景语法 Grammar of Scenes
互自我展示 Mutual Self-display
波希米亚场景 Bohemian Scene
社区场景 Communitarian Scene
爱乐之城场景 LaLa Land Scene
迪士尼乐园场景 Disney Heaven Scene
一致性分析 Inter-coder Reliability
礼俗-城市连续体 Folk-urban Continuum
聚类分析 Cluster Analysis
社群主义 Communitarian
多元主义 Pluralistic
传统主义 Conventional
亚群体 Subgroup
亚文化 Subculture
场景项目 The Scenes Project

玛尔塔·克莱科特科 Marta Klekotko
文化动力 Culture Dynamics
礼俗社会 VS 法理社会 Gemeinschaft VS Gesellschaft
浪漫主义 Romanticism
雷诺阿的《包厢》Renoir´s Loge
民族性场景 Ethnic Scenes
咖啡厅场景 Café Scenes
文化园区 Cultural District
文化社区 Cultural Neighborhood
韩流 Korean Wave
欧文·戈夫曼 Erving Goffman
框架分析 Frame Analysis
场景研究网络 Scenes Academy
勒·柯布西耶 Le Corbusier
简·雅各布斯 Jane Jacobs

（按在正文中的出现顺序）

后　记

撰写本书最初的想法来自于第十九届世界社会学大会（2018年）期间克拉克教授和我的一次学术交流。我们怀着对城市研究的热爱、对城市发展前沿问题的关注，谈到了城市作为人类文明载体的研究内容与研究方法，在全球化、现代化、信息化等趋势下，研究者不仅要将城市作为内容，更要将城市作为方法，从城市的视角寻求人类走向幸福美好生活的动力与逻辑。

在城市社会学领域，最早把城市当作"实验室"，以城市为中心开展大量理论与经验问题研究的是20世纪初的美国芝加哥学派，他们提出了人类生态学的理念与方法，提出了同心圆模型、扇形模型等城市分析模型，对现代社区研究、城市经济、城市政治、城市地理以及城市规划等多个学科或领域产生了深远影响。在此后的一百多年里，人类社会经济基础条件发生了巨变，城市面貌也发生了翻天覆地的变化，尤其是中国等发展中国家城市的快速发展与巨大成就，都引导人们重新思考关于城市的可能性，探索"以城市为方法"的新路径。

在这方面，新芝加哥学派做出了许多有益的尝试，在早期芝加哥学派理论谱系的基础上，新芝加哥学派以"场景"作为核心概念，试图构架起一套新的理论与实证研究方法，使对城市发展研究从单纯的经济因素分析开始转向对城市文化、消费与生活方式等分析上，而后者所分析的要素往往是决定一个地方生活品质的关键所在。这种城市分析范式的转向，能为我们开展美好生活需要导向下的城市发展模式和路径探索提供有益的借鉴。可以说，场景提供了这样一种可能性，它让人们围绕产生意义和价值的独特体验聚在一起，并检验它们对城市经济发展和社会生活的作用。我们认为，从城市的视角理解当代社会生活，场景是不可或缺的要素。

为了系统呈现新芝加哥学派关于场景的研究，我们组建了研究小组，并做了细致分工。书的设想、思路、架构与章节安排由吴军和克拉克提出，与西尔和王桐共同商议而成。"前言"由西尔、克拉克、吴军、王桐合作撰写，第1章由吴军和王桐合作撰写，第2章由王桐、吴军、西尔和克拉克合作撰写，第3章由王桐和吴军合作撰写，第4章由克拉克、王桐、克莱科特科、全语蒙等合作撰写，第5章由王桐、吴军、丹尼尔、克拉克合作撰写，第6章由吴军、营立成、武旋、朱赫合作撰写。书中涉及到的英文翻译工作由王桐完成。全书通稿由吴军和王桐完成。

为了提升该书的质量，我们专门邀请了城市研究及其相关领域的专家学者进行了试读和指导，他们分别是：社会科学文献出版社经济与管理分社恽薇社长、中国人民大学城乡发展与规划系李东泉教授、中央民族大学社会学系良警宇教授、同济大学社会学系钟晓华副教授、中共北京市委党校社会学教研部胡玉萍教授、黄江松教授、王雪梅副教授、营立成副教授、昌硕博士以及中国人民大学城乡发展与规划系的郑昊博士和刘润东博士。他们给予的宝贵意见，极大地提升了书的质量。范炜钢、华怡、吴梦心等硕士生们参与了参考文献的整理工作。在此，对他们的付出表示真挚的感谢。

我们还要感谢中共北京市委党校的领导与同仁，感谢他们一直以来对场景研究的支持、帮助和指导；感谢场景研究网络的发起者武汉大学陈波教授、中国传媒大学齐骥教授和华中师范大学张必春教授，多年里和他们一起推动中国场景研究，我受益良多；感谢所有对我们课题研究、实地调研、图书出版、研讨座谈等做出贡献的个人和单位。

感谢社会科学文献出版社武广汉先生耐心细致且出色的编辑出版工作。

书中难免存在不足，欢迎读者们提出宝贵意见。

场景与城市研究系列丛书

1、《文化动力：一种城市发展新思维》，吴军、［美］特里·N.克拉克等著，人民出版社2016年版。

2、《文化舒适物：地方质量如何影响城市发展》，吴军著，人民出版社2019年版。

3、《场景：空间品质如何塑造社会生活》，［加］丹尼尔·亚伦·西尔、［美］特里·尼科尔斯·克拉克著，祁述裕、吴军等译，社会科学文献出版社2019年版。

4、《创意阶层与城市发展：以场景、创新、消费为视角》，吴军、齐骥著，人民出版社2022年版。

5、《场景营城：新发展理念的成都表达》，吴军、营立成等著，人民出版社2023年版。

6、《场景文化力：新芝加哥学派解读城市发展》，社会科学文献出版社2024年版。

图书在版编目（CIP）数据

场景文化力：新芝加哥学派解读城市发展／吴军等著．－－北京：社会科学文献出版社，2024.10
ISBN 978-7-5228-3210-4

Ⅰ.①场… Ⅱ.①吴… Ⅲ.①城市社会学 Ⅳ.①C912.81

中国国家版本馆 CIP 数据核字（2024）第 024379 号

场景文化力：新芝加哥学派解读城市发展

著　　者／吴　军　王　桐　［加］丹尼尔·亚伦·西尔（Daniel Aaron Silver）
　　　　　　［美］特里·尼科尔斯·克拉克（Terry Nichols Clark）
校　　译／曹　青　周海鸿

出 版 人／冀祥德
责任编辑／武广汉　恽　薇
责任印制／王京美

出　　版／社会科学文献出版社·经济与管理分社（010）59367226
　　　　　地址：北京市北三环中路甲29号院华龙大厦　邮编：100029
　　　　　网址：www.ssap.com.cn
发　　行／社会科学文献出版社（010）59367028
印　　装／三河市东方印刷有限公司
规　　格／开　本：787mm×1092mm　1/16
　　　　　印　张：22　字　数：314千字
版　　次／2024年10月第1版　2024年10月第1次印刷
书　　号／ISBN 978-7-5228-3210-4
定　　价／89.00元

读者服务电话：4008918866

版权所有 翻印必究